高等院校财经类专业应用型本科系列教材

人力资源管理

RENLI ZIYUAN GUANLI

◎主　编　欧立光　李晓翠

◎副主编　蒋冬青

重庆大学出版社

内容提要

本书以人力资源管理日常工作模块为教材章节，面向企业实践，在编写上力求突出适用性。本书的章节内容按知识能力要求—理论单元—理论单元习题—能力单元—课后训练的结构排列。在课后训练中，安排了建议训练方式、推荐训练项目和评价方式，每一部分内容的设计都紧紧围绕读者能力的培养。本书面向普通高校和高职高专院校管理类专业师生，也可作为人力资源管理专职人员日常工作之参考。

图书在版编目(CIP)数据

人力资源管理/欧立光,李晓翠主编.—重庆:重庆大学
出版社,2017.1
高等院校财经类专业应用型本科系列教材
ISBN 978-7-5689-0328-8

Ⅰ.①人… Ⅱ.①欧…②李… Ⅲ.①人力资源管理—高等学校—教材 Ⅳ.①F243

中国版本图书馆 CIP 数据核字(2016)第 297653 号

高等院校财经类专业应用型本科系列教材
人力资源管理
主 编:欧立光 李晓翠
副主编:蒋冬青
策划编辑:范 莹

责任编辑:杨 敬 版式设计:范 莹
责任校对:贾 梅 责任印制:赵 晟
*
重庆大学出版社出版发行
出版人:易树平
社址:重庆市沙坪坝区大学城西路 21 号
邮编:401331
电话:(023) 88617190 88617185(中小学)
传真:(023) 88617186 88617166
网址:http://www.cqup.com.cn
邮箱:fxk@ cqup.com.cn(营销中心)
全国新华书店经销
重庆升光电力印务有限公司印刷
*
开本:787mm×1092mm 1/16 印张:13.25 字数:298千
2017 年 2 月第 1 版 2017 年 2 月第 1 次印刷
印数:1—3 000
ISBN 978-7-5689-0328-8 定价:30.00 元

前言 PREFACE

本书是一本面向应用型本科院校管理类专业及高等职业教育管理类专业师生的教材，也可作为人力资源管理从业者日常工作的参考书。

全书共分九章：第一章为人力资源管理导论，第二章至第九章为人力资源管理的工作内容，分别为工作分析、人力资源规划、员工招聘与甄选、员工培训与开发、绩效管理、薪酬管理、劳动关系管理、职业生涯规划与管理。具体内容安排如下：

第一章，人力资源管理导论。这部分是我们在编写过程中感觉最难把握的部分，由于目标群体比较特定，我们几经取舍，选择了人力资源的含义、特点、数与量，人力资源与人力资本的区别，人力资源管理的含义、内容、功能、原理、目标，人力资源管理的发展，我国人力资源管理的特点以及如何做好人力资源管理工作作为主要内容。

第二章，工作分析。主要阐述了工作分析的含义与作用、工作分析的步骤与方法，在能力部分着重讲解了工作分析计划和工作说明书的编写。

第三章，人力资源规划。主要阐述了人力资源规划的含义与编制程序、人力资源需求与供给预测，在能力部分着重讲述了如何编制人力资源规划。

第四章，员工招聘与甄选。主要阐述了员工招聘的原则、渠道、影响因素以及员工招聘的过程，在能力部分着重讲述了招聘计划书的编写、招聘广告和面试通知书的编写、简历的筛选技巧和面试的组织工作。

第五章，员工培训与开发。主要阐述了员工培训与开发的目的与作用、分类、原则与方法、员工培训系统的构建等，在能力部分着重讲述了员工培训规划的设计、年度培训计划的编写和培训的具体实施。

第六章，绩效管理。主要阐述了绩效的含义、绩效管理的过程、常见的绩效评价方法及其比较、平衡计分卡系统，在能力部分主要讲述了绩效反馈面谈的准备与实施技巧。

第七章，薪酬管理。主要阐述了薪酬与薪酬管理的一般概念、薪酬管理的过程、薪酬调查、薪酬的影响因素，在能力部分主要讲述了几种薪酬体系的设计、人工成本的核算以及"二次分配"的处理。

第八章，劳动关系管理。主要阐述了劳动关系、劳务关系、劳务派遣、劳动合同、集体合同、社会保险等问题，在能力部分着重讲述了用人单位内部劳动规则的制定以及劳动争议的处理。

第九章，职业生涯规划与管理。主要阐述了职业的含义、职业生涯的含义、职业生涯管理的含义、职业生涯管理的特点和内容、职业生涯管理的影响因素以及职业生涯管理的相关理论，在能力部分着重讲述了个人职业生涯规划设计和组织职业生涯管理。

在每章内容安排上，我们按"能力要求—开篇案例—理论单元—理论单元习题—能力单元—能力单元课后训练（建议训练方式—推荐训练项目）"的模式进行设计。提出能力要求，是为了使读者有一个明确的学习目标；开篇案例可以把读者带到社会实践中，使其能带着问题去读书；理论部分是该章节必须掌握的基本理论知识；能力部分是该章节需要掌握的实际工作能力；课后训练是针对本章节内容和能力要求设计的，目的是通过这些训练进一步巩固、拓展读者的实践能力。

根据本书的结构和内容设计，我们推荐两种教学方式。针对理论单元，建议以学生自学，教师在课堂随机提问、解答学生的疑问并就学生困惑较多的问题重点讲解的方式进行教学。我们在理论单元内容设计时也考虑到这种教学方式，尽可能把内容编写得浅显易懂。针对能力单元和课后训练，不妨采用学生先选择并完成训练项目，而后教师总结归纳训练要点，再补充能力部分相应知识的方式进行。为了便于对学生的课业进行评价，我们在每一章的课后训练中都设计了成绩评定表以备教师使用。当然，本书内容及结构的设计也适用于传统的教学方式。

此外，为了方便广大读者对每章理论部分内容的自我检测，我们设计了针对每章理论单元的习题。部分习题不限于理论单元，还包括后面能力单元的内容，鼓励读者通览全章节，积极思考。同时，我们也编制了课件，供师生下载使用。

本书正文由欧立光和李晓翠编写，后期的课件制作由蒋冬青负责。

在本书的编写过程中，虽然我们努力做到精雕细琢、精益求精，但是由于知识和经验的局限，书中不足之处在所难免，恳请读者批评、指正（联系方式：xfolg@126.com），以使我们的学术水平不断提高，不胜感激。

本书参考借鉴了很多专家、学者的教材、论著、文章，并借鉴了他们的一些观点，在此，我们对这些学术界前辈深表感谢！

在本书的编写过程中，得到了湖北文理学院管理学院的大力支持，在此，我们一并感谢！

编　者

2017 年 1 月

目录 CONTENTS

第一章 人力资源管理导论

【知识与能力目标】

通过本章的学习,应该能够:1.理解并掌握人力资源、人力资本及人力资源管理的有关概念;2.熟练掌握人力资源管理的工作内容、基本原理、功能;3.了解人力资源管理的历史演进及发展趋势;4.掌握成为一名人力资源管理者必须具备的方法和素质。

通过相应的知识点的拓展训练,应该具备:1.比较准确地分析并判断出组织所存在的人力资源管理方面的问题的能力;2.主动学习能力与创新能力;3.书面表达与语言表达能力。

【开篇案例】

A公司是位于×市的一家曾经名噪一时的房地产开发公司,其主要收益是本公司所开发的房地产的商品房销售收入,以及承接其他房地产开发公司施工项目的施工费。近年来房地产业越来越不景气,该公司面临生存与发展的巨大危机。为了摆脱这个困境,该公司采取了如下措施:首先,提高了工程项目部业务员和售楼部营销员的绩效目标,同时提高了业绩优秀的员工的薪资与福利待遇。其次,延长了工作时间。公司放弃了每周五天工作制,采用每周六天工作制,并根据需要强制员工加班(不加班就会被扣工资)。最后,鼓励员工奉献。公司强调奉献精神,鼓励并要求员工把公司放在第一位,以公司为家,并对全体员工进行了以公司为家的一系列培训。

然而,公司的这些努力并没有达到预期效果,公司的业绩持续下滑,员工对公司的归属感也没有增加,员工的流出率依旧逐年加大,员工流出周期也逐年缩短。

我们的调查显示:首先,为了完成任务,业务经理、营销经理、业务员和营销员需要经常在外面奔波,虽然投入了大量的精力和时间,但是由于绩效目标过高,无法达到预期效果,工作积极性下降。再次,由于长时间工作和被强制加班,员工对公司的不满情绪增加,大部分员工工作效率降低。此外,由于工作压力大,员工常出现失眠、头晕、胸闷现象,工作时难以集中精力,公司内部上下级之间及同事之间的关系也变得紧张。

(案例来源:根据企业实际编写。)

人力资源管理是组织的"人""财""物"三大基础管理之一。有效的人力资源管理,能够提高员工工作绩效,从而提升组织绩效,有助于员工积极主动地学习新知识和新技能以提升自身绩效,从而提升员工敬业度;有助于组织凝聚力的增强和良好的组织文化的建设;更有助于组织适应组织内外部经营环境的变化,使组织在激烈的市场竞争中得以生存和发展。然而,一旦人力资源管理缺位,或者人力资源管理的某些环节做得不好,就会阻碍组织战略的实施,直接影响组织的生存和发展。

【理论单元】

第一节　人力资源、人力资本与人力资源管理

一、人力资源

本书中,我们把人力资源定义为:在一定范围内能够创造物质财富和精神财富,从而推动国民经济和社会发展的、具有智力劳动和体力劳动能力的人口的总和。

我们可以从三个方面来理解人力资源的概念:第一,人力资源面向组织,是有一定范围界限的;第二,人力资源面向创造财富,这个财富可能是物质的(比如一张课桌),也可能是非物质的(比如一个新理论);第三,人力资源指的是一定范围内的人口的总和,而非某个员工个体。

(一)人力资源的特点

作为一种资源,人力资源具有资源所特有的特点,同时也具有区别其他资源的特点。

1.资源的特点

资源是指一切可被人类开发和利用的物质、能量和信息的总称,如森林资源、土地资源、水资源、光资源、信息资源、资本资源、人力资源等。无论哪种资源,都具有可开发性、稀缺性和增值性的特点。可开发性指资源是可以被开发利用的,稀缺性是指资源的数量是有限的,增值性是指资源在被开发、利用后是可以增值的。

2.人力资源独有的特点

除上述资源的3个特点外,与其他资源相比,人力资源还具有如下5个特点。

(1)能动性。人力资源具有能动性,主要表现在:通过市场需求和自身需求自主地选择职业;通过有目的地、积极主动地学习来提高自身素质,进行自我强化。有目的地、积极主动地学习是人力资源发挥潜力的决定因素。

(2)两重性。人力资源具有两重性,主要表现在:人力资源既是财富的消费者又是财富

的创造者。比如,木工制作课桌,消耗的是时间、木工的体力和精力、木料甚至电力等,制作出了桌子这个产品;同时,如果木工是某公司的雇员,则公司必须付给木工工资,甚至为了让木工有更好的技术制造更好的产品,而对木工进行相应的培训和开发。再比如,一位学者提出了一个理论,创造的是精神财富——新理论,消耗的是时间、这位学者的精力和体力以及其他资源。

（3）时效性。人力资源具有时效性,表现在知识技能的时效性和人的生理机能的时效性两方面。首先,社会是不断进步的,知识和技能也必须随着社会的发展而不断地更新,知识和技能的这种时效性使作为知识和技能的载体的人力资源也就具有了时效性。其次,人的生理机能是有时效性的。年轻时精力旺盛、体力充沛,而随着年龄的增长,人的身体会慢慢衰老,年轻时能胜任的工作,年老时未必胜任,这是人力资源的时效性在生理上的体现。

（4）内耗性。当人力资源的数量超过一定范围时,不但无法发挥人员之间的相对优势,还会彼此抵消优势,形成内耗。人们常说的"一个和尚挑水喝,两个和尚抬水喝,三个和尚没水喝"就是人力资源内耗性的典型例子。因此,企业需要优化员工配置。

（5）社会性。人不是孤立的,也不是与世隔绝的。每个人成长背景不同,所受到的各自民族文化和社会文化的影响也不同,进而所形成的个人的价值观也会有所不同。这种不同有可能导致个人价值观与自身所在组织的价值观之间的矛盾,以及与组织内其他员工的价值观之间的矛盾。因此,人力资源管理专职人员需要重视组织成员对组织文化认同感的培养,协调成员之间、成员与社会之间、成员与各种利益群体之间的关系。

（二）人力资源的数量与质量

作为一种资源,人力资源也有数量和质量之说。人力资源的数量有绝对数量和相对数量之分。绝对数量是指一个国家或地区具有劳动能力、从事社会劳动的人口总数。人力资源的相对数量是指人力资源的绝对数量占总人口的比例,即人力资源率。在企业管理实践中,通常把本企业内全体员工的总量称作本组织的人力资源的数量。人力资源管理中数量的管理表现为人力与物力的合理配置。人力资源的质量是指人力资源所具有的体力、智力、知识和技能水平以及劳动者的工作态度等。在企业人力资源管理实践中,人力资源质量的管理是指采用科学的方法,对组织内员工的心理和行为进行有效管理(包括思想、心理、行为的协调、控制与管理),充分发挥员工的主观能动性,以实现组织目标。人力资源的数量是基础,质量是关键和核心。

二、人力资本

提到人力资源,就必须提到人力资本,人力资源和人力资本是两个不同的概念。人力资本是指"人们以某种代价获得的并在劳动力市场上具有一定价格的能力或技能"(暴丽艳,徐光华,2010:5)。我们可以从两个方面来理解人力资本。首先,人力资本是活的资本,它凝结于劳动者身体内,表现为劳动者的体力、智力、知识和技能,其中,真正反映人力资本实质的是劳动者的智力、知识和技能。其次,人力资本由一定的费用投入转化而来,没有费用的投入就不会有资本的获得。比如,某企业以每月8 000元的薪酬标准招聘了一名应届毕业生,这每月8 000元的薪酬就是投入的费用,是为了获得这位大学生所拥有的知识和能力以及其能为企业创造的价值。假如这位应届毕业生入职后,企业又投入10万元对其进行了新技能的培训,这10万元的费用是为了获得该应届毕业生获得新的技能后为企业创造的价值而进行的投入。因此,人力资本通过投入而形成。

人力资源与人力资本最大的区别在于两者关注的焦点不同:人力资源聚焦于资源,强调消耗(如员工体力、精力的消耗)、开发(如对员工潜力的开发)、利用(如对员工的合理配置)、投资(如对员工培训的投入)、增值(员工创造的价值大于对员工的投入);而人力资本聚焦于资本,尤其强调投资(如对员工培训的投入)与增值(员工创造的价值大于对员工的投入)。

三、人力资源管理

人力资源管理是指一个组织为了实现自己的组织战略或经营目标,围绕一整套员工管理理念而展开的吸引、保留、激励以及开发员工的政策、制度以及管理实践。

(一)人力资源管理的内容

一般来讲,人力资源管理包括进行工作分析、制订人力资源规划、员工招聘与甄选、员工培训与开发、绩效管理、薪酬管理、劳动关系管理、职业生涯规划与管理八个部分。其中,工作分析和人力资源规划是其他人力资源管理活动的基础。

1.工作分析

工作分析部分主要是根据组织的工作流程,分析岗位的任务、职责、权力、隶属关系、工作条件、任职者资格要求及享有权利等,并形成工作说明书或者职位说明书(有的组织中称为岗位职责)。

2.人力资源规划

在人力资源规划这个环节,主要是根据组织的发展战略和经营计划来评估组织内人力资源的发展趋势,分析现有的人力资源状况和组织未来的人力资源需求状况,确定人力资源的需求和供给,制订必要的人力资源需求、供给、使用、培训和发展计划。

3.员工招聘与甄选

员工招聘环节主要包括计划制订、信息发布、甄选、录用与岗位安置以及招聘评估等。

4.员工培训与开发

员工培训与开发包括培训和开发两部分。对新加入的员工和组织内需要培训的员工进行培训,以及根据组织战略和经营目标对员工进行知识、技术和能力的开发。

5.绩效管理

绩效管理过程包括绩效计划、绩效辅导、绩效评价和绩效反馈4个阶段,在这4个阶段中,绩效沟通贯穿始终。绩效管理的目的是实现组织与员工个人的共同发展。

6.薪酬管理

薪酬管理是人力资源管理的重要组成部分。日常薪酬管理是由薪酬预算、薪酬支付、薪酬调整组成的循环,即薪酬成本管理循环。此外,薪酬管理还包括如下 5 个方面:开展薪酬市场调查,统计分析调查结果,写出调查分析报告;制订年度薪酬激励计划,对薪酬计划执行情况进行统计分析;调查了解各类员工的薪酬状况,进行必要的员工薪酬满意度调查;对报告期人工成本进行核算,检查人工成本计划的执行情况;对员工的薪酬进行必要的调整。

7.劳动关系管理

劳动关系分为狭义的劳动关系和广义的劳动关系两部分。狭义的劳动关系,即劳动法律关系。正确掌握劳动法律关系的含义和内容,有助于用人单位和员工依法维护自己的权益。而广义的劳动关系泛指劳动者与用人的单位之间的关系,比如员工对组织的忠诚度等。正确掌握并处理好广义的劳动关系有助于用人单位有效地开发人力资源,达到员工与用人单位的双赢。在本书的第八章,着重介绍了狭义的劳动关系、劳动争议处理、劳动合同及劳务派遣等。

8.职业生涯管理

根据人性假设理论,每个人都有实现自身价值的需要。因此,有必要了解、规划员工个人的发展目标,尽可能地让员工在实现个人目标的同时完成组织目标,这样组织才能健康发展。本书所讲述的职业生涯管理,主要包括员工个人如何进行职业生涯规划和组织如何对员工进行职业生涯管理两部分。

(二)人力资源管理的功能

根据人力资源管理的内容,可以归纳出人力资源管理具有获取、整合、激励、调控、培训与开发五个基本功能。获取功能——通过员工招聘为组织获取所需要的人员;整合功能——通过组织的合理架构以及岗位与人的合理配置,把员工个体组织起来形成一个整体,使组织这个系统有效运转;激励功能——通过劳动关系管理、薪酬、培训、职业生涯管理和绩效管理来留住员工、激励员工,提高组织内员工的工作积极性,增强员工对企业的归属感;培训与开发功能——通过对员工的培训和开发实现;调控功能——通过职业生涯管理和绩效管理实现对员工工作态度和工作行为的控制与管理。

(三)人力资源管理的目标

人力资源管理的首要目标是实现人力资源的合理配置,也就是所有的人力资源管理活动都是围绕如何创造和维持员工与工作岗位的匹配而展开工作的。通过人力资源管理的合理配置,挖掘员工的潜能,调动员工的积极性,进而实现组织的目标和员工的价值。这种合理配置包括三方面的含义,即人与人的匹配、人与物的匹配、人与事的匹配(袁蔚等,2011)。所谓人与人的匹配,即要求人与人合理搭配,协调合作,最大限度地发挥员工主观能动性,提高工作效率。所谓人与物的匹配,就是人的要求与工作报酬的匹配,人的付出与工作报酬的匹配,人的能力与劳动工具和物质条件的匹配,达到酬适其需、酬适其力、物尽其用的目的。所谓人与事的匹配,就是人的素质与工作要求相匹配,事得其人、人适其事。

（四）人力资源管理的原理

1.同素异构原理

同一个组织，同样的员工，由于组织结构不同，组织所发挥的作用也不同，这就是同素异构原理。究竟采用什么样的组织结构，需要根据组织的具体情况而定，不能一概而论。但总体来讲，尽可能压缩组织层次，以增强组织的适应性和灵活性，是组织能够在市场竞争中得以生存和发展的必然选择。

2.能级对应原理

能级，指人的能力大小分级，能级对应就是能力要求和岗位相对应，也就是人们通常所说的有多大的能力做多大的事。人的能力是有差别的，在人力资源管理中，要根据人的能力的大小安排工作，尽可能做到人尽其才，才尽其用。同时，还要顾及能级本身的动态性与开放性，使人的能级与组织的能级动态相适应。

3.互补增值原理

互补增值原理强调在岗位配置中，充分考虑员工的特点及彼此之间的互补性，进行组合配置，形成集体或团队优势。这种互补包括知识互补、能力互补、性别互补、性格互补、年龄互补等。

4.动态适应原理

组织中的员工是流动的，这种流动包括辞职、晋升、岗位轮换、退休等。这种流动必然会引起原有的岗位配置发生变化，因此，人力资源管理需要采用一种动态的岗位配置方式，确保岗位的优化配合。此外，由于组织外部环境的变化，组织战略也会得到适当调整，组织对人员的需求也会发生变化。这也要求人力资源管理保持动态的开放态势，通过内部开发或外部获取等方法确保岗位配置优化以适应组织发展。

5.激励与强化原理

激励与强化原理又称效率优先原理，是指通过奖励和惩罚，使员工明辨是非，对员工的劳动行为实现有效激励。激励就是创设满足员工各种合理需要的条件，激发员工的工作动机，使之产生实现组织期望目标的特定行为的过程。这种奖励可以是物质的，也可以是非物质的，比如赋予绩效卓越的员工在不影响工作绩效的情况下弹性工作日的权利等。惩罚也不仅仅表现为物质上的，也可以是非物质的，如口头警告等。

6.反馈控制原理

反馈控制原理是指在人力资源开发过程中，各个环节、各个要素成因果相关的反馈环。其中任何一个环节或要素的变化，都会引起其他环节或要素发生变化，并最终又使该环节或要素进一步变化，从而形成反馈回路和反馈控制运动。在人力资源开发中要注意把握各个环节或各个要素之间的关系，通过抓住关键环节或主要要素，提高工作效率。

7.弹性冗余原理

弹性是有限的，超过这个限度，弹性就会丧失。对人力资源管理来讲，人力资源也是有弹性的,人们的工作时间、工作强度、工作分工、工作定额等都有一个度。超过这个度,只会使人身心疲惫,精神萎靡不振,工作效率低下,造成人力资源的巨大损失。因此,人力资源开发要在充分发挥和调动人力资源的能力、动力和潜力的基础上,主张松紧合理、张弛有度、劳逸结合,使人们更有效、健康地开展工作。

8.文化凝聚原理

组织文化是一种建立在组织成员信仰之上共同的价值观。组织文化与人力资源管理密不可分。一方面,人力资源管理的各项活动所传达的信息要与组织文化相一致,要以组织文化为依托,如组织的各项规章制度的制定,特别是人员使用与保留的政策制定方面高度统一。人力资源管理的每项活动都对员工的价值观有引导作用,而这个引导的指向就是组织文化。另一方面,人力资源管理对组织文化有优化的作用。由于人力资源管理活动对员工的价值观具有引导作用,这种引导可以帮助组织剔除组织文化中不合时宜的部分,从而使组织文化得以优化。

(五)人力资源管理的特征

进入21世纪以来,人力资源管理已经成为组织不可或缺的一部分,人力资源管理的特征也越来越明显。人力资源管理的特征如下。

1.人力资源管理的地位具有战略性

随着科学的日新月异,技术水平的不断提高,人们需求的不断增加,市场竞争的不断加剧,如何合理地获取、使用、留住、激励以及调配人才,从而使组织在需要的时间、需要的地点、花费最合适的成本、由最合适的人在最合适的岗位做最合适的事是实现组织目标必不可少的条件。但是组织战略是个长期目标,这就需要人力资源管理在各方面有预先的安排,为组织战略的制定提供人力资源方面的可行性分析,并对组织的战略执行提供支持。

2.人力资源管理的内容具有广泛性

除了招聘、培训、薪酬管理、绩效管理等传统的工作内容外,现代组织的人力资源管理还包含了诸如组织架构的再设计、职位设置、领导任用、团队建设等与"人"相关的内容,其内容越来越广泛。

3.人力资源管理的主体具有多样性

人力资源管理的主体由单一的人力资源管理专职人员变成了高层管理者、部门主管、人力资源管理专职人员与员工本身的四位一体的管理主体。

高层管理者把握的是人力资源管理对组织战略的支持,包括以下3个方面内容:一是在制定组织战略前从人力资源管理角度分析组织战略的可行性;二是根据组织战略制定人力资源管理战略,使人力资源管理工作与组织战略更完美地契合;三是倡导组织各级管理者都关心人力资源问题。高层管理者是人力资源战略的倡导者,也是人力资源政策导向的把握者。部门主管的主体作用表现在直接参与人力资源管理的具体活动,是人力资源政策和制度的执行者。人力资源管理部门的主体作用表现在人力资源管理部门是组织人力资源管理的"总管",是人力资源开发与管理方案的制订者,也是人力资源政策和制度执行的监督者,更是直线部门的参谋和顾问。一般员工在人力资源管理中的主体地位表现在提供自己的个人发展计划,对个人发展有积极诉求,更关注绩效及绩效的改进,为薪酬管理等各项管理提供建议等,是组织人力资源管理活动的直接参与者。没有一般员工的参与,人力资源管理将无法真正有效实施。

第二节　人力资源管理的发展与我国人力资源管理的特点

一、人力资源管理的发展

人力资源管理的发展是一个漫长的演变过程。学术界对人力资源管理的演进提出了不同的观点,比如法布朗(Formbrun)、蒂奇(Ticky)、德纳然(Deranna)(1982)提出的三阶段理论,韦恩(Wayne)(1995)、田再兰(2011)提出的四阶段理论,罗兰(Rowland)、费里斯(Ferris)(1984)提出的五阶段理论,以及弗伦奇(French)(1998)、刘欣(2012)提出的六阶段理论。本文采用田在兰(2011)提出的四阶段理论。人力资源管理历史演进如表1.1(田在兰,2011)所示。

表 1.1　人力资源管理的发展

阶　段	时　间	特　点
行政管理阶段	18世纪前	1.没有专门的部门负责人力资源方面的工作,员工的档案和福利管理由行政部门负责 2.人力资源管理工作得不到重视,员工工资由老板决定,奖金发放也凭老板喜好决定,在公平性和激励性方面都存在问题
人事管理阶段	18世纪末到20世纪60年代	1.以"事"为中心,注重对人的控制与管理 2.人事部门被视为最有权力的行政部门 工业革命阶段:美国1935年《国家劳工关系法案》明确规定工人具有和雇主进行集体谈判的权利。集体谈判出现,使组织内的劳动关系发生了变化,从而推动了人事管理的发展 科学管理阶段:1911年泰勒发表《科学管理原理》,初步形成人力资源管理基本职能,标志着人力资源管理的初步建立 工业心理学阶段:1900—1920年,大公司中出现了人事专家,分别管理雇佣、福利、培训等问题。专业分工形成了现代人力资源管理部门的组织基础 人际关系管理阶段:霍桑试验和"经济人"假设。很多企业采用了诸如设置专门的培训主管、增加员工与管理者之间的沟通等人事管理新方法,丰富了人事管理职能

阶　段	时　间	特　点
人力资源管理阶段	20世纪60年代到80年代	1.以人为中心 2.进行模块化、专门化管理 3.把人作为资源进行开发，"人事部"纷纷更名为人力资源部，并成为提供人力资源支持的服务部门
战略性人力资源管理阶段	20世纪90年代以来	1.把人作为资本进行管理 2.战略性地进行人力资源规划 战略性人力资源管理一方面强调人力资源的目标导向，即通过组织架构将人力资源管理置于组织经营体系，促进组织绩效最大化；另一方面，强调人力资源管理的契合性，即横向上人力资源各业务模块的契合以及纵向上人力资源管理和企业发展管理的契合。强调企业管理者对人力资源优化所需要承担的重任，强调系统地将人与组织关联起来形成统一匹配的人力资源管理

随着经济全球化和科技的发展，网络的普遍使用，网络化管理和跨文化管理将是人力资源管理的发展趋势之一。此外，组织将更关注对知识型员工的管理，更关注企业价值与道德修养问题等培训。

二、我国人力资源管理的特点

我国人力资源管理起步较晚，从20世纪80年代人力资源管理正式引入我国企业管理实践中，到目前为止不足40年。虽然在这几十年里，随着我国市场化经济的不断推进，人力资源管理也得到了很大的发展，但是，毕竟其存在的管理基础薄弱，很多时候还会受到计划经济时代的思维方式和我国传统文化的影响。在大部分企业中，特别是中小企业，人力资源管理还是只处于辅助地位。具体而言，我国人力资源管理具有如下特点。

(一)人力资源结构失衡

人力资源结构失衡主要表现如下。
①我国每年都有几十万应届高校毕业生找不到合适的岗位工作，而另一方面，相当一部分企业却招不到合适的人员。
②从事低端管理和具有较低技术水平的人较多，而高端管理人才以及高技术水平的人才较少。

(二)人力资源管理在企业中的地位有待提升

其主要表现如下。
在现代企业管理中，人力资源管理专职人员需要参加企业战略的制定，是组织的战略伙伴和组织战略支持者。而在我国很多企业中，特别是中小企业，人力资源管理部门只是普通的职能部门，人力资源管理工作只是辅助性、操作层次的工作。人力资源管理的地位有待提高。

（三）人力资源管理水平较低，受传统文化影响较大

其主要表现如下。

①在绩效管理中，很多企业只重视考核，而忽略了管理，忽视了对员工如何提升绩效的引导和培训。

②在人员获取上，很多企业过多地看重应聘者已有的知识和技能，而忽视了其发展潜质，更不愿对员工上岗后的培训进行投资。

③在员工激励上，很多企业特别是中小企业重视物质激励，而忽视了职业发展对员工的激励；重视对员工的短期激励，而缺乏对员工进行长期激励的措施。

④当传统文化与现代人力资源管理出现矛盾时，往往是人情管理代替了制度管理。

【理论单元习题】

一、选择题

1.下列选项中属于人力资源管理职能的是（　　　）。
　A.绩效管理　　　　　　　　　　　　B.战略执行
　C.职业生涯规划与管理　　　　　　　D.竞争优势

2.下列选项中不属于人力资源特点的是（　　）。
　A.能动性　　　　　B.内耗性　　　　C.双重性　　　　D.质量特性

3.下列选项中属于人力资源管理功能的是（　　　）。
　A.获取　　　　　　B.惩罚　　　　　C.改造　　　　　D.激励

4.小王在工作之余，积极自学与工作有关的知识，这体现了人力资源的（　　　）。
　A.内耗性　　　　　B.时效性　　　　C.能动性　　　　D.社会性

5.工厂里的师傅加工皮鞋，用去了一些皮子、木块、钢板、胶水和钉子。这体现了人力资源的什么特点？　（　　　）
　A.内耗性　　　　　B.双重性　　　　C.时效性　　　　D.能动性

6.小张在经过一段时间的培训后，公司将他安排到适合他专长的岗位。从人力资源管理的角度讲，公司尽量做到（　　　）的匹配。
　A.人与人　　　　　B.人与事　　　　C.人与物　　　　D.事与物

7.下列选项中，不属于人力资源能动性特征的是（　　　）。
　A.自我强化　　　　B.选择职业　　　C.接受培训　　　D.积极学习

8.互补增值原理主要包括五方面的内容，即知识互补、能力互补、性格互补以及（　　　）。
　A.年龄互补和性别互补　　　　　　　B.关系互补和性别互补
　C.年龄互补和关系互补　　　　　　　D.年龄互补和工作时间长短的互补

二、判断题

1.作为一种资源,人力资源也有数量和质量之分。数量是基础,质量是关键和核心。

（　　）

2.人力资源和人力资本是两个不同的概念,人力资本关注的是投资与增值。　（　　）

3.人力资源管理具有5个基本功能:获取、奖酬、激励、调控、培训与开发。　（　　）

4.我国人力资源管理的特点是人力资源过剩,劳动力市场上各类人员都供过于求。

（　　）

5.以"事"为中心,注重对人的控制和管理,是行政管理阶段的特点。　（　　）

三、简答题

1.简述人力资源管理的特点。
2.简述我国人力资源管理的特点。

四、论述题

试论述如何做好人力资源管理工作。

【能力单元】

第三节　如何做好人力资源管理工作

做好人力资源管理,至少要做到四个明确。一是明确人力资源管理专职人员在组织中的角色定位,只有充分了解自己在组织中的角色和位置,才能更好地发挥作用;二是明确人力资源管理专职人员与部门主管在日常工作中的分工。在现代企业中,部门主管是人力资源管理活动的具体实施者。部门主管与人力资源管理专职人员之间既有分工又有合作,明确各自的工作内容和范围,有助于人力资源管理活动的顺利实施;第三,明确掌握基于证据的人力资源管理工作的方法。在日常管理中,采用基于证据的管理方式,无疑会使工作变得更为顺利。第四,作为一名合格的人力资源管理专职人员,还必须明确了解自身需要具备的素质和能力,明确需要什么样的素质和能力才能把工作做得更好,有助于人力资源管理专职人员不断地自我强化,使人力资源管理工作开展得效率更高和效果更好。

一、人力资源管理专职人员的角色定位

（一）人力资源管理专职人员的角色定位

在组织管理中，人力资源管理专职人员是组织的战略伙伴与支持者，是组织变革的推动者，更是人力资源管理专家、业务部门的忠诚伙伴。同时，也是员工激励者与代言人。

1.组织的战略伙伴与战略支持者

人力资源管理专职人员的战略合作伙伴表现在人力资源管理专职人员需要参与企业战略的制定，需要从人力资源角度来分析、确定组织战略的可行性。人力资源管理专职人员又被称为组织战略的支持者，主要表现在对战略执行的保障上。包括通过外部获取和内部员工开发提供实现组织战略所需要的员工，通过组织架构设计及绩效管理等制度的制定与执行控制组织战略的执行，通过组织文化的建设和员工职业生涯管理引导员工为组织战略的顺利实现和自身目标的实现而积极工作。

2.组织变革的推动者

为了在复杂多变的市场中生存，组织必须随着环境的变化进行变革。组织内部整合与重组、结构转型、组织文化构建以及其他与人力资源因素相关的变革，都必须依靠人力资源管理部门进行。人力资源管理部门需要在适当的时候支持和鼓励变革、鼓励创新，根据内外部环境主动推动和引导组织变革，协助决策层不断更新管理理念和提高管理技能，运用科学的管理思想和管理方法解决组织面临的问题和矛盾，最终创造一个崭新的高绩效组织。

3.人力资源管理专家

人力资源管理专家的角色体现在：作为组织内人力资源实践的推行者，人力资源管理专职人员必须能够设计和贯彻有效的人力资源管理制度、管理过程以及管理实践，并能够为组织的管理者提供必要的人力资源方面的咨询和指导。

4.业务部门的忠诚伙伴

人力资源管理专职人员是业务部门的忠诚伙伴，主要表现在以下两方面：一是与高层管理者和部门主管共同承担绩效责任；二是帮助、指导人力资源管理的各项活动在直线部门的顺利执行。成为业务部门的忠诚合作伙伴是外部环境变化和组织发展的客观要求。

5.员工激励者与员工代言人

作为员工激励者与员工代言人，人力资源管理专职人员在制定人力资源管理政策、进行人力资源管理时，必须考虑到如何才能有效地激励员工，使员工为了组织和自己更加努力地工作。同时，也必须在考虑到组织利益的同时充分考虑到员工的利益。人力资源管理专职人员需要帮助员工和企业之间达成心理契约。人力资源管理专职人员的有效产出的直接表现是员工整体满意度和参与程度的大幅度提高。

二、人力资源管理专职人员与部门主管的分工

一般情况下，人力资源管理专职人员与部门主管可以做如表1.2所示的分工。具体到工作模块，可按表1.3所示进行分工。

表1.2 人力资源管理专职人员与部门主管的分工

人力资源管理的功能	在实现该功能的过程中部门主管的活动与责任	在实现该功能的过程中人力资源管理专职人员的活动与责任
获取	提供职务分析、职务描述以及职务要求的有关资料与数据；使各部门的人力资源计划与组织战略协调一致；对职务申请人进行面试，综合审阅人力资源部提供的材料，对录用与委派作最后决定	职务分析与职务描述的编写，人力资源规划的制定；检查工作人员在招聘选拔、录用和委派中是否合法；申请人背景调查和安排拟录用人员体检；提供招聘服务和咨询
整合	与下属员工面谈、指导和教育下属员工；改善内部信息沟通，化解矛盾，做细致的思想工作，提倡集体协作	记录和保管好员工档案；设计合理沟通渠道与制度；宣传企业文化，做好员工教育工作，加快员工对企业的认同和融入
激励	尊重下属员工，公平地对待他们，论功行赏，按劳授奖	制定合理的工资奖酬、福利、医疗保险及各种福利制度，为员工各种需求提供服务
调控	绩效评价，员工需要与满意度调查；对员工作出惩罚、解雇、提降、调迁的决定	落实部门主管的有关规定；为员工离职提供咨询，设计员工需求调查、实施员工需求调查并分析结果
培训与开发	组织员工培训；指导员工设计个人发展计划；给下属员工提供工作反馈；进行再工作设计	制订员工技术培训计划，提供培训服务；为员工职业生涯发展提供咨询；对管理人员进行开发和培训

表1.3 部门主管与人力资源管理专职人员的具体分工

员工招聘	
部门主管	人力资源管理专职人员
1.对所需职位的职责范围作出说明，编制职位说明书 2.提出未来的人员需求以及需要雇佣的人员类型 3.说明工作对人员的要求，为人力资源部门的选聘测试提供依据 4.面试应聘人员并安排试用 5.试用评价，录用决策	1.根据部门主管提供的信息制订招聘计划 2.办理审批事宜 3.以适宜的方式开展招聘活动 4.进行初选，并将合格的候选人推荐给部门主管 5.员工配置计划，为新进员工办理入职手续 6.阶段性评估

续表

员工培训	
部门主管	人力资源管理专职人员
1.收集并提供部门培训需求信息 2.根据公司及工作要求安排员工培训;对新员工进行指导和培训 3.提供培训效果的信息与建议 4.了解员工的职业规划,进行合理引导,对其日常表现进行合理评价 5.为新业务的开展推荐管理人员 6.进行领导和授权,发挥个人潜能,建立高效的工作团队	1.制订培训管理体系,编制具体计划 2.准备培训材料、定向文件,指导、协助各部门的培训 3.组织培训效果(短期、长期)评估 4.根据公司既定的未来需求就管理人员的发展计划向企业高层提出建议 5.在规定和实际运作企业质量改进计划以及团队建设方面充当信息源 6.开发业绩评估工具,建立完善员工绩效档案

绩效管理	
部门主管	人力资源管理专职人员
1.参与绩效管理方案的讨论,提供建议及有关信息 2.组织本部门的培训 3.确定本部门考核内容、目标及评价标准 4.考核期间日常工作检查与辅助,沟通与协调,业绩状况把握 5.全面负责本部门考核评价,主持绩效面谈 6.部门考核总结评价,员工绩效改进计划与发展计划 7.新周期目标计划及目标调整	1.编制、设计绩效管理体系,与企业高层确定绩效考核内容、方法、流程等管理办法 2.编制考核计划,制定实施细则;组织管理人员宣讲及培训;提供管理工具及相关表格 3.参与审核各部门考核内容、目标及评价标准 4.考核表格收集,组织评定,结果汇总 5.考核总结评价,结果运用,建立完善员工绩效档案

薪酬管理	
部门主管	人力资源管理专职人员
1.参与薪酬管理方案的讨论,提供建议与信息;协助薪酬调研 2.提供各职位价值信息,参与确定本部门薪酬调整 3.根据部门及个人业绩效状况决定业绩工资的合理分配 4.提供员工的福利和服务建议	1.编制、设计薪酬管理体系,与企业高层确定薪酬结构、薪酬水平、薪酬政策及各管理办法 2.组织薪酬调研,了解同行业及区域薪酬状况 3.组织实施职位评估,与高层确定薪酬等级与水平 4.在奖金和工资计划方面向一线经理提出要求与建议 5.开发福利、服务项目,并与一线经理协商

劳动关系管理	
部门主管	人力资源管理专职人员
1.保持与员工之间沟通渠道畅通,使员工能了解公司发展规划并能通过多种渠道发表建议和意见 2.确保职工在纪律、解雇、职业安全等方面受到公平待遇 3.制订部门劳动保护规范,持续地指导员工养成并坚持安全工作习惯 4.发生事故时,迅速、准确地提供报告并协助处理	1.向一线经理介绍沟通技巧,促进上行及下行沟通 2.制定确保员工能受到公平对待的政策,并对一线经理进行培训 3.辅助部门进行工作分析,参与制订安全操作规程并提出建议 4.发生事故时,迅速实施调查、分析原因并及时处理,就事故预防提出意见并向职业安全与健康管理组织提交必要的报告

三、日常管理中采用基于证据的管理方式

日常管理中采用基于证据的管理方式是指在人力资源管理的过程中,强调做事要基于证据,而不是基于模糊的设想或感觉,将最佳证据运用于人力资源管理实践的过程。基于事实和证据的人力资源管理的各项活动,不仅能够用事实证明人力资源管理活动为组织作出的贡献,把人力资源管理活动对组织战略的支持作用充分地展现出来,还能够使人力资源管理的各项决策有据可依,不断地提高员工满意度;同时,改善人力资源管理部门自身的工作效率和工作效果。进行基于证据的人力资源管理首先要注意证据的收集与使用,其次还要注意作好自身职能的有效性评价。

(一)证据的收集与使用

首先要了解组织实际情况,掌握各种事实、数据以及评价结果等,包括企业及部门绩效、员工的技术水平等方方面面的数据和信息。然后,利用人力资源管理专职人员的科学思考和判断,来确定影响人力资源管理决策与实践的关键因素,即哪些数据和信息可以作为进行人力资源管理决策和其他实践活动的有力证据,在考虑人力资源管理决策对利益相关者的影响的同时,拟订培训、晋升、岗位轮换等各项活动的计划并实施。

(二)人力资源管理职能的有效性评价

①人力资源管理审计(战略性审计、职能性审计、法律审计)。
②人力资源管理项目效果分析。
一是以项目或活动的预期目标为依据,来考察某一特定的人力资源管理方案或实践的效果是否达到预期效果;二是从经济学角度估计某项人力资源管理实践可能产生的成本和收益,从而判断其是否为组织提供价值。

四、从事人力资源管理工作所必备的素质和能力

做好人力资源管理工作必须具备一定的能力和素质。一个合格的人力资源管理专职人员至少具备以下 3 种素质和能力。

（一）一定的专业知识

通常，人力资源管理专职人员除了必须具备人力资源管理专业技术所需的知识，如绩效管理、薪酬管理、员工招聘与录用等；还必须具备一些其他专业的知识，如组织行为学、心理学、经济学、管理学、劳动法规、会计学和统计学等。此外，人力资源管理专职人员还应该具有很强的口头表达和书面沟通的能力。

（二）较强的协调和组织能力

人力资源管理工作需要与不同教育背景、不同知识背景、不同年龄背景以及不同性格的人打交道，还要参与大量的行政工作。因此，人力资源管理专职人员必须具备较强的协调能力。

（三）高尚的职业道德

能够客观公正地对待每位员工，遵守用人单位的各项规章制度，这是对一个人力资源管理专职人员最起码的要求。

人力资源管理专职人员需要了解公司的经营战略和市场环境，熟悉公司的业务流程和关键环节，并进一步了解内外部客户状况和不断变化着的客户需求。同时，应能适时调整人力资源策略和流程，以适应公司的业务发展和经营状况。

课后训练

【建议训练方式】

以小组为单位进行充分讨论，并就讨论结果形成并发布案例分析报告。小组评价方式见表 1.4。

表 1.4　小组评价方式

成　员 （姓名+学号）	成绩分 配比例	小组自评课堂表现（课 堂讨论记录表附后） （20%）	其他组评价（40%）			教师评价 （40%）	最终 得分

小组成绩评定表　　（　　）小组第（　　）次作业

【推荐训练项目】

项目 1-1

A 公司是我国中部省份的一家房地产开发公司。近年来，由于当地经济增长迅速，房产需求强劲，公司有了飞速的发展，逐步发展成为一家中等规模的房地产开发公司。随着公司的发展与壮大，员工人数大量增加，公司在人力资源管理上的问题也逐渐凸显出来。

公司现有的组织结构是基于创业时的公司规划搭建，并伴随着公司业务扩张的需要而逐渐扩充形成的。在运行的过程中，部门之间、职位之间的职责与权限缺乏明确的界定，扯皮推诿的现象不断发生；有的部门抱怨事情太多、人手不够，任务不能按时、按质、按量完成；有的部门又觉得人员冗杂，人浮于事，效率低下。

在员工招聘方面，根据用人部门的需求进行招聘。但是，用人部门给出的招聘标准通常很含糊，负责招聘的人员无法准确地加以理解，这使得招聘来的人大都不令人满意。此外，很多岗位人与事不相适宜，员工的能力无法得到充分发挥，降低了员工的工作积极性，影响了公司绩效。在员工晋升方面，以前由总经理直接作出晋升决定。现在公司规模大了，基层主管和部门经理的意见往往起到了决定作用，一些和上级关系好而业绩平平的人得到了晋升。许多业绩优秀但与上级管理者关系一般的员工由于看不到自己在公司内的前途而另寻出路。在绩效管理方面，公司缺乏科学的绩效评价体系，评价中的主观性和随意性非常严重。

（案例改编自：A 公司（房地产公司）工作分析案例.MBA 智库文档。）

问题：就上述案例中提供的信息，你能否诊断出公司的人力资源管理方面可能存在哪些问题？

项目 1-2

某公司主要从事与汽车零部件相关的物流和与汽车相关的整车仓储、物流技术咨询、物流规划、管理、培训、工位器具设计等业务。公司目前正拟订计划，与国内某高校合作，把业务拓展到向各类企业客户提供保税仓储、转口贸易、缓证、缓税、分拣加工、物流配送等一系列服务。为了更快更好地发展，公司决定对公司进行全面诊断，尤其是诊断公司的人力资源状况等，以便优化公司的人力资源管理，进而使公司的人力资源管理活动更好地为公司战略服务。

下面，是公司现有的人力资源状况：公司目前共有员工 261 人，其中：核心管理人员 16 人，约占员工总数的 6%，包括部门主管 6 人、科长 6 人、系长 4 人；专项管理及技术人员 57 人，约占员工总数的 21%，包括技术主管 14 人、专项管理人员 37 人、一般管理人员 6 人；班组管理人员 13 人，约占员工总数的 5%，包括班长 6 人、技术指导员 7 人；班组作业人员 175 人，约占员工总数的 68%，包括技能工 102 人、多工位作业员 71 人、单工位作业员 2 人。

（资料来源：根据企业实际自编案例。）

问题：1.就上述案例中所提供的信息，你能否诊断出该公司在人力资源管理方面可能存在哪些问题？

2.如果想给该公司作一个全面系统的人力资源管理方面的诊断，你还需要掌握哪些信息？

项目 1-3

问题：请分析开篇案例中 A 公司存在的人力资源管理问题，并提出解决方案。

第二章 工作分析

【知识与能力目标】

通过本章的学习,应该能够:1.理解并掌握工作分析的基本内容、程序和方法;2.独立组织并进行工作分析;3.编写工作说明书。

通过相应的知识点的拓展训练,应该具备:1.工作分析的开展与工作说明书的编写能力;2.分析诊断企业工作分析相关问题的能力;3.娴熟的 Excel 数据处理与分析能力;4.良好的文字与语言表达能力。

【开篇案例】

T 公司是一家经营花炮的公司,主要从事鞭炮、烟花等产品的生产与销售。公司从成立以来,一直尊崇"踏实、拼搏、责任"的企业精神,并以"诚信、共赢"开创经营理念,创造良好的企业环境,在激烈的市场竞争中,得以生存并迅速壮大。然而,近年来,公司的业绩有下滑趋势,公司在市场竞争中的优势也逐渐被竞争对手削弱。

以下是我们的调查情况。

(1)在现有技术条件下,公司侧重于社会上少见的产品生产,即新产品,而这类产品的成本往往比一般的产品成本高,从销量上看,新产品较老产品差。

(2)公司的营销经理是一位市场营销经验丰富的管理者,他经常毫无保留地把自己的成功经验分享给员工,深受员工拥戴。他的经营理念和营销方式也很受下属推崇,无论新老产品,都首先以他的经验为营销该产品的优先选择方案。

(3)由于公司规模小、资金单薄,对自身商品的销售往往只是单方面的"填鸭式"管理,不重视或者很少重视产品在消费者中的反馈效应。随着市场竞争的日趋激烈,致使产品的生产与消费者需求严重脱节。此外,产品的销售渠道单一,无法满足消费者的需求,最后只能把自己已经占领的渠道领域拱手让人。

(4)公司销售人员工缺乏服务意识,一线员工大都以推销的方式与顾客进行交流,很难赢得客户的好感。营销人员中低学历者占大部分,专业知识的不足直接导致他们对营销工作的执行经常不到位,在实际工作中缺乏基本的销售技巧和共同协作能力,大大削弱了营销计划执行的效果。

(资料来源:根据企业实际自编案例。)

工作分析又称为岗位分析、职位分析,是组织中一切人力资源管理活动的基础。作好工作分析,可以为组织制订人力资源规划、进行人员招聘、员工培训与开发、绩效管理、薪酬管理等工作提供科学的依据,以确保事得其人、人尽其才、人事相宜。

【理论单元】

第一节　工作分析的作用、内容、任务与时机

工作分析是指对组织中某一特定岗位工作的性质、内容、责任、方式以及任职人员的资格要求等信息进行收集、分析和整理,作出明确规定,并进行规范描述的活动。

一、工作分析的作用

工作分析是组织内人力资源管理活动的基础。

(一)工作分析是组织制订适合自身发展的人力资源规划的基础

工作分析明确了现有岗位的资质能力的要求,有利于组织根据自身的战略有针对性地制订人员需求与供给计划。比如,现有员工的知识技术水平不能够满足组织战略对人才的需求,就需要有针对性地进行外部招聘或者内部培训。

(二)工作分析是员工招聘的基础

通过工作分析,明确了从事该岗位工作的人员的任职资格要求和数量要求,这使组织在人员招聘时有了衡量标准。因此,工作分析是组织进行员工招聘的基础。

(三)工作分析是组织进行员工培训的基础

工作分析明确了从事该岗位的技术水平和能力的要求以及该项工作的具体内容,这是组织有针对性地制订培训计划的基础。

(四)工作分析是组织进行绩效管理的基础

工作分析明确了工作内容和达到的要求,有助于对员工进行绩效评价和绩效管理。

（五）工作分析是薪酬管理的基础

工作分析明确了该岗位存在意义，明确了其在组织中的地位，为组织进行薪酬管理时确定薪酬等级和薪酬水平以及合理地给予员工报酬奠定了基础。

（六）工作分析是劳动安全保护工作的基础

工作分析明确了工作需要的工作环境，组织可以根据这个环境要求，预先做好劳动安全保护工作。

二、工作分析的内容

工作分析的内容分为两部分：一部分是工作本身，很多书中称为工作描述，主要包括工作的名称、目的、内容与特征、时间、地点、设备与工具、工作环境、隶属关系等。另一部分是任职者说明，即从事这份工作的人的信息，主要是对从事这份工作的人的生理、心理和资历的要求，比如年龄要求、性别要求、知识、技能、工作经验、资质等方面的要求。

三、工作分析的任务

工作分析的基本任务是回答如下 7 个问题，即在何时（when），何地（where），由谁（who），为谁（for whom），做什么事（what），为什么要去做（why），怎么做这件事（how），也就是人们常说的"6W+1H"模式。

（一）何时：when

这里指的是工作的时间安排，包括工作的起止时间以及工作的时间间隔等。例如，"工作时间：9:00—17:00，周六、周日休息"，"实行倒班制，中夜班+上午班，大夜班+下午班，一周后轮班；每周双休；中夜班：16:00—24:00，大夜班：24:00—早 8:00；上午班：8:00—12:00；下午班：12:00—16:00"。

（二）何地：where

这里指的是工作活动的地点，包括工作场所、工作环境等，既包括温度、光线、照明等自然环境，也包括工作群体、文化环境等社会环境。

（三）由谁：who

这是指由谁来从事这份工作，指的是对任职者的要求，包括生理上的要求、心理上的要求以及资质和能力的要求。

（四）为谁：for whom

这里指的是这个岗位在组织中的位置，即在工作中与哪些人发生业务联系，为哪些岗位服务,也就是这个岗位在组织业务链中的上游和下游是谁。

(五)做什么:what

这里指任职者所要从事的具体工作活动,包括工作内容、工作衡量标准和工作要达到的结果。

(六)为什么要做:why

这里指的是任职者工作的目的是什么,也就是该项工作在组织中的作用和存在的意义,包括工作目的以及对其他工作的影响等。

(七)怎么做:how

这里指的是任职者从事该项工作的方式,包括工作方式、工作流程、所使用的设备和工具以及相关的文件和记录、重点和关键的环节等。

四、工作分析的时机

工作分析如此重要,什么时候进行工作分析比较合适呢? 一般来讲,工作分析的最佳时机在以下 4 个阶段。

(一)创建新组织

对新成立的组织进行工作分析,有助于组织明确岗位的具体工作内容、标准和结果以及从事该岗位工作的人员要求,从而为组织人力资源管理工作(如员工招聘、员工培训等)打下基础。

(二)组织战略调整

由于组织内外环境的变化,组织的战略必然会进行不断地调整,从而使组织能够在复杂的环境中生存和发展。组织战略的调整,必然会导致组织的工作内容和工作性质发生变化,甚至会导致组织架构发生变化,组织对员工的知识、技能等的要求也必然会发生变化。通过适时的工作分析,有助于员工和组织适应这种变化,从而使组织战略得以实现。

(三)组织创新

组织创新,如技术革新、流程再造等,都需要组织重新定岗、定员,以达到人力资源的合理配置,而究竟要如何合理配置,就需要通过工作分析来实现。

(四)组织从未进行过工作分析

对于从未进行过工作分析的组织,需要及时进行工作分析,从而理顺组织业务流程、合理配置员工、规范员工行为,以确保组织人力资源管理及其他各项管理活动的顺利进行。

此外,在组织管理实践中,还需要根据实际情况,适时地进行工作分析,以确保岗位与人的合理配置和人力资源的合理使用。

第二节 工作分析的步骤及方法

一、工作分析的步骤

工作分析的过程分为 4 个阶段:前期准备阶段、信息收集阶段、整理分析阶段和整合反馈阶段。

(一)前期准备阶段

在前期准备阶段,需要明确 3 件事情:确定工作分析人员、制订工作分析计划和进行必要的事先沟通。

1.确定工作分析人员

确定工作分析人员即确定由哪些人参加工作分析。一般来讲,工作分析需要 3 类人员参加:岗位的直接工作者、部门主管和人力资源部的工作分析专员(有时候,需要外聘专家的加入)。

2.制订工作分析计划

一般来讲,工作分析计划的内容可分为 8 个部分:背景介绍、目的、工作分析的内容与结果、需要的资料、方法、实施者、实施步骤、成本预算。

3.进行必要的事先沟通

这是指要与所要分析的岗位所在部门进行必要的沟通,使直线部门对参与工作分析人员的工作作出预先安排,以免影响正常工作。

(二)信息收集阶段

在这个阶段,主要收集两方面的信息:首先是工作本身的信息,其次是从事这份工作的人的信息。

1.工作本身的信息

工作本身的信息包括岗位的名称、工作编号、工作地点、工作时间、直属上级、所辖下属、岗位人员定额、岗位等级、工作的具体内容及具体要求、完成工作的方法和程序以及工作所必需的设备、工具和环境等。

2.从事该项工作的人的信息

从事该项工作人的信息包括性别要求(部分特殊岗位有性别要求)、年龄要求、学历学位要求,专业要求、技术水平要求、工作经验要求、性格要求以及其他的任职资格要求等。

(三)整理分析阶段

信息收集好了之后,需要对信息进行分析。包括鉴别真伪和整理排序两个阶段。

1.鉴别真伪阶段

鉴别真伪阶段是去伪存真的过程。收集来的信息很杂,需要根据组织战略、岗位的具体情况和组织的业务流程,本着立足现状、满足未来、强调系统性的原则,剔除不必要的信息,保留真实有用的信息。

2.整理排序阶段

整理排序是一个对鉴别真伪后保留下来的信息进行整理并按照时间先后顺序或事情的重要程度进行排列的过程。首先根据鉴别后的信息,确定岗位的任务、职责、权利、隶属关系、工作环境,从事这份工作必备的知识、经验、生理素质、操作能力、心理素质等。然后,将这些信息进行系统的分类,按时间顺序或重要程度进行排序。

(四)整合反馈阶段

在整理反馈阶段,要根据第三阶段整理的资料,进行归纳总结,形成初步的工作说明书(或职位说明、岗位职责、岗位规范),并把这个工作说明书拿给相关人员,请其对工作说明书的内容进行审查和确认;或与员工实际工作进行对比,找出不同,加以讨论并修订工作说明书。必要时,可以在实际工作中进行试运行,并就运行中出现的问题进行修正,对工作说明书及时进行修订和补充,形成最后的工作说明书。工作说明书投入使用后,也需要根据组织战略的调整及公司的发展进行及时的修正和补充。

二、工作分析的方法

(一)定性分析法

常见的定性分析法有观察法、访谈法、工作日志法和关键事件法。

1.观察法

观察法是指工作分析人员在工作现场观察并记录工作人员的行为以及工作环境等信息,然后分析、归纳,整理成适用的文字资料的方法。使用观察法进行工作分析时,工作分析人员必须注意员工在做什么、如何做、为何要做、技能如何,对于可优化的工作事项要加以注明。在某一场地观察后,最好再去其他场地观察,以求信息的真实性。观察法的优点在于简单,能够很直观地获取第一手资料;其缺点在于有些信息无法通过观察获得,此外,在现场观察很可能会影响现场工作人员的工作。观察法适用于大量标准化的、周期较短的以体力劳动为主的工作,不适用于以脑力劳动为主的工作。

2.访谈法

访谈法又称为面谈法,主要是由工作分析专家与被分析工作的任职者就该工作进行面对面的谈话,从而获得相关信息的方法。访谈法主要围绕工作目标、工作内容、工作性质、工作范围、工作职责以及任职资格等方面进行访谈。访谈法的优点在于可以简单、快速、直接地获得该岗位的信息;其缺点在于对访谈者的要求较高,需要访谈者有较强的沟通能力和对谈话现场的把控能力,如果无法获得被访谈者的信任,信息就会失真。此外,访谈法耗时比较长,也会影响员工的正常工作。访谈法一般与其他方法配合使用。

3.工作日志法

工作日志法又称工作写实法,指通过对任职者的工作日志中的相关信息进行归纳、分析,确定该岗位的工作内容、工作关系、劳动强度等工作分析所需要的信息。其优点在于不需打扰员工工作就能获得需要的信息,信息较全面,真实;缺点在于工作量大,如果该岗位的任职人员没有填写工作日志就无法使用此方法。工作日志法适用于工作循环周期较短、工作状态稳定的职位。

4.关键事件法

关键事件是指使工作成功或失败的行为特征或事件。关键事件法是将工作过程中的关键事件详细地加以记录,在获取大量信息的基础上,对多岗位的特征和要求进行分析研究的方法。

(1)实施步骤。首先,由工作分析专家向一些对该岗位比较了解的员工提出诸如以下的问题并请他们回答:导致该事件成功或失败的主要因素是什么? 工作中的各种行为的一般后果是什么? 这些行为是否处于任职者可控范围内? 哪一位任职者完成工作最好? 该任职者是如何完成工作的? 其次,由工作分析专家收集每一个职务的关键信息,分析它们发生的频率、重要程度、对任职者的能力要求等,形成工作说明书。对每一个关键事件的描述应该包括:导致事件发生的背景原因,员工的哪些行为是特别有效的,关键行为的后果是否被认知,员工控制上述行为后果的能力等。

(2)优缺点。关键事件法的优点是:既能获得有关职务的静态信息,又可以了解职务的动态特点,还可以确定行为的任何可能的利益和作用。其缺点是:收集和分析"关键事件"耗时长、工作量大,同时因其收集的是"对工作绩效显著有效或无效的事件",难以顾及中等绩效的员工,不能完成全面的工作分析。

(二)定量分析方法

工作分析的定量分析法一般指通过问卷调查获得数据,并对数据进行分析的方法。常见的方法有管理人员职位分析问卷分析法和管理职位描述问卷分析法。

1.职位分析问卷

职位分析问卷(position analysis questionnaire,PAQ)共包括194项要素,其中187项用来分析完成工作过程中员工活动的特征,另外7项涉及薪酬问题。所有的要素又被划为6个类别(分别是信息输入、思考过程、工作产出、人际关系、工作环境以及其他特征),PAQ给出每一项目的定义和相应的工作元素数目。在应用PAQ时,职务分析人员依据6个计分标准(使用程度、时间长短、重要性、发生的可能性、适用性及特殊计分)对每个工作要素进行衡量,给出主观评分。据此给每个工作的各个要素分配一个量化的分数,经综合,对各个工作划分等级,从而为确定每一种工作的薪酬标准提供依据。PAQ要求由职务分析人员来填写,并且要求职务分析人员对被分析的职务要非常熟悉。

2.管理职位描述问卷分析法

管理职位描述问卷(management position description questionnaire,MPDQ)是专门为管理职位设计的一种结构化的职务分析问卷,在调查方法和信息收集形式上与PAQ相似。问卷含有与管理责任、约束、要求和其他多方面职位特征相关的208个用来描述管理人员工作的问题,采用6个计分标准对每个项目进行评分。208个项目被分为13个类别,即产品、市场与财务战略计划,与组织其他部门和员工之间的关系协调,内部事务控制,产品与服务责任,公共关系,高层次的咨询指导,行动自主权,财务审批权,员工服务,监督,复杂性与压力,重要财务责任和广泛的人事责任等。MPDQ通常用于分析和评价新管理岗位的工作内容和工作条件,以决定其工作的薪酬水平及在组织薪酬结构中地位。这种问卷对选拔管理人员,发现和建立合理的晋升制度,安排有关培训项目和按工作要求建立薪酬等级方面的工作十分有效,此外,MPDQ还可以用来对工作进行归类。

【理论单元习题】

一、选择题

1.下列选项中不属于工作分析的方法的是( )。

  A.观察法   B.访谈法   C.问卷调查法   D.案例分析法

2.下列选项中属于编写工作说明书时常见的错误做法是( )。

  A.关键事件   B.职位描述   C.一劳永逸   D.理解原则

二、判断题

1.在编写工作说明书时,要求内容简洁明了,语言逻辑性强,用词准确、规范。   ( )

2.工作说明书给出的对任职者的要求是满足标准而不是最优标准。   ( )

3.一般来讲,工作分析可以为组织的招聘、培训和考核等提供依据。因此,企业应该频繁地进行工作分析。   ( )

三、填空题

1.工作分析包括4个阶段:前期准备阶段、信息收集阶段、_____和整合反馈阶段。其中,_____阶段包括鉴别和整序两部分内容。

2.工作分析包括两方面内容,一是职位描述,二是_____。

3.一般说来,在组织创新、创建新组织、_____和组织从未进行过工作分析时是进行工作分析的最佳时机。

四、简答题

1.工作分析的步骤是什么？请简要回答。
2.简述工作分析的方法。

【能力单元】

第三节 工作分析计划与工作说明书的编写

一、工作分析计划的编写

工作分析计划书包括8个部分,即背景介绍(实施工作分析的背景)、目的、工作分析的内容与结果、需要的资料、方法、实施者、实施步骤、成本预算。其基本格式如图2.1所示。

×××公司×××岗位工作分析计划书

一、背景介绍

　　由于公司战略调整,公司将……在这个背景下,经公司领导审批,将对我公司×××等岗位进行工作分析。

二、目的

　　为了高效地开展工作分析工作,科学准确地××××,特制订本计划。

三、工作分析的内容与结果

　　1.对××、××、××3个岗位进行工作分析,并编制工作说明书。

　　2.理顺工作流程,进行岗位与员工的合理配置。

四、需要的资料

五、工作分析方法

　　采用问卷调查与工作日志法相结合的方式进行。

六、工作分析的实施者

　　由人力资源管理部门负责,××部门、××部门、××部门协助,由人力资源管理部门专职人员与相关部门的部门主管以及相关岗位的任职者组成工作分析小组,进行工作分析工作。

　　小组组长:×××

　　副组长:×××

　　组员:×××　×××　×××

七、工作分析实施步骤

　　1.××年××月××日—××年××月××日　协调准备工作。

　　2.××年××月××日—××年××月××日　设计问卷和收集工作日志。

　　3.××年××月××日—××年××月××日　问卷发放与回收。

　　4.……

八、成本预算

　　本次工作分析预计总费用为×××,其中:……

　　本预算不包含员工的工资及相关福利待遇等。

图2.1 工作分析计划书样本

二、工作说明书的编写

(一)工作说明书的内容

工作分析的最终成果就是工作说明书。工作说明书可以是文本形式,也可以是表格形式。一般包括两大部分:一部分为岗位描述,既工作本身的部分;一部分为任职者要求。由于岗位不同,岗位描述也有所区别,但是一般都包括如下几个部分:岗位名称,岗位编号,岗位级别,所属部门,直属上级,直属下级,所辖人员,工作时间,工作地点,工作环境,具体工作内容、工作方式或流程及要求。任职者要求一般包括3部分内容:任职者的生理要求,如性别、年龄、健康状况等方面的要求;任职者的心理要求,如性格沉稳、责任心强等;任职者的资历要求,如专业、学历、工作经验等方面的要求。

(二)工作说明书的编写要求

在编写工作说明书时,用词要准确规范,考虑使用者的实际情况,突出实用性,尽可能避免使用生僻的术语。在语言表达上要简单明了,注意语句之间的逻辑性。在内容上要详细完整,尽可能涵盖该项工作的全部内容。此外需要注意的是,工作说明书中对任职者的资质要求,只是满足标准,而不是最优标准,即只要满足了工作说明书中的对任职者的要求就能从事该项工作。由于组织的具体情况不同,所编制的工作说明书也不尽相同。表2.1是一个较完整的工作说明书范例。

表2.1 某公司薪酬与福利管理岗位工作说明书

×××公司薪酬与福利管理岗位工作说明书					
岗位名称	×××	岗位编码	XZ-01(编码为部门缩写和岗位类别序号,同岗为同一编号)	岗位级别	×××
所在部门	×××	任职人数	×××	工作环境	×××
➡ 沟通关系					
直接上级	×××				
直接下级	×××				
内部关系	×××				
外部关系	×××				
➡ 工作概要					
本岗位主要工作概况 1.负责公司福利规划与管理工作; 2.…… 3.……					

续表

岗位职责与工作清单
一、福利管理工作:××××××××
1.……
2.……
二、薪资管理工作:根据公司年度薪酬预算及发放标准,及时审核,确保准时在预算范围内发放
1.……
2.……
三、……

关键业绩指标(KPI)(2~5项)			
项　目	目标值(或目标)	评估办法(或计算公式)	评估频率
薪资审核发放	及时、准确	上级评估及职能部门反馈	月度
员工关系管理	员工关系及时处理	被当地市级以上新闻媒体曝光次数 (当地劳动部门通报次数)	半年度
…	…	…	…

任职资格和条件		
项　目		必备要求
学历要求		本科及以上学历
特定知识	专业教育	人力资源管理及相关专业
	资格试书	人力资源管理师三级以及以上资格证
特定能力	经验要求	一年以上工作经验
	其他能力	具有较强的语言表达能力,沟通、协调能力和组织能力

课后训练

【建议训练方式】

对下文中项目2-1,要求以小组为单位进行。首先小组成员充分讨论,就岗位选择达成一致,在此基础上讨论工作分析方案,选择合适的方法,拟订工作分析计划。小组集体进行工作分析活动的实施,并形成工作说明书。最后以小组为单位进行汇报,要求做成PPT。可参考表2.2进行评价。

表 2.2　项目评价表

小组成绩评定表　第(　　)小组　第(　　)次作业									
小组成员（姓名+学号）	课堂讨论记录（20%）	成绩分配比例（%）	岗位分析计划（30%）	工作说明书（PPT 讲解）（50%）				教师评分（25%）	得分
				同学评分（25%）					
				甲	乙	丙	…		
								…	

对下文中项目 2-2 和项目 2-3,以小组为单位进行充分讨论,并就讨论结果形成案例分析报告。一位同学发布案例分析报告,其他同学记录教师及同学的意见和建议。最后形成较满意的案例分析报告。可参考表 2.3 进行。

表 2.3　案例分析报告评价表

小组成绩评定表　第(　　)小组　第(　　)次作业					
小组成员	成绩分配比例	小组自评课堂表现（课堂讨论记录表附后）（20%）	其他组评价（40%）	教师评价（40%）	得分

【推荐训练项目】

项目 2-1

请以项目小组为单位,选择一个自己熟悉的岗位或者目标就业岗位,进行工作分析,并写出工作说明书。

要求:首先,写出工作分析计划;其次,收集并分析原始数据;最后,编写工作说明书。

项目 2-2

2005 年,南京某公司已经成为南京规模较大的一家 IT 企业。当时有十几个业务人员,业务人员的素质相差不大,但业绩差异十分巨大。其中,业绩差异最明显的有两个人,员工小王与员工小李,他们一个月的绩效有 5 倍之差。但在对全部员工的调查问卷中,大家一致认为小李比小王更能吃苦,也更认真。于是人力资源管理部门组织相关人员对这两个人做了一周 5 个工作日的跟踪。该公司的工作时间是早上 8:30 上班、下午 17:30 下班,中午休息

1小时。一周跟踪下来的情况如下:小王一般是8:21到公司,小李一般是8:05到公司。

小王一天的工作情况如下:

到公司后花5分钟时间做卫生工作,然后开始电话联系新客户。一般在9:40分左右电话联系结束,这期间平均打电话21个,找到对方负责人的电话15个。

9:40—11:00,处理前一天老客户的成交单据,同时预约下午的老客户进行拜访。在11:00—11:40和13:30—14:30两个时间段,大约又打了18个开拓新客户的电话,找到单位负责人的电话为12个。14:30—17:00,按预约对老客户进行拜访,平均走访4家客户,平均成功拜访(指能见到分管业务的负责人)3.6家。17:00—17:30,回公司处理一些杂务,一般在17:43分下班离开公司。

小李一天的工作情况如下:

到公司后平均花15分钟时间做卫生工作(其中还会帮其他同事做一些事)。

8:20开始处理前一天老客户的业务事宜,平均处理1小时,到9:20结束。9:20—11:50,电话开拓新客户。其间,平均打34个电话,成功找到单位负责人的电话有9个。13:20—17:10,走访老客户,平均走访5家,平均成功访问1.2家。17:10—18:30,回公司处理一些杂务,一般在18:35分下班。

对小王、小李的专业业务知识掌握进行了综合测试,小李得91分,小王得84分。5个评委对小王、小李的沟通技巧进行了面试,小李得81分,小王得89分。

工作分析小组对小李电话访问成功率低的原因进行了分析,发现小李电话开拓新客户的时间,正好是多数客户的负责人外出办事的时间,而小王打电话的时间多数客户的负责人还在公司。小李走访客户没有事先预约,所以成功率低,多数客户的负责人不在单位,仅有的一点成功率也多是在下午17:00左右的最后一两个拜访中达成的,而小王走访客户一般都是事先预约的。工作分析小组认为以上两点是小王、小李业绩差异的主要问题。

根据这一结论,工作分析小组让小李先调整工作时间的分配,采用小王的工作时间分配形式。调整后,经过一周的磨合,到第二周,发现小李走访客户的成功率和开拓新客户的成功率都有了大幅度的上升,工作量反而有了一些下降。电话开拓新客户的数量为每天36个,成功数上升到22个,平均客户走访量仍是5家,但是成功数上升到4家。两个月后,小李的业绩已经达到小王业绩的90%。

(资料来源:改编自案例:一个员工工作分析的案例.百度文库。)

问题:本案例说明了什么问题?

项目2-3

图2.2是某公交公司的公交车驾驶员岗位的工作说明书,请仔细阅读。

12 路公交车司机岗位工作说明书

岗位名称:12 路公交车驾驶员岗位

所属部门:客运部

直属上级:客运部主任

工作地点:××市 12 公交线路(火车站—××高校)

工作时间:6:00—18:45(冬季),6:00—19:30(夏季);固定轮班制。

工资及福利待遇:工资为 3 500 元/月,社会保险待遇参照国内相关社会保险条例。

工作概要:安全、准点地把乘客带到目的地,并保证车辆的整洁。

工作内容:1.按时发车、收车,靠站台停车,停车开门。

2.准确报站,组织乘客有序地投币上车,前门上车、后门下车。

3.启动前确认有无正在上下车的乘客,关门、起步、预报下个站点。

4.保持车内清洁,负责公交车的日常维护和保养。

5.提醒乘客给老人、小孩、孕妇让座,并维持车内的秩序。

6.在意外情况下对乘客作必要的提醒。

7.对假期出行高峰期,听从领导的安排。

8.完成领导临时交办的任务。

考核要求:1.乘客投诉率:小于 2%。

2.安全无事故率:100%。

3.车内卫生整洁度:100%。

4.调班次数:小于 1%。

5.出勤率:100%。

6.正点率:不低于 90%。

任职资格:1.学历:高中及以上学历。

2.工作经验:拥有机动车驾驶执照 A 照,驾龄在 5 年以上,无不良驾驶记录。

3.能力和技术:熟练掌握公交车驾驶技术,能灵活处理突发事件。

4.生理要求:身体健康,身高在 165 厘米以上,两眼视力分别在 1.2 及以上。

5.心理要求:心理素质好,遇事沉着冷静,不急躁,有较强的服务意识。

图 2.2　某公交公司公交车驾驶员岗位工作说明书

(资料来源:根据企业实际自编案例。)

问题:请问这个工作说明书存在哪些问题? 该如何完善?

第三章 人力资源规划

【开篇案例】

近年来苏澳公司常为人员空缺所困惑,特别是经理层次人员的空缺常使得公司陷入被动的局面。苏澳公司最近进行了公司人力资源规划。公司首先由 4 名人事部的管理人员负责收集和分析目前公司对生产部、市场与销售部、财务部、人事部 4 个职能部门的管理人员和专业人员的需求情况以及劳动力市场的供给情况,并估计在预测年度,各职能部门内部可能出现的关键职位空缺数量。上述结果用来作为公司人力资源规划的基础,同时也作为直线管理人员制订改革方案的基础。但是,在这 4 个职能部门里制订和实施行动方案的过程(如决定技术培训方案、实行工作轮换等)是比较复杂的,因为这一过程会涉及不同的部门,需要各部门的通力合作。例如,生产部经理为制订将本部门 A 员工的工作轮换到市场与销售部的方案,则需要市场与销售部提供合适的职位,人事部作好相应的人事服务(如财务结算、资金调拨等),才能顺利进行。职能部门制订和实施行动方案过程的复杂性给人事部门进行人力资源规划也增添了难度,这是因为,有些因素(如职能部门间合作的可能性与合作程度)是不可预测的,它们将直接影响到预测结果的准确性。苏澳公司的 4 名人事管理人员克服种种困难,对经理层管理人员的职位空缺作出了较准确的预测,制订了详细的人力资源规划,使得该层次上人员空缺减少了 50%,跨地区的人员调动也大大减少。另外,从内部选拔工作任职者人选的时间也减少了 50%,并且保证了人选的质量,合格人员的漏选率大大降低,使人员配备过程得到了改进。人力资源规划还使得公司的招聘、培训、员工职业生涯计划与发展等各项业务得到改进,节约了人力成本。苏澳公司取得上述进步,不仅仅是得益于人力资源规划的制订,还得益于公司对人力资源规划的实施与评价。在每个季度,高层管理人员会同人事咨询专家共同对上述 4 名人事管理人员的工作进行检查评价。这一过程按照标准方式进行,即这 4 名人事管理人员均要在以下 14 个方面作出书面报告:各职能部门现有人员;人员状况;主要职位空缺及候选人;其他职位空缺及候选人;多余人员的数量;自然减员;人员调入;人员调出;内部变动率;招聘人数;劳动力其他来源;工作中的问题与难点;组织问题及其他方面(如预算情况、职业生涯考察、方针政策的贯彻执行等)。同时,他们必须指出上述 14 个方面与预测(规划)的差距,并讨论可能的纠正措施。通过检查,一般能够就下季度在各职能部门应采取的措施达成一致意见。在检查结束后,这 4 名人事管理人员则对他们分管的职能部门进行检查。在此过程中,部门主管重新检查重点工作,并根据需要与人事管理人员共同制订行动方案。当部门主管与人事管理人员发生意见分歧时,往往可通过协商解决。行动方案上报上级主管审批。

(资料来源:中国科技大学 MBA 中心人力资源管理教学案。)

人力资源管理有两大基础工作,一是工作分析,二是人力资源规划。通过人力资源规划,组织不但能够保证在人员数量、质量和结构上的平衡,使组织在需要的时间、需要的岗位有合适的人工作,还能够调动员工的工作积极性和创造性,更好地控制人工成本,并且使人力资源管理活动更加有序。

【理论单元】

第一节 人力资源规划与人力资源规划的编制

一、人力资源规划

人力资源规划是根据组织发展和目标的要求,科学地预测、分析组织在变化的环境中的人力资源需求和供给状况,制定必要的政策和措施,以确保组织在需要的时间和需要的岗位获得需要的人力资源,并使组织和个人得到长期的利益。

我们可以从 5 个方面来理解人力资源规划的含义。

第一,制订人力资源规划必须以组织发展目标为基础。组织发展目标和发展战略决定了组织在未来某个时间对人力资源数量、质量和结构的需求状况,是预测需求的基础。

第二,制订人力资源规划必须综合考虑变化的环境,包括组织外部环境和内部环境。

第三,人力资源规划的内容是人力资源的需求与供给预测以及相应的政策和措施。

第四,人力资源规划必须能够确保组织在需要的时间和岗位有合适的人员。

第五,人力资源规划必须考虑组织和员工个人的长远利益。

(一)人力资源规划的分类

人力资源规划可分为短期规划、中期规划和长期规划。短期规划一般是一年以内的规划,又称为行动方案。对于中期规划和长期规划的时间划分,业界和学术界都有不同的划分方式。现在有两种比较有代表性的时间段划分:一是 1~5 年的规划为中期规划,5 年以上为长期规划;另一种划分方式是 1~3 年为中期规划,3~5 年为长期规划。本书采用第二种划分方式,主要是因为市场瞬息万变,第二种划分方式更有利于企业适应市场的变化。

还有一种分类方式是把人力资源规划划分为总体规划和业务规划。总体规划是指对计划期内人力资源规划结果的总体描述,包括预测的需求和供给分别是多少、得出这些结论的依据是什么、需求与供给的比较是什么以及企业平衡供需的指导原则和总体政策是什么等。业务规划是总体规划的分解,包括各类人员的补充计划、人员配置计划、人员接替计划、人员培训开发计划、人员激励计划、劳动关系计划等。

此外,还可以按规划的范围把人力资源规划划分为整体规划和部门规划。

(二)人力资源规划的内容

人力资源规划一般包括 3 部分内容。

1.需求预测

预测组织未来某个时间内的人力资源的需求情况。

2.供给预测

预测组织未来某个时间内人力资源的补充来源情况。

3.必要的政策和措施

这是指为了获得必要的人力资源所必须采取的政策和措施,包括人员接替计划、培训与开发计划、员工激励计划等。

二、人力资源规划的编制

通常人力资源规划的编制分为 4 个阶段:信息收集与分析阶段,预测阶段,规划编制阶段和运用反馈阶段。

(一)信息收集与分析阶段

信息包括两部分:一部分是外部环境信息,另一部分是内部环境信息。

1.外部环境信息

外部环境信息包括所有与外在劳动力市场有关的因素,如劳动力市场结构、劳动力市场需求与供给状况、劳动力择业心理等。

2.内部环境信息

内部环境信息包括:组织战略,组织架构的评价与再设计,工作说明书,组织内人力资源现状,人员流失率等。

(二)预测阶段

预测阶段分为 3 个阶段:需求预测,供给预测和确定人员需求。

1.需求预测

需求预测主要通过科学的技术与手段,综合考虑组织的战略目标与内外环境,预测出组织未来特定时间内人力资源需求的数量、质量和结构,包括对未来组织流失人员的预测。

2.供给预测

供给预测包括组织内部供给预测和外部供给预测,也就是预测组织在未来某一特定时间内,通过内部招聘和外部招聘能够获得的人员补充情况。

3.确定人需求

通过把组织未来某一特定时间内人员需求情况和组织内供给情况进行对比,可以确定出人员净需求。如果需求量大于供给量,需要招聘新员工;如果需求量小于供给量,则表明组织人员冗余,需要进行合理精简或调配。还有一种情况是组织人力资源需求与供给总数平衡,但是某类人员偏多,而其他类别人员偏少,即结构失衡。在这种情况下,需要组织对员工进行调配和培训。

(三)规划编制阶段

人力资源规划分为总体规划和业务规划,包括人力资源数量、人力资源质量和人力资源结构 3 方面的内容。人力资源总体规划是在一定规划期内,涵盖人力资源开发与管理所有业务方面的总体性目标、总政策、总体实施步骤及总预算安排。业务规划包括人员补充计划、人员使用计划、人员接替与晋升计划、教育培训计划、评价与激励计划、劳动关系计划等(李燕萍,李锡元,2012)。

(四)运用反馈阶段

人力资源规划编制好后,需要付诸实施,并进行反馈与修正。在这个过程中,需要注意两点:一是运用成本—收益法分析审核人力资源规划的有效性。成本—收益法是以货币单位为基础对投入与产出进行估算和衡量的方法,通过成本—收益法可以评估出规划在经济价值上的得失,据此对规划进行修正。二是注意征求部门主管和基层管理人员的意见。根据这些意见,对规划进行修改。

第二节　人力资源需求预测与供给预测

一、人力资源需求预测

人力资源需求预测是对组织未来某一特定时间内所需要的人员数量、质量及结构进行估计。进行人员需求预测需要做两方面的工作：一是进行人力资源需求调查；二是利用所获得的信息进行分析，得到组织在特定时间内所需要的人力资源状况。

（一）影响人力资源需求预测的因素

影响企业人力资源需求预测的因素分为内部因素和外部因素。

1.内部因素

内部因素包括企业发展战略和经营规划、职位的工作量、生产效率的变化、技术及设备条件的变化、企业规模的变化等。其中，企业发展战略和企业经营规划直接影响了企业未来人员需求的数量和质量，职位的工作量、技术及设备条件的变化和企业规模的变化决定了是否增加或减少人员。

2.外部因素

外部因素包括经济环境、技术环境、竞争对手以及顾客需求等。经济环境的变化影响了企业的经营规模和经营方向，技术环境的变化影响了企业的技术和设备，竞争对手的人才竞争策略和竞争强度会影响企业的人才获取能力和留住员工的能力，而顾客需求则影响了企业产品的生产和服务。由此可见，外部因素通过影响企业内部因素和内部供给来影响企业对人力资源的需求预测。

（二）人力资源需求调查

人力资源需求调查一般包括如下项目：组织现有的组织结构设计、职位设置状况，包括组织架构的合理性和岗位设置的必要性；现有员工的数量、质量、分布、工作情况、定额及劳动负荷状况；未来的生产任务计划、生产因素的可能变动情况；未来的组织结构设置和人员编制；近3年员工流出情况；外部环境信息，包括经济技术环境变化及竞争对手的信息，特别是对手的薪酬政策等。

（三）人力资源需求预测的程序

通常先预测现实的人力资源需求，再预测未来的人力资源需求和未来因员工流失引起的人力资源需求，最后预测企业的整体需求，编制需求预测表。人力资源需求预测表见表3.1（赵淑芳，2013）。

表3.1　人力资源需求预测表

单位:人

部门名称	当前需求	新增需求	第一季度	第二季度	第三季度	第四季度	需求总额
人力资源部	1(退休)	0	1(退休)	0	0	0	1
生产管理部	15	80	15	40	0	40	95
仓储部	2	2	2	1	0	1	4
销售部	11	8	11	2	4	2	19
质量管理部	3(退休1)	2	2	2	0	1(退休)	5
采购部	0	0	0	0	0	0	0
研发部	26(退休1)	30	26	6	16(退休1)	8	56
总　计	58	122	57	51	20	52	180

(四)人力资源需求预测的方法

常见的人力资源需求预测的方法有管理估计法(经验预测法)、德尔菲法(专家预测法)、工作负荷法、趋势预测法和比率预测法。前两种为定性预测法,后3种为定量预测法。

1.管理估计法

这是组织中各级管理者根据自己工作中的经验对组织未来业务量增减情况进行估计,来确定未来所需人员的方法。管理估计法适用于短期预测,也适合组织规模小、生产经营稳定、发展均衡的组织的中、长期需求预测。

具体做法:基层管理者根据自己的经验和对未来业务量的估计,提出本部门各类人员的需求量。由上一层管理者估算平衡,再报上一级的管理者,直到最高层管理者作出决策。然后,由人力资源管理部门制订出具体的执行方案。

2.德尔菲法

德尔菲法又称专家预测法。具体做法如下。

第一步,设计人力资源调查表,在表中简要说明调查的注意事项,列出有关人力资源预测的各类问题(这些问题都能够通过统计运算处理)。

第二步,选择一定数量的熟悉人力资源管理问题的专家,分为两组,一组为被调查组,另一组为分析组,并为专家提供相关的背景资料。

第三步,做第一轮调查(普查,与专家组无关)后,把调查表送交第一组专家,由专家匿名并独立地对上述问题进行判断或预测。然后,第二组专家对反馈回来的调查表进行分析,并用统计方法进行综合处理,第一轮调查结束。

第四步,根据第一轮调查的专家意见与统计分析结果,设计第二轮调查表。请第一组专家对第二轮调查表中的问题进行判断、预测,由第二组专家对反馈的第二轮调查表进行分析并打分。

第五步,对第二轮调查反馈的信息进行处理后,进行第三轮的调查、预测和分析。

第六步,根据第三轮调查结果的情况和人力资源专家事先确定的满意度指标,决定是否终止调查。如果决定终止,此时确定分值最高的方案就是最佳方案。一般到这一步骤时,专家们的意见基本趋于一致。

第七步,用图、表和文字相结合的方式总结预测结果,发布专家们的预测分析结论。

3.工作负荷法

根据工作分析的结果算出劳动定额,再按照未来产品生产量目标算出总的工作量,折算出所需人力资源数。需要掌握 3 个条件:一是标准任务时间,即一个正常的员工在正常情况下完成一个单位的任务需要的时间。二是年标准工作时间,即一个正常的员工在正常情况下每年需要工作的时间。三是未来的总工作量。

其预测步骤如下。

第一步,依据历史数据计算出标准工作时间。

第二步,估计未来的某项任务的工作量。

第三步,把未来的工作量折算成总的工作时间。

第四步,依据组织的具体情况,测算员工的年标准工作时间。

第五步,根据总的任务时间和标准工作时间,计算所需的人数。

$$某项任务的人员需求量 = \frac{标准工作时间 \times 未来的工作量}{年标准工作时间}$$

[**例** 3.1] 某公司现有 3 类生产任务。已知该公司每周上班 5 天,每天工作时间是 8 小时,法定节假日按规定休息。现拟预测未来一年操作所需的最低人数。

第一步:根据现有数据,得知这 3 类任务所需的标准任务时间:0.5 小时,1.0 小时,1.5(小时)。

第二步:估计未来一年每一类任务的工作量(产量),见表 3.2。

表 3.2 估计未来一年的工作量

时 间	任务一	任务二	任务三
第一年	6 000 件	8 000 件	5 000 件

第三步:折算所需工作时数。见表 3.3。

表 3.3 折算所需工作时数

任 务	任务一	任务二	任务三
工作时数	3 000 小时	8 000 小时	75 000 小时

第四步:测算员工年标准工作时间。

正常状态下该公司员工一年工作的天数:365 − 2 × 52 − 11 = 250(天)

该公司员工年标准工作时间为: 8 × 250 = 2 000(小时)

第五步:根据前文的公式,则可得出 3 项工作所需人数分别为:2 人,4 人和 38 人。

4.趋势预测法

趋势预测法的一个基本假设就是组织的人力资源过去增加或减少的趋势在未来不会改变。

第一步,收集组织在过去若干年年底人力资源总数(或具体的某类人员数量)。

第二步,以年份为横坐标,员工数位纵坐标,画坐标图。

第三步,根据年份和对应的数据,画散点图。

第四步,利用统计方法得出一条直线或曲线(趋势线)的方程式。

第五步,依据趋势线走势,可以预测出组织未来的人力资源需求。

5.比率预测法

主要是依据历史数据,根据岗位的关键因素与岗位人数的比率来确定未来所需人力资源数量的方法。

其操作步骤如下。

第一步,根据需求人员的类别确定关键因素。

第二步,根据历史数据,确定关键因素与需求人员数量的比例。

第三步,预测未来关键因素的可能数值。

第四步,预测未来需要的人员数量。

比率预测法可分为生产比率预测法和人员结构比率预测法。所谓生产比率预测法就是根据组织业务量和所需人员数量的关系来确定所需人员数。

例如:$销售人员需求量=\dfrac{销售收入}{人均销售额}$。

人员结构比率预测法是根据关键岗位与其他岗位人员配置的比例关系,间接计算出其他岗位的人员需求量。

例如:$需要的B类人员数量=需要的A类人员数量×\dfrac{过去B类人员数量}{过去A类人员数量}$。

此外,在需求预测中,还可以采用一元线性回归法、多元回归法以及计算机模拟法等。

二、人力资源供给预测

人力资源供给预测又称人力资源拥有量预测,是指组织对未来某段时间内组织各类人员补充来源情况的预测。包括预测外部供给和预测内部供给两部分。

(一)人力资源内部供给分析

人力资源内部供给分析主要包括3部分。

1.现有人力资源分析

现有人力资源分析主要分析组织现有的人力资源当前的数量、质量和结构,以确定组织当前基本的人力资源供给的总量和各部门人力资源基本供给量。

2.人力资源流动分析

人力资源流动主要分析人力资源横向流动（组织内部岗位轮换）和晋升的情况，以及未来可能自然流出的情况（比如退休等），以确定可能的人力资源供给量。

3.人力资源质量的动态分析。

人力资源质量的动态分析主要分析由于工作效率、工作时间、工作方式的变化以及薪酬、培训等因素引起的员工质量的变化，以确定各类人力资源的供给量。

（二）人力资源外部供给分析

人力资源外部供给分析，主要分析的是影响组织人力资源外部供给的影响因素。一般来讲，影响组织人力资源外部供给的因素包括国家政策法规、宏观经济形势、劳动力市场状况、竞争对手的状况、劳动者的就业心态、企业的市场影响力（知名度）等。

（三）人力资源供给预测的步骤

通常首先预测人力资源内部供给，之后再预测人力资源外部供给，最后计算企业对人力资源的净需求。

所谓的人员净需求是指在把人力资源需求预测得到的数据与供给预测得到的数据进行对比后，测算出的各类人员的需求数。包括各岗位的人员数量和质量需求。表3.4所示是某公司人员2012年年末所做的2013年的人员需求表，从表中我们可以看出，该公司在2013年需裁员2人：生产二部操作工；招聘5人：总经理部2人（其中，秘书1人、助理1人），生产一部操作工1人，采购部采购员2人。

表3.4　某公司人员净需求表　　　　　　　　　　　　　　　　单位：人

部　门	岗　位	额定人数	年初空缺	年末空缺	供给情况	净需求
总经理部	总经理	1	2： 秘书1 助理1	0	0	-2： 秘书1 助理1
	秘书	2				
	助理	1				
生产一部	经理	2	0	3： 经理1（退休）， 员工2（退休）	可内部晋升为经理1，生产二部转岗2	-1： 操作工
	操作工	20				
生产二部	经理	2	0	0	设备更新，冗余4，其中：转岗生产一部2	+2： 操作工
	操作工	28				
销售部	经理	1	0	0	0	0
	销售员	10				
采购部	经理	1	2： 采购员2	0	0	-2： 采购员
	采购员	5				

注："-"为空缺；"+"为冗余。

（四）人力资源供给预测的方法

1.内部供给预测方法

人力资源供给预测的方法包括现状核查法、人员替补法、人员继承法、转移矩阵法等。其中,现状核查法、人员替补法、人员继承法为定性预测法,而马尔可夫转移矩阵法为定量预测法。

（1）现状核查法。现状核查法是一种常见的预测方法。通过对组织的工作职位进行分类,划分级别,确定每一职位、每一级别的人数。根据前期分析确定组织现有人力资源情况,来确定内部供给情况和需要外部供给的情况。

（2）人员替补法。人员替补法（又称人员替补配置表法/管理人员替换法）适合组织中关键岗位的人员的内部供给预测。操作方式:首先,由人力资源部绘制组织岗位图。然后,在图中标明目前在位人员数量和未来需求人员的条件,对岗位的候选人员的工作绩效、晋升的可能以及所需的训练等内容进行标注,确定其职业发展需要并将其个人职业发展与组织目标相结合。最后,确定替补人选。如图3.1所示（胡八一,2010）。

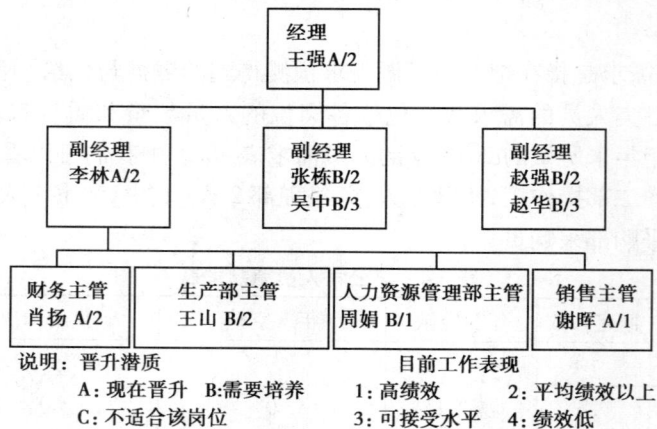

说明：晋升潜质　　　　　　　　　　目前工作表现
A：现在晋升　B：需要培养　　1：高绩效　　2：平均绩效以上
C：不适合该岗位　　　　　　3：可接受水平　4：绩效低

图3.1　人员替补法

（3）人员继承法。人员继承法（又称人员继任卡法）,即每个岗位都有一个潜在的继承者。见表3.5。

表3.5　人员继承卡

销售副总经理			
51岁	武威（现任）		甲 B
46岁	继任1	周新	销售部经理	乙 A
40岁	继任2	朱明	市场部经理	乙 B
…	继任3	…	…	…
45岁	紧急继任者	周新	销售部经理	乙 A

续表

销售部经理			
45 岁	周新（现任）		乙 A
36 岁	继任 1	王旭	市场部经理助理	乙 A
38 岁	继任 2	高海	东区经理	丙 A
…	继任 3	…	…	…
36 岁	紧急继任者	王旭	市场部经理助理	乙 A

说明:晋升潜质   目前工作表现

甲:现在晋升   B:可以晋升   A:高绩效   B:平均绩效以上

乙:1~3 年可以晋升   C:可接受水平   D:绩效低

丁:3~5 年可以晋升

（4）马尔可夫转移矩阵法。马尔可夫转移矩阵是用来预测等时间隔点上（一般为一年）各类人员的分布状况。其基本假设是组织内部员工流动模式与流动比率（概率）会在未来大致重复。依据这个比率，预测出未来人力资源供给情况。其步骤如下:首先,计算上一年各类人员的流动比率;其次,建立转移矩阵;最后,预测人员变动情况。

［例 3.2］ 某会计师事务所 2013 年合伙人有 40 人，离职 8 人;经理人有 80 人,晋升为合伙人 8 人,降为高级会计人员 8 人,离职 16 人;高级会计人员有 120 人,晋升为经理人 12 人,离职 6 人。请预测 2014 年各类人员内部供给及分布情况。

第一步,计算各类人员流动比率。

合伙人:离职率 = 8/40×10% = 20%;   留职率 = （40-8）/40×100% = 80%。

经理人:离职率 = 16/80×100% = 20%;   晋升率 = 8/80×100% = 10%;

    降职率 = 8/80×100% = 10%;   留职率 = （80-8-8-16）/80×100% = 60%。

高级会计人员:离职率 = 6/120×100% = 5%; 晋升率 = 12/120×100% = 10%;

      留职率 = （120-6-12）/120×100% = 85%。

第二步,建立转移矩阵,见表 3.6。

表 3.6 转移矩阵

项　目	合伙人（40 人）	经理人（80 人）	高级会计人员（120 人）	离职率/%
合伙人（40 人）	80%　32人	0	0	20%　8 人
经理人（80 人）	10%　8 人	60%　48人	10%　8 人	20%　16 人
高级会计人员（120 人）	0	10%　12人	85%　102人	5%　6 人

第三步,预测人员变动情况,见表3.7。

表 3.7 预测人员变动情况

项　目	合伙人(40 人)	经理人(80 人)	高级会计人员 (120 人)	离职率/%
合伙人(40 人)	80%　32人	0	0	20%　8 人
经理人(80 人)	10%　8 人	60%　48人	10%　8 人	20%　16 人
高级会计人员(120 人)	0	10%　12人	85%　102人	5%　6 人
供给预测	40 人	60 人	110 人	30 人

合伙人内部供给40 人(32+8＝40),其中,留在原职32 人,由经理人晋升8 人;外部供给0 人(40-40＝0)。

经理人内部供给60 人(48+12＝60),其中,留在原职48 人,由高级会计人员晋升12 人;外部供给20 人(80-60＝20)。

高级会计人员内部供给110 人(8+102＝110),其中,留在原职102 人,经理人降级8 人。外部供给10 人(120-110＝10)。

2.外部供给预测方法

外部供给预测主要预测未来几年中外部劳动力市场的人力资源供给情况。外部供给预测非常复杂,但对人力资源规划的制订却很重要。

一般可借鉴如下方法进行外部供给预测。

(1)文献法。通过对国家公布的统计数字、有关权威机构的统计资料进行分析,也可根据地方统计部门、人力资源和社会保障部的发布的信息进行分析。

(2)直接调查法。组织对自身所关注的人力资源状况进行调查,还可以通过人才中介机构以及高校的就业指导部门了解目标人才的供需情况。

(3)对已雇佣人员进行分析。通过对已雇佣人员的分析,也可以得出未来人力资源供给的相关信息。如雇佣人员的质量、待遇、招聘时间和招聘难度等。

【理论单元习题】

一、选择题

1.1~3 年的规划是(　　)规划。

　　A.中期　　　　　　B.短期　　　　　　C.长期　　　　　　D.战略规划

2.下列选项中不属于人力资源规划基本要求的是(　　)。

　　A.与组织目标相结合　　　　　　B.与组织发展相结合

　　C.有助于人才培养和组织凝聚力的提升　　D.精确而短期的人力资源规划

3.下列选项中属于人力资源供给预测的方法的是(　　　　)。

A.德尔菲法　　　　　　　　　　B.一元线性回归法

C.多元线性回归法　　　　　　　D.马尔可夫转移矩阵

二、判断题

1.影响人力资源需求预测的因素主要有3个:社会因素(即企业外部因素)、企业财务因素和员工个人因素。　　　　　　　　　　　　　　　　　　　　　　　　　(　　　)

2.人力资源需求预测的步骤是,先预测现实人力资源需求,再预测未来人力资源需求、未来因员工流失引起的人力资源需求,最后是预测企业整体需求。　　　　　(　　　)

3.需求调查需要对组织现有的结构设计、岗位配置情况、劳动定额及劳动符合状况等进行调查。　　　　　　　　　　　　　　　　　　　　　　　　　　　　　　　(　　　)

4.德尔菲法是预测人力资源供给预测的方法。　　　　　　　　　　　　(　　　)

5.确定人员净需求是人力资源供给预测的步骤之一。　　　　　　　　　(　　　)

三、计算题

1.某公司有4类人员:合伙人(P)、经理(M)、高级会计师(S)、会计员(J)。在任何一年里,有80%的合伙人仍留在该所,20%的人退出;70%的经理人在原职,10%的经理人成为合伙人,20%的经理人离开;5%的高级会计师升为经理,80%任在原职,5%降为会计员,10%外流;有15%的会计员晋升为高级会计师,20%的会计员另谋他职。见表3.8。

表3.8　某公司初始人员及人员流动情况　　　　　　　　　　单位:%

现　在 初　始	P(40人)	M(80人)	S(120人)	J(160人)	离　职
P(40人)	80	0	0	0	20
M(80人)	10	70	0	0	20
S(120人)	0	5	80	5	10
J(160人)	0	0	15	65	20

用马尔可夫转移矩阵法计算该公司4类人员的内部供给量,并计算出该公司每年需从外部招聘的人数。

2.某工程新设一车间,其中有4类工作分别是工作1、工作2、工作3、工作4。现拟预测未来工作每年所需的最低人数。根据现有资料得知,这4类工作的标准任务时间为:0.5小时,2.0小时,1.5小时,1.0小时。估计未来3年每一类工作的工作量(产量),见表3.9。

表 3.9 某工程未来 3 年的工作任务

年份 项目	第一年	第二年	第三年
工作 1（单位：件）	12 000	12 000	10 000
工作 2（单位：件）	95 000	100 000	120 000
工作 3（单位：件）	29 000	34 000	38 000
工作 4（单位：件）	8 000	6 000	5 000

已知每年每人工作时数为 1 800 小时。假设每位员工只能做一种工作，请预测未来 3 年每年需要的人员数。

四、论述题

为什么组织需要人力资源规划？

【能力单元】

第三节　人力资源规划的编制

人力资源规划主要包括两方面内容：总体规划和业务规划。其中，总体规划指的是组织总的发展战略，对计划期内人力资源管理与开发的总目标、总政策、总的实施步骤以及总预算的系统规划；业务规划则是总体规划的展开和具体化。人力资源规划的结构和具体编写可参考图 3.2（暴丽艳，徐光华，2010）。

> ×××公司人力资源规划
>
> 一、公司战略与业务发展趋势分析
>
> 　　分析公司战略与业务发展趋势中与人力资源管理工作有较大联系的部分。同时，以此为依据；分析公司战略与业务发展给公司人力资源管理工作带来的变化和要求。
>
> 二、公司组织调整建议与岗位变动预测
>
> 　　依据公司战略和业务发展趋势，分析得出可能的组织调整和岗位变动情况，作出预测并提出调整建议。
>
> 三、公司人员配备计划（需求分析和供给分析）
>
> 　　依据组织调整与岗位变动预测，在需求分析中阐明需要岗位的名称、数量要求、素质要求、到岗计划等；在供给分析中，主要阐述人员的供给方式、内部流动政策与外部流动政策等。
>
> 四、公司招聘与劳务计划
>
> 　　依据人员配备计划，以供给与需求的缺口为依据，提出招聘与劳务配给计划。招聘计划需要列明招聘方式、途径、岗位、数量、素质要求、招聘时间（发放信息的时间、初试与复试时间以及人员到岗的时间）等。招聘可以外部招聘，也可以组织内部供给。

五、公司培训与提升计划

依据人员配备计划、招聘与劳务计划，确定提升现有人员素质及培训新入职员工的配给计划，包括培训制度、培训需求、培训内容、培训方式、培训评价等。

六、公司薪酬与激励调整建议

主要阐述薪酬与激励方面的一些调整建议，包括调整原因、调整范畴、调整计划等，比如调整薪酬结构、薪酬水平、薪酬发放形式、薪酬激励政策等。

七、公司绩效管理完善建议

主要阐述绩效管理方面的一些调整建议，包括调整原因、调整范畴、调整计划等。比如，调整绩效管理政策、某个(某些)部门的绩效评价指标、评价方式、流程、评价兑现等。

八、公司人员流失控制与劳动关系处理预案

主要阐述如何合理控制员工流动比率及协调处理好劳资关系。比如，流失情况预测、人才流失控制的方式、人才流失率的控制目标、人员分流渠道与措施、劳资关系协调原则、劳资事务处理预案等。

九、公司人力资源管理工作费用预算

这主要指招聘费用、培训费用、增加福利费用、额外奖励费用等的预算，人工成本预算与计划应另外成文。

十、公司人力资源管理工作危机处理预案

主要针对人力资源管理过程中可能遇到的意外风险，如招聘失败、薪酬与激励政策引起员工不满意等。通过危机识别、风险评价、危机处理、风险监控等一系列预案措施来防范风险的发生，降低风险带来的危害。

图 3.2　人力资源规划结构及具体内容说明

课后训练

【建议训练方式】

以小组为进行充分讨论，并就讨论结果形成并发布案例分析报告。评价方式见表 3.10。

表 3.10　学生课业评价表

小组成绩评定表 第( )小组 第( )次作业							
成员(姓名+学号)	成绩分配比例	小组自评课堂表现(课堂讨论记录表附后)(20%)	其他组评价(40%)			教师评价(40%)	得分

项目 3-1

每个企业都要使所制订的人力资源规划适合自身的需要,霍尼韦尔公司的人力资源规划如图 3.3 所示。

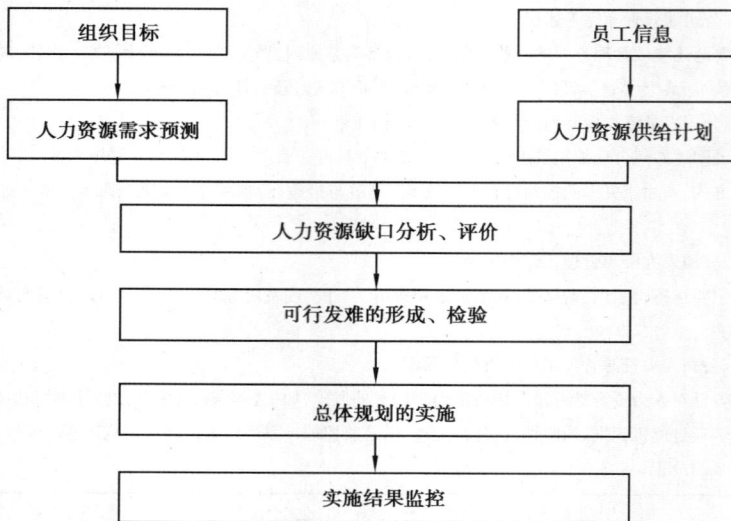

图 3.3　霍尼韦尔公司的人力资源规划

1.预测

预测是计划的前提和依据。预测主要包括以下几个方面的内容。

(1)组织结构变化预测。随着企业的经营环境(内部环境和外部环境)的变化,其组织结构也必然发生变化,应该随之进行预测。预测内容主要有:组织目标是否会改变,如何改变;组织结构与业务流程是否会改变,如何改变;意见沟通路径是否会改变,如何改变;有效的协调与合作是否会改变,如何改变;职能机构、直线机构是否会增减,如何增减;劳动组织是否会改变,如何改变。

(2)产品规划对人才需求的预测。按照产品规划所列的产品品种与数量参考编制定员并进行预测。

(3)新产品开发对人力结构的影响预测。产品的更新换代将改变原有的生产秩序和加工工艺过程,使各个环节的劳动量发生重大变化,相应地将改变岗位和职位的数量和结构,对此必须加以预测。

(4)设备的技术改造与更新对人力结构的影响预测。设备的技术改造与更新会从根本上改变现有的人力结构和职位序列,需要重新组合。要依据设备改造计划,预测人力结构、职位序列、人员数量与素质的新变化。

2.决策

决策是计划的核心步骤。人力资源计划的决策过程就是人力发展规划的编制过程。需要决策的主要问题如下。

（1）确定人力资源规划的目标。根据企业整体计划、目标和各项职能计划对人力资源的要求，紧紧围绕提高劳动生产率这个中心来确定人力资源规划的目标。

（2）人员补充的决策。包括各类人员补充数量、补充时机、补充方式以及对增补人员素质上的要求等。

（3）职业转移的决策。包括职业转移的规模、类别、时机、政策和去向等。

（4）企业发展的人力增加决策。因为企业规模扩大、技术设备更新所需新增人员的数量、素质及来源的决策。

（5）职工培训的决策。包括培训目标、培训内容、培训的方式、培训对象、培训时机及培训经费预算。

（6）劳动力维持策略。为了维持劳动力的正常状态，需要在劳动保护、职工福利等方面确定目标，采取措施及做经费预算。

（张岩松，周瑜弘，李建，2006。）

问题：1.结合你对人力资源规划的理解，分析霍尼韦尔公司预测工作的特点？

2.霍尼韦尔公司人力资源规划决策阶段有什么特点？

项目 3-2

"我觉得公司肯定有问题，但是不是很清楚问题出在哪儿？"H 公司的总经理伍先生说。让他焦虑的是，对于自己一手创建、已具有一定规模的企业，现在却感到越来越力不从心。

伍先生的秘书和其他的工作人员说，他们的老板很忙很累，可公司内部呈现的问题却越来越多，员工也开始有了不少的抱怨。

H 公司如今已是东北地区一家规模较大的民营房地产企业，而 1996 年创建时，H 公司仅有 50 万元资金和 5 名员工。通过多年的摸爬滚打，H 公司形成了一定规模，目前拥有 150 多名员工，资产规模达 1 亿多元。但是，随着企业的成长，问题越来越多，包括内部的人力管理，外部的市场、业务等问题，伍先生作为总经理，开始觉得自己对公司的管理、驾驭越来越吃力。

提到创业刚刚起步的 H 公司，伍先生掩不住自豪之情。1996 年，原在机关任职的伍先生凭着敏锐的商业意识，毅然离开机关，东拼西凑筹集了 50 万元，带领几个亲戚朋友成立了 H 公司，经营房地产项目。5 个公司成员分别负责公司的财务、项目前期、工程管理、行政等事务。其中，财务的负责人刘女士是伍先生的小姨，仅有基础的会计常识。负责项目前期开拓的江先生是伍先生多年的好友，曾经是一家餐馆的老板，仅接受过初中的教育。

H 公司的飞跃发展是在 1998 年。当时，伍先生凭着对市场的敏锐意识，果断决定投资房地产，而那时 H 公司所在地区的房地产业才刚刚起步。准确的判断、广阔的市场、成功的运作，给 H 公司带来较高的回报和巨大的动力，他开始加大力度进行商品房地产的开发。随后几年，伍先生开发的几个楼盘项目都有较好的销售业绩。

随着公司规模的迅速扩大，原有的 5 个部门增加到了 10 个部门，人员也由过去的几个人发展到现在的 150 多人。人员的增加,诸多的管理问题也频频出现。伍先生觉察到,虽然公司提出了明确的战略规划,但总是不能落实,"追究责任时,好像大家都有责任,每次都是大伙一起自我批评后,下次的规划依旧不能落实"。回忆公司初创的那两年,他觉得大家特别团结。事实上,H 公司在发展初期,很多困难就是依靠员工的团结克服的。但是现在,员工内部已经出现小利益团体,各部门的管理人员都经常各自为政、意见不一。让他烦恼的还有:一方面,公司觉得员工的整体素质较低;另一方面,员工对薪酬不满,抱怨没有公平的评价体系。

"公司在若干资源中,最为缺乏的是人力资源。我们市仅有两所普通高校,较高素质的人力资源相对匮乏,外部人力资源的提供是一个困难。"伍先生自己也意识到,不解决人力资源问题,公司发展必然受阻。

近年来,随着该地区房地产市场化运作的加速,万科、香港汇达等数十家实力雄厚的企业纷纷进入该地区。与这些公司相比,H 公司的竞争优势在于低成本的土地开发,但在管理、销售以及人力资源方面都存在着明显的缺陷。另外,随着竞争对手的进入,该市的房地产开发迅速升温,众多的楼盘都在较短的时间内推进,销售价格也在逐渐降低,这直接影响到 H 公司固守的价格优势防线。

目前,H 公司手中仍然有约 120 万平方米面积的待开发土地。让伍先生犯难的是,别的公司愁的是无米下锅,而他愁的是米要不要下锅、怎么下锅。企业目前的状况已经让他忙得焦头烂额。

人力资源的能力欠缺、越来越多的管理问题等,都在考验着伍先生的队伍和他的 H 房地产公司。

（资料来源:思贤教育.H 公司人力资源案例分析研究。）

问题:1.H 公司的问题出在哪里? 该如何解决?
2.请为 H 公司制订一个可行的方案。

项目 3-3

冯如生几天前才调到某五金制品公司的人力资源部当助理,就接受了一项紧迫的任务,要求他在 10 天内提交一份本公司 5 年的人力资源规划。虽然老冯从事人力资源管理工作已经多年,但面对桌上那一大堆文件、报表,难免一筹莫展。经过几天的整理和苦思,他觉得要编制好这个规划,必须考虑下列各项关键因素。

首先是本公司现状。公司共有生产与维修工人 825 人,行政和文秘性白领职员 143 人,基层与中层管理干部 79 人,工作技术人员 38 人,销售员 23 人。其次,据统计,近 5 年来职工的平均离职率为 4%。不过,不同类别的职工的离职率并不一样:生产工人离职率高达 8%,而技术人员和管理干部的离职率则只有 3%。再次,按照既定的扩产计划,白领职员和销售员要新增 10%~15%,工程技术人员要增 5%~6%,中、基层干部不增不减,而生产与维修的蓝领工人要增加 5%。有一点特殊情况要考虑:最近本地政府颁布了一项政策,要求当地企业招收新职工时,优先照顾女性和下岗职工。本公司一直未曾有意排斥女性或下岗职工,只要他们来申请,就会按同一种标准进行选拔,并无歧视,但也未给予特殊照顾。如今的事实却是,销售员除1人是女性外其余全是男性;中、基层管理干部中除两人是女性外其余也都是男性;工程师里只有3人是女性;蓝领工人中约有11%是女性或下岗职工,而且都集中在最低层的劳动岗位上。

冯如生还有5天就得交出计划,其中包括各类干部和职工的人数、从外界招收的各类人员的人数以及如何贯彻市政府关于照顾女性与下岗职工政策的计划。此外,五金制品公司刚开发出几种有吸引力的新产品,所以预计公司销售额5年内会翻一番。冯如生还得提出一项应变计划,以备应付这类快速增长。

(资料来源:iask爱问.人力资源考试题—案例1—五金制品公司的人力资源规划。)

问题:1.老冯在编制人力资源规划时,要考虑哪些情况和因素?

2.他该制订一项什么样的招工方案?

第四章　员工招聘与甄选

　　通过本章的学习,应该能够:1.为特定企业编制员工招聘计划;2.根据企业实际情况选择恰当的途径和方式发布招聘信息;3.筛选简历;4.组织并进行面试;5.做好新员工入职工作。

　　通过相应的知识点的拓展训练,应该具备:1.编制相应的招聘计划的能力;2.建立和完善公司招聘流程和招聘体系的能力;3.利用各种招聘渠道发布招聘信息的能力;4.执行招聘、甄选、面试、选择、安置工作的能力;5.进行聘前测试和简历甄别工作的能力。

【开篇案例】

　　A公司是一家小型印刷企业,现有价值1 000万元的印刷设备1台,员工22人。员工中经理(总裁)1人,助理1人,技术主管1人,财务负责人1人,技术工人18人。任务安排:技术主管,负责处理设备使用上的技术问题;技术工人,负责根据老板指令和技术主管的技术要求,生产符合要求的印刷品;助理,负责处理办公室杂事,如整理文档、安排领导日程表、接听电话、陪同老板洽谈业务等,同时还要充当司机,为客户送货;财务负责人负责公司的财务工作。薪资水平:技术工人,5 000元/月;技术主管,6 000元/月;助理,3 800元/月;财务负责人,3 600元/月。公司的一线员工施行倒班的方式,即18名员工分为3组,3班倒轮换昼夜工作。在公司初始时期,人员配备完全符合企业的要求。随着业务的不断扩大,公司面临的问题也出来了。首先,助理越来越难以应付其所负责的工作,有时经理不得不充当送货员角色。其次,实行三班倒班制,上夜班的员工极易疲劳,产品的次品率较高;同时,由于24小时开工,设备故障率提高,影响了供货期,甚至出现了因延误供货期而承担违约责任的情况,严重影响了该公司在客户中的声誉。老板通过仔细研究、核算发现,如果两台设备同时运行,不但合格产品的产出量高于现在的业务量,还能够避免大量残次产品以及延误供货期的情况的出现,收益也将高于现在的收益。于是老板决定再购入一台新设备,3个月后正式投入使用。新设备投入使用后,将实行两班倒班制(8:00—15:00为早班;15:00—22:00为晚班;一周一轮换)。如客户急需则临时加班,同时决定根据公司需要招募新员工。

(资料来源:根据企业实际自编案例。)

- 为什么我看好的一头猛狮,招来后却变成了一只驯鹿?
- 为什么看上去很可信的人,却变成公司的背叛者?
- 如何才能榨干面试简历的水分?
- 如何才能提高自己的"读人"能力?
- 心理学的知识是否可以成为 HR 手中的应用工具呢?

员工招聘是组织中人力资源管理工作的重要环节。有效的招聘活动能够使组织在需要的时间内获得需要的合格人选,确保了组织战略的实现。员工招聘有内部招聘和外部招聘之分。有效的内部招聘能够增强组织凝聚力,提高员工忠诚度、降低离职率,更好地激励员工为组织目标的实现及个人目标的实现而努力工作;有效的外部招聘能够为组织带来新技术、新思想、新的管理理念,为组织注入活力,而且能够提高组织知名度。而无效的内部招聘不但不能满足组织对人员的需求,还会滋生派系,打击员工的积极性;无效的外部招聘则容易使企业成为他人的跳板和其他企业的员工培训基地。

【理论单元】

第一节　员工招聘概述

招聘是指组织为了生存和发展的需要,根据工作分析和人力资源规划的要求,通过发布招聘信息和科学的甄选,使组织获得需要的合格人选并把他们安排到合适岗位的过程。

这个概念可以从 4 个方面理解:首先,员工招聘的目的是满足组织生存和发展的需要;其次,员工招聘的基础是工作分析和人力资源规划;再次,员工招聘的内容是发布招聘信息和科学的甄选;最后,员工招聘的结果是获得所需的合格人选,并把这些人选安排到合适的岗位。

一、员工招聘的原则

为了确保员工招聘的有效性,在进行员工招聘时,必须把握如下几个原则。

(一)双向选择原则

招聘活动是组织与应聘者相互选择的过程。因此,在招聘活动中,特别是面试过程中,招聘方除了要尽可能地全面考察应聘者外,还要给应聘者机会来了解组织、了解未来的工作环境、了解在组织中的相关待遇及发展前景等。所以,招聘的过程即是组织选择应聘者的过程,也是应聘者选择组织的过程。

(二)公平竞争原则

在招聘活动中,要秉承公平公正的原则,合理地制订招聘标准,不能有地域歧视、性别歧视等各种歧视,更不能徇私舞弊。

(三)能级对等原则

招聘的目的不是招聘到最优秀的人才,而是为组织招聘到最适合目标工作岗位的人才。因此,要严格按照岗位要求进行招聘,并在适合岗位工作的前提下择优录用。

(四)效率原则

员工招聘工作必须遵循效率原则,这有两方面的原因。首先,必须保证组织在需要的时间、需要的岗位有需要的合适人选,以确保组织生产经营的正常进行,确保组织各项目标的实现。其次,员工招聘会产生成本(比如时间成本),效率越高,成本就会越低。

二、员工招聘的渠道

常见的员工招聘的渠道有内部渠道和外部渠道两种,对应的是内部招聘和外部招聘。

(一)内部渠道

招聘的内部渠道指员工转正、内部晋升、工作轮换等组织内部的人才获取途径。从组织内部获取需要员工的过程就是内部招聘。内部招聘可以通过员工转正、内部晋升、工作轮换、工作调动和对有能力、有技术的退休员工进行退休后的返聘来实现。

1.员工招聘的内部渠道的优点

员工招聘的内部渠道的优点很明显。一方面,由于候选者在本组织内,组织对应聘者的考察比较方便,在人才获取的效率和信度上都占优势;另一方面,由于候选者对组织了解比较多,对组织的忠诚度也会比较高。此外,内部员工的晋升能更有效地激励组织内其他员工更努力地工作。

2.员工招聘的内部渠道的缺点

员工招聘的内部渠道的缺点主要表现在如下几点。
①由于是本组织内部员工,思想容易固化,影响组织的活力和竞争力。
②内部招聘容易滋生小帮派,影响组织的团结。
③在组织快速发展的时候,容易以次充好,使组织无法获得合适的人才,阻碍组织的发展。

(二)外部渠道

招聘的外部渠道指的是社会上的人才招聘会、各大高校的校园招聘会、猎头公司找寻目标等组织外部的人才获取途径。通过这些途径获取人才的过程就是外部招聘。外部招聘的方法很多,如参加校园招聘会、人才交流会,委托猎头公司招聘,在人才网站以及报纸、杂志、广播、电视等媒体上发布招聘信息等。

1.员工招聘的外部渠道的优点

员工招聘的外部渠道的优点主要表现在如下3点。

①外部招聘的候选者人数众多,选择余地大,能够比较容易地获得企业需要的人才。

②通过外部招聘进入组织的人员能够给组织带来新的思想、新的观念,能够给组织注入新的活力。

③新员工的加入,必然会给组织内的老员工带来压力和竞争,有利于提高组织绩效。

2.员工招聘的外部渠道的缺点

新进员工和组织之间有一个文化融合的过程,如果文化有冲突就很难达到预期目标,甚至会使组织成为员工的跳板,这是员工招聘外部渠道的最突出的缺点。

员工招聘的内部渠道和外部渠道各有优缺点,究竟一个组织需要通过哪种渠道获取人才,需要根据组织的发展战略和组织的具体情况来确定。比如,组织需要新的管理理念或者引入竞争,就需要选择外部渠道;如果组织需要增强组织的凝聚力和提升员工忠诚度,内部渠道无疑是最好的选择。

三、影响员工招聘的因素

影响员工招聘的因素有两类,一类是外部因素,一类是内部因素。

(一)影响员工招聘的外部因素

影响员工招聘的外部因素主要包括3个方面:国家法律法规、劳动力市场和竞争对手。

国家法律法规对员工招聘的影响表现:法律法规对招聘工作的限制条款越多,招聘工作难度越大。比如,《中华人民共和国劳动法》(以下简称《劳动法》)规定了员工有平等就业权,那么企业对待应聘者就不能因性别或地域不同而采用不同的标准。此外,我国法律规定禁止雇佣童工,那么企业就不能雇佣16岁以下的人员工作。

劳动力市场对招聘的影响表现:劳动力市场比较宽松(供大于求),招募合格的求职者的难度就较低;反之,难度就较高。比如,在20世纪90年代初,工商管理类专业的大学毕业生很少,组织想招聘该类应届大学毕业生难度极大;而这几年在劳动力市场上这类专业的应届大学毕业生供大于求,组织在招聘该类人员的时候就容易得多。

竞争对手对企业招聘的影响表现:企业的招聘政策与竞争对手相比较,如果没有吸引力,就很难吸引来满意的求职者。

(二)影响员工招聘的内部因素

影响员工招聘的内部因素大致分为以下3类:组织自身形象、组织招聘预算和组织政策。一般说来,社会形象越好的企业就越容易招募到合格的求职者,好的企业形象有利于招聘活动的开展。此外,充足的招聘费用有利于企业选择更多的招聘方法和招聘渠道,招聘效果也要好于经费不足或经费有限情况下的招聘。企业政策对招聘活动有直接影响,企业是采用内部招聘还是外部招聘取决于企业的招聘政策。

第二节 员工招聘的过程

员工招聘工作共分为 6 个阶段:制订招聘计划、发布招聘信息、筛选简历与工作申请、甄选(笔试、面试、心理测试)、员工录用与入职、招聘过程评估。

一、制订招聘计划

在制订招聘计划阶段,主要根据工作分析、人力资源规划以及企业的实际需求,编制招聘计划。通常由用人部门提出招聘申请,由人力资源管理部门结合人力资源规划进行审核并编制招聘计划,报送决策层审批。招聘计划包括招聘需求分析、招聘条件分析、招聘进度安排以及招聘预算编制等。

二、发布招聘信息

招聘计划获得决策者批准后,就需要发布招聘信息。发布招聘信息需要注意以下 3 个问题。

(一)时间问题

招聘信息中不仅包括招聘信息的有效时间,还应包括简历受理的有效时间以及面试(或笔试)的时间。此外,还需要针对不同的岗位性质合理安排信息发布时间。

(二)地域范围问题

考虑招聘成本问题,要注意发布信息的地域范围。例如,招聘技术要求不高的一般员工,信息发布范围多为当地;而如果招聘技术水平比较高的员工或者中层管理者,则需要扩大招聘范围。

(三)信息发布途径问题

招聘信息发布的途径很多,要根据岗位的特点合理地选择发布途径。例如,某公司希望能够招到高级技术人员,如果在校园招聘会上发布招聘信息就不合适,也很难招到组织需要的人才。常见的发布信息的途径包括传统媒体广告、职业介绍机构、人才招聘会、招聘网站、猎头公司、校园招聘会以及微招聘等。表 4.1 是各类招聘途径的优缺点比较(赵淑芳,2013)。

表 4.1　各类招聘途径的优缺点比较

信息发布途径		优　点	缺　点
传统媒体广告	广播	传播迅速,成本较低	效率较低,保存性较差,易被忽略
	电视	传播面广,具有冲击力,渗透力强	成本高,传播时间短暂,保存性较差
	报纸	传播范围大,读者众多且相对稳定,传播周期短,有专门的人才市场	干扰度高,时效性强,印刷质量欠佳,保存性强
	杂志	目标群体明确,视觉效果好,有较多行业性和专业性杂志	缺乏及时性,受众面窄
职业介绍机构		针对性强,费用低廉,效率较高,方便快捷	中介机构服务水平制约招聘效果,高级人才招聘效果不太理想
人才招聘会		现场见面,直接洽谈,求职人员相对集中,针对性强	现场拥挤,易出现混乱局面,服务周期短,信息不对称
招聘网站		时效性强,成本较低,针对性强,不受空间制约限制	存在虚假信息,适用群体范围窄,无效简历过多,应聘者随意性大
猎头公司		人才质量较高,节约企业时间,保密性强,招聘成功率较高	费用高,猎头公司顾问水平制约招聘效果
校园招聘会		针对性强,潜在资源丰富,人员相对集中,人才素质较高	成本较高,花费时间较长,需投入系统培训,人员甄选工作量较大
微招聘		成本较低,及时性强,传播力强,互动性强	缺乏严肃性,发展不成熟,目标群体较窄,时间及沟通成本较大

三、筛选简历与工作申请

招聘信息发布出去后,会收到应聘者的简历和工作申请表。人力资源管理部门需要对这些简历和申请表进行筛选,并为初选合格的应聘者发放面试通知书。

筛选简历的工作量很大,如何准确快速地筛选出有资格获得面试机会的简历,是一项非常重要的工作,需要相关人员有很强的简历筛选技巧。

(一)简历筛选的内容

通常在简历筛选过程中主要关注如下几方面内容:学历的真实性,基础经验/阅历的真实性以及时间段的无缝连接,职业生涯趋势的合理性,自我评价的适度性,推荐人资格及内容的事实依据等。

（二）合格简历的特点

一个合格的简历至少达到以下几点：结构完整，内容详尽，语言表述清晰明了，专业或经历与求职意向相符，过去的经历时间连贯，无频繁的跳槽经历，简历格式正确，无错别字和语法错误。

四、甄选

甄选环节一般由3部分构成：笔试、面试和心理测试。组织需要根据自身情况选择一种或几种测试方式。

（一）笔试

笔试主要考察应聘者对目标岗位所需专业知识的掌握情况。一般由组织自己命题，也可请专家命题或者采用相关的题库。笔试的时间一般为30分钟至1个小时，命题形式可根据考察需要采用填空、选择、问答、案例分析等题型。笔试通常安排在面试之前。

（二）面试

1.参与人员与工作分工

参与面试的人员一般分为以下3类：第一类是人力资源管理部门的相关人员；第二类是目标岗位的同事；第三类是目标岗位的直属上级。面试时可进行如下分工：人力资源管理部门的人员负责总的管理与协调，主要负责针对简历的考察，考察信息的真实性以及应聘者是否具备从事这个工作的综合能力，如沟通能力、团队协作能力等。目标岗位的同事主要考察应聘者的业务能力。目标岗位的直属上级主要考察应聘者的执行能力，以及对本部门的绩效管理、薪酬管理的认可度；同时，还要了解应聘者的工作理想，以确保应聘者的职业规划与组织目标一致。

2.面试的方式

面试可分为结构化面试和非结构化面试。结构化面试又称标准化面试，是指面试前对面试过程、面试所涉及的内容、试题的评分标准与评分方法等一系列问题进行了结构化设计的面试方法，包括面试过程结构化、试题结构化、评价结构化3个层面。非结构化面试是与结构化面试相对的，指事先没有既定的模式、框架和程序，面试官可以自由地向应聘者提出问题，而应聘者也可以根据个人理解进行回答的面试方式。非结构化面试中一般采用案例分析、情景模拟、脑筋急转弯等方式进行。

3.面试的形式

面试的形式很多，包括集体面试、小组面试、电话面试、利用视频软件进行的远程面试以及利用社交网站或公众平台进行的微面试。

集体面试是由多名面试官同时对多名应聘者进行测评的一种面试形式。面试者需要表现出比其他应聘者更适合拟聘岗位的素质或能力，才能在众多竞争对手中脱颖而出。集体面试一般包括自由发挥式和角色扮演式两种。

小组面试也称委员会面试,是由一个包括了若干名面试官组成的面试小组同时对每一位应聘者进行考察,然后再把他们对应聘者的评定结果综合起来,给出应聘者最后面试评分的一种面试形式。小组面试的信度与效度取决于采用的是结构化面试还是非结构化面试,一般情况下结构化面试的信度要高于非结构化面试的信度。

电话面试是面试官借助电话对应聘者实施考察的一种面试形式。

远程面试是企业与应聘者借助网络视频工具进行的即时沟通交流的一种面试方形。网络的稳定性对远程视频面试的影响很大。

微面试是借助 QQ、微信等载体向应聘者发布面试试题,并根据应聘者的互动,对应聘者能力素质作出判断的一种面试形式。

4.面试类型

面试类型一般包括压力面试、情景面试和行为面试等。

压力面试是指面试官通过问一些让应聘者不舒服、不愿意回答的问题,来判断应聘者承压能力的一种测试方法。这种压力可能来自面试官的提问方式,也可能来自问题本身或者面试官根本不问问题的僵局。通常在企业中拟招聘岗位的工作压力比较大或者应聘者在面试过程中过于张扬时,可采用压力面试。

情景面试是指给出应聘者一种假定的情景,测试应聘者在这种情景中处理各种事物或解决各种冲突能力的一种面试方法。情景面试作为单独的面试形式,也可以作为其他面试的补充形式。

行为面试是通过应聘者对某一行为的描述来判断其背后的品行、思想、态度和价值观的一种面试方式。在行为面试中需要注意:要求应聘者描述的是真实事件,而非想象的;如应聘者描述的事件过于简单,可采用追问或引导的方式进一步确定事件的真实性;确认应聘者在所描述事件中的角色;不要过多重复应聘者的话,以免误导应聘者。

(三)心理测试

心理测试一般是辅助手段。通过心理映射测试、性格倾向测试、职业倾向测试等,评价应聘者与目标岗位和组织文化的匹配程度。

五、员工录用与入职

(一)员工录用

员工录用过程包括作出录用决策、协商录用事宜和发放录用通知。

录用决策的依据是甄选的评价、简历的评价、背景调查结果三者的综合衡量。一旦作出了录用决定,就需要和拟录用的应聘者协商录用后的事宜,如薪酬水平、工作内容、福利待遇、工作环境、应届毕业生的户口与档案转移以及其他需要注意的事项。很多企业习惯给拟聘用的应聘者发录用通知书。为了确保应聘者和录用单位双方的利益,录用通知书中一定要明确录用通知的有效期,即在有效期内报到有效,在规定期限没有去用人单位报到的将被视为自动放弃这个岗位,用人单位可以另外聘用其他人。

(二)员工入职

员工入职是员工招聘活动的后续工作,最主要的内容是与新进员工签订劳动合同。《中华人民共和国劳动合同法》(以下简称《劳动合同法》)规定,用人单位应自用工之日起一个月内与劳动者订立书面的劳动合同。

六、招聘活动的评估

招聘活动完成后,需要对整个招聘活动进行评估。招聘评估不仅是对已经完成的招聘活动进行重新审视,也是为下一次招聘活动提供借鉴。招聘评估分为招聘效果评估、招聘成本评估、招聘信度与效度的评估三部分。

(一)招聘效果评估

主要从应聘者人数、应聘者的综合素质、录用比例和整个招聘活动(从信息发布到正式录用)的时间这4个方面来评估。通常合格简历越多、参与面试者的综合素质越高、录用比例越高、招聘活动的时间越短,说明招聘效果越好。

(二)招聘的成本评估

招聘成本是指招聘过程中产生的直接成本、间接成本和机会成本,一般通过招聘成本数额和招聘成本收益评估进行评估。

1.招聘成本数额评估

招聘成本数额包括招聘总成本和单位招聘成本两部分。总成本,即招聘产生的直接成本和间接成本,通常通过横向对比和纵向对比进行评估。横向对比是通过将本单位招聘成本与同行业同等规模单位的招聘成本进行对比,以此判断本单位招聘成本的高低。纵向对比是将本单位当年招聘成本与历史招聘成本进行对比,判断成本变化情况。单位招聘成本可以反映企业招聘工作的效率与成本控制情况。其计算公式为:

单位招聘成本=招聘总成本/录用人数

其评估方式也可以通过横向对比和纵向对比进行评估。

2.招聘成本收益评估

招聘成本收益评估是一种滞后的评估,是对组织招聘活动的经济性评估,也是对招聘工作有效性进行评估的指标。其计算公式为:

招聘收益成本比=所有新员工为组织创造的总价值/招聘成本

需要注意的是,这里的"所有新员工为组织创造的总价值"的计算周期通常为一年,评估结果中的招聘成本收益比值越高,说明招聘工作越有效。

(三)招聘信度与效度的评估

信度与效度的评估是对招聘过程中甄选技术的信度与效度进行评估。

1.招聘信度的评估方法

信度指的是衡量过程的一致性。招聘信度的评估一般采用测试与再测法、复本法、内部一致法、评分者相互对照法以及归纳法。

测试与再测法的具体操作方法:在两次测试之间不存在学习或知识增长的前提下,就同一个被测者实施两次完全相同的测试,并检测评估结果是否一致。如果这项甄选评估结果趋于一致,则说明甄选技术效度较高;反之,则较低。

复本法是对同一被测者进行两次或两次以上的能力相同、内容不同的测试,并通过评估分数来对比判断测试的信度。如果几次测试的分数趋于一致,则说明这种方法的信度较高;反之,则较低。

内部一致法是根据同一份考卷中不同项目之间的相互关系对信度进行评估。

评分者相互对照法是指若干名(3名或以上)面试官对应聘者进行评价,如果这些面试官的评价结果趋于一致,则说明招聘信度较高。

归纳法是对某一甄选技术操作过程中可能存在误差进行归纳汇总,得出对该项甄选技术的总的信度的评估。

2.招聘效度的评估方法

效度是指根据对应聘者测评的评分结果所作推论的合理性。一般采用预测效度、内容效度和同侧效度这3种方式进行评估。

预测效度一般采用将应聘者在选拔中得到的分数与他们被录用后的绩效分数进行对比,两者的相关性越大说明甄选方法越有效;反之,则越无效。

内容效度只适合评估操作类岗位,不适用于创新或需要测试潜力的岗位。如果测试方法能直接测量出想要测量的内容,则效度高。

同侧效度是将对员工的某次测试得分与员工实际工作绩效分数进行对比,如果都是高分,则表明效度高;反之,则效度低。

【理论单元习题】

一、判断题

1.一般来讲,员工招聘包括招募、甄选、录用3个过程。　　　　　　　　(　　)

2.招聘的内容一般可概括为"6W+1H"。　　　　　　　　　　　　　(　　)

3.招聘评估分为3部分:招聘结果评估、招聘成本评估以及招聘信度与效度的评估。

(　　)

4.录用决策由面试官现场作出。　　　　　　　　　　　　　　　　(　　)

二、选择题

1.下列选项中属于面试准备阶段工作内容的是(　　　)。

    A.面试人员准备　　　　　　　　B.面试地点准备

    C.面试时间准备　　　　　　　　D.面试材料准备

2.进行员工招聘时必须达到3个基本要求:必须以工作分析和人力资源规划为前提,必须是企业与应聘者的互动,(　　　)。

    A.必须考虑成本问题　　　　　　B.必须进行面试和复试

    C.必须对应聘者进行背景审查　　D.必须准备面试题库、心理测试题库和必要的道具

3.结构化面试是指(　　　)。

    A.试题结构化　　　　　　　　　B.面试过程结构化

    C.评价结构化　　　　　　　　　D.面试人员结构化

4.一般来讲,组织中参与面试的人员有(　　　)3类。

    A.应聘者　　　　　　　　　　　B.目标岗位的同事

    C.目标岗位的直属上级　　　　　D.人力资源管理部门的人员

三、简述题

1.请简要介绍员工招聘的原则。

2.请列举出导致个人简历或求职申请在初审环节就被淘汰的情况。

3.简述 PEOPLE 面试流程。

四、论述题

试论述员工招聘的内部渠道和外部渠道的优缺点。

【能力单元】

第三节　招聘计划书的编写

招聘计划书一般包括名称、目的、人员补充计划、招聘计划、招聘管理、招聘渠道、招聘计划具体安排以及成本费用等部分。如图 4.1 所示(赵淑芳,2013)。

```
                        ×××公司招聘计划书
一、招聘目的
    为及时补充公司人力资源,满足生产经营的需要,特制订本计划。
二、人员需求计划
```

用人部门	招聘岗位	招聘人数/人	需要专业	工作经验/年	备　　注
研发部	研发总监	1	技术类	10	
生产部	生产储备干部	6	企业管理及相关专业	无	应届毕业生

```
三、招聘管理工作
    本次招聘工作由人力资源部牵头组成招聘工作小组负责,其成员如下:
    组长:×××
    副组长:×××
    组员:×××　×××　×××　×××
四、招聘渠道选择
    1.猎头公司
    由人力资源部招聘主管负责筛选合适的猎头公司,并与其洽谈在全国范围内招聘研发总监。
研发总监的薪酬不低于50万元/年,付给猎头各公司的中介费用也较高。
    2.校园招聘
    拟采用校园招聘的方式招聘生产储备干部。计划10月份启动校园招聘,目标学校是×××和
×××学校。
五、招聘工作安排
    1.×××月,人力资源部联系猎头公司,由猎头公司猎取研发人员。
    2.×××月,人力资源部与大学联系,参加校园招聘会。
    3.×××月,完成简历筛选并组织与完成面试工作。
    4.×××月,新员工入职。
六、招聘费用预算
    本次招聘总的预算费用为×××元(详见附表×××),预算费用不含招聘人员工资、福利、加班费
等项目。
```

图 4.1　某公司招聘计划书

第四节　招聘广告与面试通知的编写

一、招聘广告的编写

(一)招聘广告的传统模式

招聘广告的基本结构分为 4 部分:广告标题、企业简介、招聘职位信息和应聘信息(赵淑芳,2013)。

1.广告标题

例如:×××公司诚聘薪酬与福利专员。

2.企业简介

(1)背景介绍。包括公司成立的时间、所在地、企业性质、企业规模、发展历程等。

(2)服务领域。公司的业务范围、产品类型及特色等。

(3)发展状况。公司目前所处的发展阶段以及取得的成绩、获得的荣誉等。

(4)经营理念。公司在经营方面的理念及采取的措施。

(5)企业文化。公司的企业文化是什么,倡导什么样的价值观。

(6)福利待遇。公司主要的福利待遇有哪些,比如奖金、带薪休假等。

3.招聘职位信息

(1)职位标志。职位的名称、所属部门、直属上级的职位名称等。

(2)工作内容。岗位的主要工作内容及应该承担的责任。

(3)任职资格要求。完成该项工作所需要的任职资格,包括身体状况、教育背景、工作经验、资格证书、能力素质、性格特征、工作态度等。

4.应聘信息

(1)联系方式。公司的地址、传真、网址、电子邮箱、联系人信息等。

(2)注意事项。应聘方式、必须提供的资料、乘车路线以及其他需要注意的事项。

(二)招聘广告的 AIDA 模式

AIDA 模式,也叫"爱达"公式,是国际推销专家海英兹·M.戈得曼(Heinz M.Goldmann)总结的推销模式,其含义是:一个成功的推销员在推销产品时,首先要把顾客的注意力(attention)集中或吸引到产品上,然后使顾客对产品产生兴趣(interest),即诱发顾客对产品的兴趣。在这个基础上,刺激顾客的购买欲望(desire),使顾客觉得产品正好是自己要购买的。最后,促使顾客自己下决心购买产品,完成交易(action)。

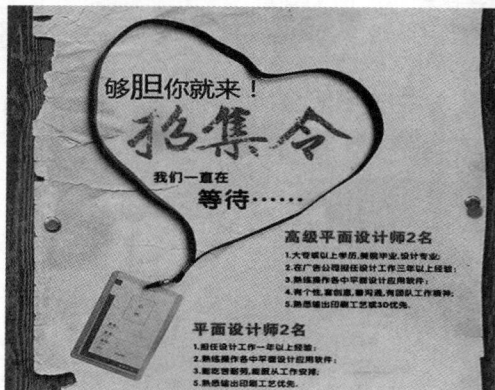

图4.2 AIDA 招聘广告

(资料来源:三联网—人才招聘广告 PSD 广告素材。)

AIDA 模式的招聘广告,有的风趣幽默,有的别出新意,不拘于形式,很容易吸引人们的注意力,越来越多地被人力资源管理专职人员所使用。

在招聘广告中使用 AIDA 模式,首先要使广告足够吸引他人的注意力,使应聘者对广告感兴趣(attention),因此,广告形式可以多种多样,有新意。比如,某店主把招聘店员的广告写成了寻人启事,既表达了店主求贤若渴的急切心情,又不失幽默。其次,需要让应聘者对空缺职位感兴趣(interest),有申请空缺职位的愿望(desire),这需要与求职者的需求紧密联系在一起,如职位的满足感、发展的机会、合作的气氛等。最后,要能够促使应聘者对感兴趣的职位采取行动(action)——申请职位或者与招聘方接洽更进一步了解招聘信息。图 4.2 是一个 AIDA 模式的招聘广告示例。

二、面试通知书的编写

面试通知书一般提前 2~5 天发出,以便应聘者准备。一般包括企业名称、招聘职位、面试通知、面试地点、携带相关资料信息等。如图 4.3 所示。

×××公司面试通知书

尊敬的×××先生/女士:

　　您好!

　　感谢您对×××公司的信任和支持,我们很高兴地通知您,您的简历已经通过了我公司××职位的初步筛选,特通知您到本公司参加面试。现将面试具体事宜通知如下:

面试时间:××年××月××日(星期×)××时××分。

面试地点:××区××路××号××大厦××层××室。

乘车路线:××路公交××站下车前行××米即到。

注意事项:请携带个人简历一份,如临时有变不能准时到达,烦请提前来电告知。

　　期待您参加我们的面试,并预祝面试成功!

　　联系人:×××

　　联系电话:×××××××

　　公司网址:×××××××

××公司人力资源部

××年××月××日

图 4.3　面试通知书范例

第五节　简历筛选技巧

一、六步骤简历筛选法

六步骤简历筛选法即运用一"看"、二"审"、三"察"、四"观"、五"找"、六"明确"6 个步骤快速审核简历的方法。

(一)看:看结构

简历的结构反映了一个人的逻辑思维能力与沟通能力。一般简历应简洁明了,让人对信息一目了然。

(二)审:审格式

筛选简历的第二步是看简历的格式,如果格式有明显的错误或有错别字出现,则意味着求职者不是很重视这份工作或者做事比较马虎,不注重细节。需要仔细审查应聘者的这个特点是否影响工作,从而确定是否给其参与下一步考核的机会。

(三)察:察信息

这里的信息指的是基本信息。如果求职者的基本信息不完整,如没有性别或年龄,或者专业、学历等表述不清,则表明该求职者的语言描述能力很差或者做事不够严谨。需要仔细审查应聘者这个特点是否影响工作,从而确定是否给其参加下一步考核的机会。

(四)观:观经历

主要审查经历中是否有短期的频繁跳槽的经历,经历的时间段是否是无缝连接,经历与目标岗位是否相符等。如果简历中有短期的频繁跳槽(并没有符合逻辑的解释),或者经历存在时间间隔,则一般不需要向其发面试通知;如果经历与求职意向不符,需要仔细审查岗位是否需要工作经验来确定其是否具有面试资格。

(五)找:找矛盾

注意简历中的经历是否前后矛盾,如果存在矛盾,则直接淘汰。

(六)明:明取舍

经过上述筛选后,根据上述步骤筛选的结果,把简历或求职申请按照优、良、一般的顺序排列,优先面试简历优、良者。如果简历的数量仍然很多,则可以对简历制作精美的应聘者给予优先面试的机会。

二、CEE 简历筛选法

在企业实践中还经常使用另外一种简历筛选法——CEE 法。CEE 是 communicate,eliminate,evaluate 3 个英语单词的首字母缩写,是企业筛选简历的 3 个步骤。

(一)communicate:沟通

招聘部门和用人部门就工作说明书中工作描述的确切含义、候选人必须具备的条件、各项条件所占据的比重,进行直接、深入、有效的沟通,彻底理解工作说明书。通常的做法是由招聘部门先发送一些测试简历给用人部门,并与用人部门的经理面对面共同审阅,请经理说出自己的感受,以确保筛选方向的准确性,从而进一步了解用人部门需求。

(二)eliminate:剔除

从收到的简历中剔除不符合要求的部分,剩余简历进入下一个评估环节。剔除的方法有两种:通过关键词法进行筛选,剔除不合格简历;利用电话筛选进一步确认自己筛选出的简历。根据与用人部门沟通的结果,设计关键词,从大量简历中迅速剔除不符合要求的简历。对筛选出来的简历,如果不确定是否真的符合要求,则需要进行电话筛选,再作决定。

(三)evaluate:评估

简历筛选卡是一种公正的筛选简历的方法,我们可以使用这种方法将合格的简历进行排序,选择最优秀的候选人供用人部门参考。通过简历评价卡,客观地对符合要求的简历进行评比,将最优秀的候选人送交用人部门。图4.4所示是简历筛选卡的制作过程。

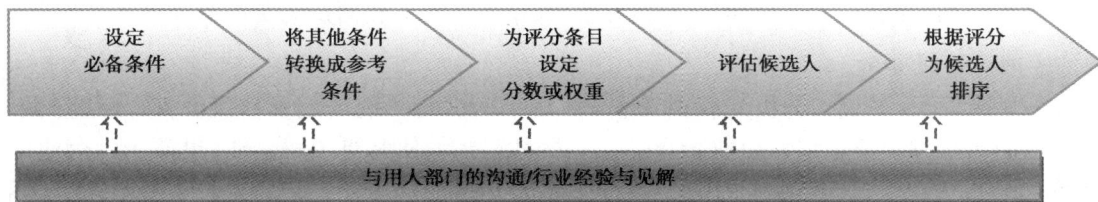

图4.4　简历筛选卡制作过程

　　在这个过程中,关键是区分岗位的必备条件和非必要条件。必备条件是岗位的硬性要求,没有这些条件的应聘者就不能被录用;非必要条件是参考条件,就是图中的其他条件。表4.2是某公司营销岗位的简历筛选卡。

表4.2　某公司营销岗位简历筛选卡

项　目	分数/权重 (总分100分)	评分标准	得分(总分100分)
年　龄	15%	22~30岁,每超过1~5岁,减5分	
专　业	20%	非营销、管理类等专业,减20分	
学　历	15%	专科:5分;本科,10分;研究生及以上15分;专科以下:减15分	
工作经验	25%	无工作经验:减25分;1年以内工作经验:减15分;1~2年工作经验:减10分;3~5年工作经验:减5分;5年以上工作经验:减0分	
工作背景	25%	无相关行业工作背景:减25分;有其他相关行业背景(非本行业):减10分;有本行业背景:减0分	
总　计	100%		

第六节　面试的组织工作

一、面试的组织工作的构成

　　面试的组织工作分为面试前的准备工作,面试的实施程序和面试结果处理3部分。

(一)面试前的准备工作

面试前期的准备工作包括面试材料准备、面试人员准备和面试场所准备3项。

1.面试材料准备

应聘者简历(按岗位分类),面试评价表(用于面试官的现场记录和评价,按岗位分类,顺序与简历摆放顺序一致)、企业简介(用于发给应聘者,使其更了解企业,也便于为企业做宣传)、结构化面试中的试题(发给应聘者的试题及需要发给面试官的试题与评分标准)、非结构化面试中需要的文具和道具等。

2.面试人员准备

(1)面试人员准备。一般由人力资源管理部门负责人、负责招聘的人员、所聘岗位的同事、所聘岗位的直接上级组成,有时候也可以外聘专家和企业负责人一起面试。确定面试人员后,需要对面试官进行培训。培训内容包括面试提问技巧、追问技巧、现场气氛调控、面试评分标准等。

(2)考务人员准备。考务人员指从事与面试相关的工作人员,包括笔试监考人员、面试记录人员、相关面试助理等,一般由人力资源管理部门的人员担任。考务人员同样需要进行培训,培训内容包括笔试过程监控、试卷疑问处理、面试记录技巧等。

(3)接待引导人员准备。指从事应聘者接待引导的服务人员,一般由行政部门或人力资源管理部门的人员担任。对于承担面试引导工作的人员需要进行商务礼仪、面试接待引导、细节说明等方面的培训。

3.面试场地准备

包括安排面试接待区和布置面试房间。面试接待区最好能与办公区相分离,并且安排有专门的面试接待人员。面试房间独立于办公区,确保面试过程不被打扰。此外,还要根据目的的不同安排好面试官与应聘者的座位。如果想要营造平等融洽的氛围,可以选择使用圆桌;如果想给应聘者制造压力,则面试官的座位可以一字排开正对应聘者,距离1米左右。

(二)面试的实施程序

面试的实施程序可以参考如下程序进行:首先,面试引导员登记应聘者姓名及申请面试的岗位并发放序号,按序号安排面试并根据面试官要求,引导应聘者进入面试区。面试过程中,面试官依次提问并根据应聘者的回答进行追问或临时提问。在面试过程中,面试官需要对应聘者在面试过程中加分或减分的地方进行记录。面试结束后,对应聘者进行评分并简要记录评价意见。面试结束后,记分员负责将面试官的面试评分进行汇总、收集,并计算每位应聘者的最后得分。对有加分和减分的应聘者,需要作好备注。

(三)面试结果处理

将应聘者的成绩汇总、排序,将排名较高的应聘者资料提供给用人部门并与用人部门协商录用人选。人力资源部提供的候选人人数应该多于拟录用人数。协商一致后的结果报决策层审批,审批后由人力资源管理部门发录用通知书。

二、PEOPLE 流程

在企业面试组织实践中,常用到 PEOPLE 流程。所谓 PEOPLE,是 prepare、establish rapport、obtain information、provide information、lead to close 和 evaluate 6 个英语单词(词组)的首字母。这 6 个单词(词组)的意思分别是准备、建立和谐关系、获得有效信息、分享相关信息、结束面谈和评估应聘者。如图 4.5 所示。

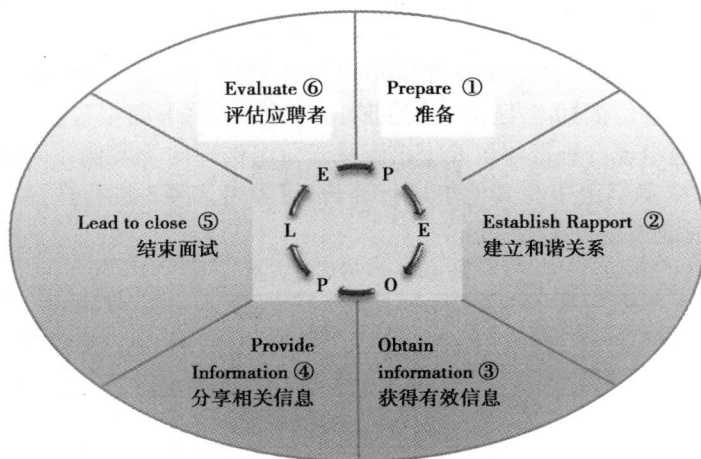

图 4.5　面试的 PEOPLE 流程

1.P:做好准备工作

这里指的是如前面提到的人员、场地、文具、道具、试题、工作流程等的准备。

2.E:建立和谐关系

在面试过程中,除压力面试外,需要营造轻松友好的氛围,建立和谐的关系,尊重应聘者,避免问及个人隐私。

3.O:获得有效信息

通过交谈获取应聘者是否胜任拟聘岗位的有效信息,做好记录。

4.P:分享相关信息

包括面试官和应聘者分享有关岗位及本企业组织文化的信息,同时包括和应聘者、面试官分享有关面试官所提问题的相关信息,做好记录。

5.L:结束面试

友好地结束面试并告知应聘者获得面试结果的时间。

6.E:评估应聘者

通过前期的记录,评估应聘者并通知应聘者结果。

课后训练

【建议训练方式】

本章课后的 3 个训练项目建议全部以小组讨论的形式进行。由小组成员记录讨论情况，以作为课堂表现评价依据。小组讨论后形成案例分析的书面报告。每一组选一人进行案例分析综述，其他组成员进行评价并提出意见。每组选择两个案例，一个案例用于本组进行案例分析，另一个案例用于为其他组进行评价，可参考表 4.3 进行选择。X 为分析案例，＊为评价案例。成绩评定可参看表 4.4。

表 4.3　课后训练方案

案　例	1组	2组	3组	4组	5组	6组	7组	……
1	X		＊		X	＊	X	
2	＊	X		X	＊		＊	
3		＊	X	＊		X		

表 4.4　成绩评定表

小组成绩评定表　第（　　）小组　第（　　）次作业						
成员（姓名+学号）	成绩分配比例	小组自评课堂表现（课堂讨论记录表附后）(20%)	其他组评价(40%)			教师评价(40%)	得分

【推荐训练项目】

项目 4-1

以下为某公司人力资源部收到的一份求职简历。请仔细阅读。

艾美丽的简历

个人简历

姓名：艾美丽　　　　　　　　　　　地址：南宁市金融大厦 A 座 507

邮编：×××××　　　　　　　　　　联系电话：　　E-mail：×××

求职意向：

地产销售代表,置业顾问,客户代表,人力资源专员,培训专员

教育背景：

2002.9—2006.7　×××大学旅游学院旅游人力资源开发与管理专业,于 2006 年 7 月获得毕业证书和
　　　　　　　　管理学学士学位。

主修课程：

微观经济学,宏观经济学,管理学原理,人力资源开发与管理,人员素质分析与测评,市场营销,管理
信息系统,经济法,旅游经济学,旅游服务学,酒店管理,会计学,财务管理,统计学

外语与计算机水平：

基本的英语听说读写能力,熟练运用办公软件与 Internet 应用

工作简历：

2007.8—2006.7　×××公司,人力资源管理部工作分析员

在校实践活动经历：

2005 年 8 月　×××集团××畅春园项目部
　　　　　　　1.负责收集当期主要楼盘的即时销售情况,反馈回项目部。

2005 年 7 月　×××旅行社计调部
　　　　　　　1.为客户提供暑期出行参考及旅游线路推荐(重点海南、云南线路),解答客户出行
　　　　　　　疑问。
　　　　　　　2.负责同行销售信息的交流,统计各旅游线路的客流量与饱和度。

2005 年 3—5 月　赴武汉协助筹建管理咨询公司(大学生创业公司),虽未果,然亲历的过程让我受
　　　　　　　益匪浅。

2003 年 8 月　广西×××集团×××公司人力资源部
　　　　　　　1.协助人力资源部长为新上马的××生产项目招聘员工。
　　　　　　　2.负责公司职工的日常考勤。

2002 年 10 月　主持本校迎新晚会

2002 年 10 月　获×××自治区大学生辩论会"最佳辩手"

图 4.6　艾美丽的个人求职简历

（资料来源：自编案例。）

问题：1.假设你是公司的招聘主管,你收到了艾美丽的这份求职简历,你会给她面试机会
　　　　吗？为什么？

　　　2.筛选简历,应该注意哪些问题？

项目 4-2

下面是某公司的面试经过。

考官：如果你的亲人患病住院,需要你的陪护,而此时公司有一项紧急任务需要你及时
完成,你将如何处理？

应聘者：我会毫不犹豫地将工作放在第一位。

考官：如果你的亲人患的是急性病,比如心脏病、脑血栓,你也丢下亲人不管,而去完成

工作吗？

应聘者:(略作思考)这种情况我还没遇到过,如果遇到了,我会先选择工作,以工作为重,先干完工作再说。

考官:假如患病的是你的至亲亲人呢? 比如你父亲、母亲或孩子?

应聘者:对不起,我认为已经回答了您的问题。

(暴丽艳,徐光华,2010)

问题:1.案例中考官的提问是否得当? 如果是,请说明理由。如果不是,请给出你认为
恰当的提问方式。

2.面试中的提问应注意哪些问题?

项目 4-3

M 公司是 NLC 化学有限公司在中国的子公司,主要生产、销售医疗药品。随着生产业务的扩大,为了对生产部门的人员进行更有效的管理开发,2014 年年初,公司决定在生产部门设立一个新的职位,其主要工作是负责生产部和人力资源部的协调工作,部门经理希望从外部招聘合适的人员。根据公司的安排,人力资源部策划的方案是:在大众媒体上做广告,这样虽然增加了支出,但也是为企业做广告,可以提高企业知名度。在接下来的一周里,人力资源部收到了 800 多份简历。人力资源部的人员首先从 800 多份简历中筛选出 70 份候选简历,然后经过再次筛选,最后确定 5 名候选的应聘人员,并将这 5 个候选人名单提交给了生产部门的负责人。经过与人力资源部门的协商,生产部门负责人于某最后决定选出 2 人进行面试。这两位候选人是麦某和张某,人力资源部提供的资料见表 4.5。经过面试,公司告知两人一周后等待通知。

表 4.5　两位候选人资料

姓名	性别	学　位	年龄	工作时间	以前工作表现	结　果
麦某	男	企业管理学士学位	32	有 8 年人事管理及生产经验	在此之前的两份工作均有良好表现	可录用
张某	男	企业管理学士学位	32	有 7 年人事管理及生产经验	以前在两个单位工作过,第一位主管评价很好,没有第二位主管的资料	可录用

在此期间,麦某静待佳音;而张某打过几次电话给人力资源部经理,第一次表示感谢,第二次表示非常想得到这份工作。人力资源部和生产部门的负责人对这两位候选人都比较满意,虽然第二位候选人的简历中没有前一个公司主管的评价,但生产部门负责人认为这并不能说明其一定有什么不好的背景。生产部门的负责人感觉张某有些圆滑,但还是相信可以管理好他,再加上张某在面试后主动与该公司联系,生产部门负责人认为其工作比较积极主动,所以最后决定录用张某。

张某来到公司工作了 6 个月,公司经观察发现:张某的工作不如预期的那样好,指定的工作经常不能按时完成,有时甚至觉得他不能胜任其工作。张某也觉得很委屈:工作一段时

间之后,他发现招聘时所描述的公司环境及其他方面情况与实际情况并不一样;原来谈好的薪酬待遇在进入公司后有所减少;工作的性质和面试时所描述的也有所不同,在工作中经常会不知道该干什么。

（资料来源:有效营销网——NLC 公司招兵买马之误。）

问题:1.你认为 M 公司在此次招聘过程中存在哪些问题?

2.假如你是人力资源部经理,请你设计本次招聘过程。

第五章　员工培训与开发

> 通过本章的学习,应该能够:1.进行简单的培训需求调查和培训需求分析;2.根据企业实际情况编制培训计划;3.组织某项具体培训活动的实施。
>
> 通过相应的知识点的拓展训练,应该具备:1.对组织进行培训需求调查的能力;2.设计并编制培训计划的能力;3.建立和完善组织的培训体系的能力;4.组织培训活动的能力;5.良好的人际关系处理能力、书面及语言表达能力和沟通能力。

【开篇案例】

T电子数码公司在1998年进入了快速发展的IT业,出色的营销使其很快进入了PC市场的前五名。随后,T公司逐步进入了笔记本电脑、MP3、闪盘存储等电子数码领域,并确立了业内第二阵营的领导地位。

T公司的高层一直非常重视培训,视之为提升员工胜任能力、培养人才的重要方式。成立之初,T公司就开始搭建培训体系。许多重要岗位的员工陆续被派遣参加培训机构组织的公开培训课程。从2000年开始,T公司聘请国内知名的培训师到公司内部授课;2004年,T公司开始实施"银杉工程",采取读书会、研讨会、内部培训、外部培训等形式,力求每一位员工都能成为所在领域的专家。与此同时,实施"骨干员工训练营"计划,重点培养人才。2005年,还加强了对销售终端的培训。

应该说,和同行业相比,T公司的培训做得比较出色。但在规划2006年的培训工作时,也面临许多问题。第一个问题是如何让培训更系统。虽然公司在培训上采取了多种形式,开展了许多培训课程,但对每个岗位应该培训什么、怎样组合培训课程并不清楚,培训带有很大的随机性,更多的是满足个人的需要,或者是完成当前工作任务的需要。第二个问题是如何增强培训效果。2005年实施的销售终端培训项目,花费了很多的人力、物力、时间和精力,但是销售人员工作太忙,业绩压力太大,最终的培训效果没能体现出来。而其他的培训项目也都不同程度地存在这个问题。培训是做了,但员工感觉不到培训的效果。第三个问题是如何增强培训对员工的吸引力。许多员工,特别是部门经理级别以上的老员工,参加了许多培训课程,接受了许多知名培训师的培训,对培训的要求越来越高,对现在的培训课程越来越没有新鲜感。

　　培训规划年年做,但年年都是老一套。如何使新的一年的培训出现亮点,全面超越过去,成为 T 公司培训经理及人力资源总监在本次培训规划工作中所面对的重要课题。

　　(资料来源:某知名 IT 企业年度培训规划建议方案。)

　　员工培训是指组织向员工提供其工作所必需的知识与技能的过程;开发是依据员工需求与组织发展的需要,由组织对员工提供的旨在开发员工潜能和深度设计职业发展规划的过程。两者的目的都是通过提升员工的能力,实现员工与组织的共同发展。在实践中,通常把培训与开发不作严格区分。

【理论单元】

第一节　员工培训与开发概述

一、员工培训与开发的目的与作用

(一)员工培训与开发的目的

　　简而言之,员工培训与开发的目的就是育道德、建观点、传知识、培能力。前两项是软性的、间接的,后两项是硬性的、直接的。所谓育道德、建观点,是指培育员工的职业道德,使其建立与组织文化相一致的观点。而传知识、培能力,是指传授给员工完成本职工作所必备的知识(包括基础知识、专业知识和背景性的广度知识),培养员工专业技术能力、人际交往能力、沟通能力、协调能力、冲突处理能力,特别是面对具体情况独立解决问题的能力等各种潜在能力。传知识、培能力是知和能的培训,也是大多数组织中员工培训与开发的重点。

(二)员工培训与开发的作用

　　员工培训与开发,特别是传知识和培能力,反映了员工培训与开发在组织运营中的两大重要特征:一是实用性,组织的所有培训是以解决实际问题为前提的。二是多元性、复杂性和动态性,组织的运营涉及人、财、物、情感等各种因素,也受到企业战略、国家政策等内外环境的影响,组织需要通过培训来不断提升自己的管理水平和技术水平,从而适应内外环境的变化。培训与开发对一个组织的作用主要表现在如下几个方面。

1.员工培训有助于提高组织竞争力

随着社会发展和科学技术的进步,一个组织需要不断地获取新的知识、新的技能、新的管理理念来提升自己的管理水平、创新能力、工艺水平、生产能力、市场保有与开发能力等,从而使组织在激烈的竞争中得以生存和发展。为了达到这个目的,对员工的培训与开发就必不可少。有效的培训一方面能够帮助员工迅速学习工作需要的各种新技术和新方法,另一方面也有助于加深员工对组织战略、经营目标以及工作标准的理解。因而,有利于员工更新现有的知识、技能、观念和工作态度,提高员工的执行力,从而提升员工个人绩效,进而提升组织绩效。此外,在全球化背景下,培训还能够帮助员工更好地了解国外竞争对手,从而提高组织在境外市场中的竞争力。

2.员工培训与开发有助于建立良好的企业文化

组织文化对员工有很大的凝聚、规范、引导和激励作用,对组织至关重要。组织文化的建设一方面依赖组织的各项规章制度,另一方面需要借助培训向员工不断传递和强化组织的价值观和文化。员工培训对组织文化建设的作用表现在:首先,对新进员工的培训,能够使新员工尽快了解并融入组织的企业文化中。这种融入,对新员工在未来工作中的工作态度、行为和绩效都有着重要的影响。其次,对员工知识、技能培训可以确保员工掌握运用新知识、新技术完成工作所必需的基本技能,增强组织和员工对新市场、新技术和新能力的适应性,形成良好的应变能力。它既为员工提供了充分的就业保障,又培养了员工为组织作出贡献的多种能力,有助于维持员工与组织之间忠诚的心理契约。最后,组织重视员工培训这一做法的本身就表现出组织中存在一种重视创新、重视创造和重视学习的组织文化,这种文化有助于学习型组织的打造。

3.员工培训与开发有助于吸引、留住和激励员工

现代社会是人才竞争的社会。如何增强组织对人才的吸引力,如何留住优秀员工、如何更好地激励员工,是一个组织想要在激烈的市场竞争中获得生存和发展所必需考虑的问题。员工,特别是知识型员工,在择业时不仅考虑是否有合适的薪酬待遇,还会考虑是否有足够的发展空间和发展机会。他们会更倾向于进入那些能够为他们提供学习和进步机会的组织,有相关培训的组织对他们更具有吸引力。此外,充分而有效的培训,体现了组织对员工的重视,从而提升他们对组织的满意度和认同感,降低了员工的离职率,并促使他们为组织更好地工作。

二、员工培训的分类

分类标准不同,员工培训的种类也不同。比如,按培训目的不同,可分为过渡性培训、知识更新或转岗培训、提高业务能力培训、人才晋升培训等。按培训对象在组织中地位的不同,可分为高层管理人员培训、中层管理人员培训、基层管理人员培训、专业技术人员培训、一般员工培训等。按培训地点的不同,可分为组织内培训和组织外培训。按培训时间长短的不同,可分为长期培训和短期培训。按培训的内容分类,可分为知识技术的培训、能力的培训、组织文化培训。按培训范围的不同,可分为全员培训和单项培训等。最常见的分类方

式是按照培训与工作的关系分类,可分为岗前培训、在岗培训和脱产培训。

(一)岗前培训

本书中的岗前培训指的是新入职员工入职前的培训,也叫岗前引导或职前培训,而不是为了员工转岗或晋级而进行的培训。其培训对象是组织新进员工。

1.岗前培训的特点

岗前培训的目的之一是使新进员工掌握在新的岗位中所必需的基本知识和技能,其内容具有基础性特点。新进员工对组织还很陌生,为了让员工尽快适应新组织,培训的内容中还包括组织的概况、组织的各项规章制度、产品生产和技术创新的管理制度以及企业价值观等方面的内容。因此,培训具有适应性的特点。此外,员工岗前培训面向的是所有新进员工,其目的是使新员工尽快成为合格员工并融入组织文化。因此,岗前培训具有非个性化的特点。

2.岗前培训的内容

岗前培训的内容分为两类,一类是常规内容,另一类是专业内容。常规内容主要包括组织概况、组织的规章制度、组织的产品生产和技术创新等管理制度、行为规范、组织价值观等。专业内容包括从事目标工作所必需的专业知识和技能以及所必需的管理实务。

(二)在岗培训

在岗培训,也称在职培训、不脱产培训,是指组织在员工不离开所在工作岗位的前提下,为员工提供的旨在使员工具备较有效地完成工作所必需的知识、技术和能力的培训。在岗培训具有成本低,操作简单,对时间、场所、设备等要求不高等优点,但也有不规范、见效慢等缺点。在岗培训又分为转岗培训和晋升培训,前者用于对已获批转岗的员工的培训,使其达到新岗位的任职要求;后者用于对拟晋升人员或后备人才的培训,目的是使其能够达到新岗位的任职要求。

(三)脱产培训

脱产培训是指员工离开工作或工作场所进行的培训。这种培训可以在本单位进行,也可以在企业外的其他教育机构或培训机构进行。脱产培训费用一般比较高,对工作影响比较大,一般主要用来培养企业紧缺人员,或为企业培养未来的高层技术人才、管理人才,或为了引进新设备、新工艺而选派员工去国内外对口企业、高校、科研机构等进修。

三、员工培训的原则与方法

(一)员工培训的原则

组织特点不同,员工培训的特点也不同,但在培训活动中,一般都会遵循如下原则。

1.实用性原则

无论是新进员工的岗前培训,还是针对老员工的在岗培训、脱产培训,其最终目的都是提升员工绩效,进而提升组织绩效。因此,员工培训就必须注重实际效果,面向组织解决实际问题。所以一般来讲,组织需要什么,员工在实际工作中缺什么,就应该培训什么。

2.差异性原则

由于培训的目的不同,培训内容、培训方法等也要不同。比如,新进员工的岗前培训的目的与员工晋升培的训目的就完全不同,前者的目的是促使新进员工尽快融入组织文化,胜任本职工作,成为合格员工;后者的目的是帮助员工提升拟晋升岗位所需的知识、管理能力以及其他社会能力和技巧。因此,就不能用同一个培训课程,也不能用同一个培训模式和培训方法,必须根据组织的特殊情况进行培训内容与方法的选择。

3.专业知识技能培训与企业文化培训兼顾的原则

在员工培训中,不但要重视知识、技能的培训,还要注重企业文化的培训。知识技能的培训有助于提升员工绩效,而关于企业文化方面的培训,如关于组织价值观、行为规范的培训,则有助于强化组织凝聚力、增强员工的归属感。如果员工对组织没有归属感,不能融入企业文化,那么再好的知识与技能的培训,也只是为他人作嫁衣裳,让组织不断成为竞争对手的员工培训基地。

4.全员培训与重点提高的原则

全员培训就是有计划、有步骤地对在职的各级各类人员进行培训,一般体现在完成本职工作所需的专业技术和能力以及企业文化的培训上。而重点提高是指对组织的核心员工、骨干员工、关键岗位上的人员和储备人员的重点培训,应在组织培训资源上予以倾斜。

5.前瞻性与持续性的原则

培训的前瞻性,是指培训除了满足现实需要外,还要根据组织战略对员工知识、技术和能力的要求,进行预先的培训,从而使组织在需要的时候有合适的人选。持续培训是指员工培训是一个系统的过程,是在综合考虑组织现实需求与未来目标的前提下,在知识、技能等方面层层递进、彼此衔接的多个培训的组合。

组织通过一项项培训的有机结合,不断提高员工各个方面的知识和技能。

(二)员工培训的方法

1.模拟类培训方法

模拟类培训方法主要有角色扮演法、游戏法、仿真模拟法等。

(1)角色扮演法。角色扮演法是指在一个模拟的工作环境中,指定参加者扮演某种角色,借助角色的演练来理解角色内容,模拟性地处理工作事务,从而提高处理各种问题的能力。这种方法的实施关键在于排除参加者的心理障碍,让参加者意识到角色扮演的重要意义,从心里接受这个角色。讲师需要让学员学习和接受有关角色的知识,在角色扮演期间记录下扮演者的行为。角色扮演适合新进员工、岗位轮换和职位晋升的员工的职业技巧的培训,也适合对实际操作人员或管理人员关于询问、电话应对、业务会谈等方面培训。

(2)游戏法。游戏法综合了心理学、行为科学、管理学等方面的知识,学员在讲师的组织下,在相应的规则、目标下,就模拟的情景进行竞争和对抗式的游戏。游戏法的关键在于选择合适的游戏内容与方式,并能够公正合理地分组。

(3)仿真模拟法。仿真模拟是假设在特定的工作情景下,由若干个受训小组代表不同的企业或个人,扮演各种特定的角色,如总经理、财务经理、秘书、会计、管理人员等。学员针对特定的条件、环境及工作任务进行分析、决策和运作。这种职业模拟培训更侧重于对操作技能的培训。它以工作中的实际情况为基础,将工作可用资源、约束条件和工作过程模型化,学员在模拟的现实工作环境中身临其境地参与活动,对从事特定工作的行为和技能进行反复操作,提高其解决实际工作中可能出现的各种问题的能力,为进入实际工作岗位打下基础。仿真模拟可分为模拟设备和模拟情景两大类。前者主要依靠模拟设备作为培训支撑;后者主要是根据专业学习要求,模拟一个社会场景,在这些场景中具有与实际相同的功能及工作过程。仿真模拟法的实施要点在于学员要了解自己即将要做的项目,学员的分组要合理、平均,模拟训练时间要宽裕,小组有自我讨论和分析的机会。仿真模拟法适用于对操作技能要求较高的岗位的员工的培训,如企业中生产设备的操作培训等。

2.研讨类培训方法

研讨类培训方法的特点是互动性强,一般包括案例分析法、头脑风暴法、讨论法。

(1)案例分析法。案例分析法又称案例研究法或案例研讨法,是指为培训对象提供员工或企业如何处理棘手问题的书面描述,让培训对象分析和评价案例,从而提出解决问题的建议和方案的培训方法。案例分析法用于教学的案例必须满足真实性、问题导向性和目的导向性这3个基本要求。

(2)头脑风暴法。头脑风暴法是美国创造工程学家奥斯本提出来的。这种方法需要组织5~10名具有一定研究能力和知识素质的专门人才,进行集体讨论,相互启发、相互激励,相互弥补知识缺陷,引起创造性设想的连锁反应,借助竞争气氛充分调动每个人的智力潜力。头脑风暴法可分为直接头脑风暴法(头脑风暴法)和质疑头脑风暴法(反头脑风暴法)。前者是指专家群体决策时尽可能地激发创造性,产生尽可能多的设想方案;后者则是对提出的设想、方案逐一质疑,分析其实际可行的方法。头脑风暴法培训,小组规模一般以10~15人为宜,会议时间一般在20~60分钟效果最好。

(3)讨论法。讨论法是指通过多向沟通以及培训对象的积极参与,使受训者在培训过程中获得反馈、澄清问题、交流思想的培训方式。一般采用直接提问、回馈式提问和开放式提问的方式进行,讨论的效果取决于培训者提问的方式。讨论法适用于课堂教育、机构培训等场合。

3.实践类培训方法

实践类培训方法一般包括工作轮换法、考察法、工作指导法。

(1)工作轮换法。工作轮换法是让受训者在预定的时期内变换工作岗位,使其获得不同岗位的工作经验。现在很多企业采用工作轮换法来培养新进入企业的年轻管理人员或有管理潜力的企业未来的管理者。采用工作轮换法培训需要考虑培训对象的个人能力以及其职业偏好、态度等因素，一般选择与其职业偏好相适应的工作。工作轮换法一般适合对直线型管理人员的培训。

（2）考察法。考察法也被称为实地考察法，通常与某一课程的教学活动配合进行，使学员能够把理论和实践结合起来。比如，管理类课程的培训可以在课堂讲授的同时组织学员到组织的管理部门去参观，条件允许的时候还可以把课堂搬到现场，以增强培训效果。

（3）工作指导法。工作指导法又称教练法、实习法。是指由一位指导者（一般为有经验的工人或直接主管）在工作岗位上对受训者进行培训。这位指导者的任务是教会受训者如何去做、如何做好，并对受训者进行恰当的激励。工作指导法不一定要有详细、完整的教学计划，但需要注意关键工作环节的要求，同时需要注意工作的原则和技巧，避免问题的产生和错误决策的出现。采用工作指导法培训需要指导者为被指导者营造一个支持的环境，使其能够充满信心地去做当前职位上的工作并接受指导。指导者除传授技能外，还要向被指导者说明怎样学习才能提高他目前的工作绩效。此外，指导者还可以给被指导者提供更具挑战性的工作，增加其与高级主管之间接触机会，以此帮助被指导者为将来的工作做好准备。

4.其他培训方法

除了上述方法外，在组织培训中，有的组织还采用了体验式培训法和电子培训法。

（1）体验式培训法。体验式培训法又称亲身体验法。是个人通过在活动中的充分参与，获得个人的经验，然后在培训师指导下，与团队成员共同交流，分享个人经验，以此来提升实际工作能力的培训方式。体验式培训法包括体验、分享、交流、整合和应用 5 个环节。首先学员投入一项活动，并以观察、表达和行动的形式进行。活动结束之后，学员要与其他参与、观察过同样活动的人分享他们的感觉和观察结果，并把分享的信息综合起来与其他学员进行交流、探讨。然后，把上述经历中的信息进行总结、归纳、提炼和整合，帮助学员认清体验中得到的收获。最后，策划如何将通过这些体验获得的知识和技能用于实际工作中。体验式培训有助于从高层员工到新进员工的整个团队能力的提高。

（2）电子培训法。电子培训是一种利用电脑和其他支持性资源进行的培训。比如，利用网络课程进行培训，或者购买软件进行培训等。

第二节　员工培训系统与员工培训课程体系的构建

一、员工培训系统的构建

员工培训对组织非常重要，需要用一个系统的方法，使培训活动能符合企业目标，让培训活动中每一个环节都能实现员工个人、工作、组织本身 3 个方面的优化。这就需要对组织培训系统进行精心设计。常见的培训系统由确定培训需求、设置培训目标、拟订培训方案、进行培训活动和培训总结评价 5 部分组成。见图 5.1（陈维政，余凯成，程文文，2004）。

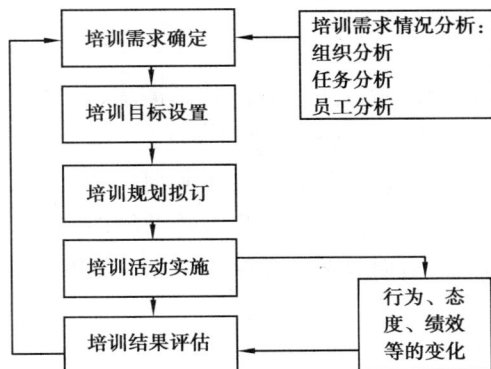

图 5.1 组织的培训系统

（一）培训需求分析

培训需求分析主要从组织、任务和员工 3 个层面进行分析。

1.组织分析

组织分析主要从组织目标、组织资源以及资源分配情况等方面进行考察，以确定培训的必要性和培训的重点。一般在组织分析阶段，需要收集如下信息：组织目标和战略规划；组织当前开展的生产经营活动以及采用的生产技术手段；组织内部当前的人力资源状况；组织结构与组织行为方面的信息；组织财务状况；外在环境限制条件。

2.任务分析

任务分析是对特定工作岗位层面的分析，包括岗位目前的工作任务和未来的工作任务，通过任务分析可以明确培训的内容和要求。任务分析主要收集完成组织中具体工作（任务）所必需的知识、技能、行为和态度等方面的信息。

3.员工分析

员工分析主要是员工绩效层面的分析，包括工作结果、工作行为和工作态度等。通过对员工当前绩效与目标绩效的对比，以确定哪些人需要培训，需要哪方面的培训。

（二）培训目标设置

培训目标一般包括 3 个方面的内容，即员工应该做什么，做到什么程度（即培训后应该能够达到什么样的绩效水平），如果达到这个程度需要哪些支持（即学员完成指定学习成果的条件）。

在确定培训目标时应把握如下原则：一是培训目标应能满足企业经营战略的要求；二是

培训目标具有针对性,能满足完成具体工作任务的要求;三是培训目标具有可操作性,即要使每项任务均有一项工作表现目标,一般设计从合格到优秀的梯级目标,使接受培训的员工明确培训后应达到的具体要求。

(三)培训规划拟订

通过上一个阶段的需求分析,确定了组织的培训需求,就需要拟定培训规划,用以指导组织内员工培训活动的实施。培训规划是一个跨年度的与组织战略相匹配的综合性的培训计划,内容包括培训项目、培训内容、培训实施的大致时间安排、拟采用的培训评估手段、培训资源(设备、讲师以及其他必备资源)的筹备以及总的培训成本预算。

培训规划拟订后,需要根据培训规划拟订年度培训计划和具体某项培训的培训方案。

(四)培训活动实施

培训活动的实施阶段需要完成两件事,即某项培训项目的培训方案设计和这个培训项目的具体实施。

1.培训方案设计

培训方案包括如下几个方面:拟进行培训的培训项目名称及项目的具体培训对象;这次培训活动的项目负责人,包括组织的负责人和具体培训的负责人;培训需采用的具体的方式(在岗、脱产还是岗前培训);培训的地点安排(在哪里培训,是户外培训还是室内培训);培训时间的安排;课程培训大纲及学时分配;培训资料的安排(自编讲义还是统一购买教材);培训教师的安排(企业内部培训师还是外聘讲师);培训需要的辅助器材设施的安排;培训的评估方法以及本次培训的预算等。

2.培训活动实施

培训的具体实施阶段是培训计划付诸实践的过程,也是员工培训最为关键的环节。一般包括如下几部分。

(1)培训前的准备工作。包括培训时间、培训地点、培训讲师和学员的再次确定,培训设备的准备(包括桌椅的摆放、培训需要的设备及道具的准备)等。

(2)培训过程中的辅助工作。包括学员登记,对培训讲师、课程、培训的评估方式等的介绍,以及培训过程中突发问题的处理等。

(3)培训后的工作。包括对培训讲师的感谢以及培训后调查问卷的发放、培训后的考核等。

(五)培训效果评估

对培训效果的评估,分为效果评估和培训收益评估两部分。

1.培训效果评估

培训效果评估一般采用柯克帕特里克的四星评价模式。见表5.1(田在兰,2011)。

表 5.1　培训效果评估

评估级别	主要内容	可询问的问题	衡量方法
一星级评估：反应层评估	观察学员的课堂反应	学员喜欢该培训课程吗？课程对自身有作用吗？对培训讲师及培训场地有何意见？课堂反应是否积极主动？	评估调查问卷填写、访谈
二星级评估：学习层评估	检查学员的学习效果	学员在培训中学到了什么？培训后，学员知识及技能方面有多大程度的提高？	评估调查表填写、笔试、案例研究
三星级评估：行为层评估	衡量培训后的工作表现	学员在学习后有无改变行为？学员工作中是否用到培训所学？	绩效评估、测试、观察等
四星级评估：结果层评估	衡量公司经营业绩变化	行为的改变对公司的影响是否积极？组织是否因培训而经营得更好？	考察事故率、生产率、流动率等

2.培训收益评估

对培训收益的评估通常采用投资回报率这个指标。其计算公式如下：

投资回报率＝受益增加价值（员工接受培训后绩效增加后收益的增加值）/培训成本（包括直接成本、间接成本、机会成本）。

一般投资回报率的测评以一年为时间单位。

二、培训课程体系的构建

培训课程体系的构建可以从横向和纵向两个方向进行。

（一）纵向课程体系建设

纵向课程体系建设是从动态人力资源开发的角度来设置课程，主要分为 4 个阶段：新员工引导培训课程，员工基础岗位技能培训课程，岗位技能提升培训课程，员工个人成长培训课程。

1.新员工引导培训课程

新员工引导培训课程的目标群体是新进员工，培训目的是使新进员工尽快熟悉企业文化并融入企业；熟悉并掌握本岗位工作所必备的知识和技能。培训的主要内容包括企业简介、企业发展历史、企业文化、企业相关制度和工作流程等。

2.员工基础岗位技能培训课程

员工基础岗位技能培训课程的目标群体是本岗位工作绩效不尽如人意的员工及岗位调动或职位晋升的员工，目的是使他们尽快掌握本岗位工作所必需的基本知识和技能。课程培训内容是各岗位应知应会的知识和技能。

3.岗位技能提升培训课程

岗位技能提升培训课程是根据科技、管理等发展动态，结合企业发展目标和竞争战略做出培训分析后确立的动态培训课程。目标群体是本岗位工作绩效优秀者。

4.员工个人成长培训课程

员工个人成长培训课程是根据员工的职业生涯规划,当员工需要提升时进行的培训课程。

(二)横向课程体系建设

横向课程体系建设是按照职能类型整合课程,如技术研发类、人力资源类、行政管理类、物流管理类、采购供应类、操作技能类、职业素质类、市场策划类、财务管理类、专项培训类等,据此,可建立课程索引。

把横向课程体系和纵向课程体系结合起来,就形成了本企业内部的员工培训课程体系。见表5.2,每类岗位都有4类课程,根据组织和员工具体情况进行适当安排。

表 5.2　员工培训课程体系

	新员工引导培训课程	员工基础岗位技能培训课程	员工技能提升培训课程	员工个人成长培训课程
技术研发类岗位	√	√	√	√
行政管理类岗位	√	√	√	√
物流管理类岗位	√	√	√	√
……	√	√	√	√

【理论单元习题】

一、填空题

1.培训的目标可概括为 12 个字,即育道德、_____、传知识和_____。

2.培训具有_____、多元性和复杂性的特点。

3.培训开发的形式有 3 种,即岗前培训,_____和脱产培训。

二、判断题

1.培训需求分析主要包括员工分析、组织分析和战略分析。　　　　　　　　(　　)

2.培训需求调查可采用情景模拟法、问卷调查法、访谈法等。　　　　　　　(　　)

3.在案例教学法中,要求案例中的公司的名称和数据都不能是假的。　　　　(　　)

三、简答题

1.简述培训的原则。

2.简述培训的流程。

3.简述培训的方法。

四、论述题

1.试论述在员工培训中采用案例教学法时应注意的问题。

2.为什么组织需要对员工进行培训？

【能力单元】

第三节　年度培训计划的编写

一、年度培训计划的结构

年度培训计划一般包括 5 个部分：封面（包括封面名称、编制部门、编制日期以及审核部门等）、目录、计划概要（包括计划制订依据，计划制订要求，培训工作原则、方针等内容）、主体计划（包括背景分析与需求调查结果分析、关键问题分析、培训目标确定、培训课程安排、培训实施计划、预期效果、培训方法与培训预算等内容）、附录（包括年度计划中的各类表单，如年度培训计划表、部门年度培训计划表、员工培训需求表、培训课程安排表、培训课程实施时间表、培训预算表等）。

二、年度培训计划的基本内容

年度培训计划主要包括 8 项内容：培训目标、培训时间和地点、培训内容与课程、培训负责人与培训讲师、培训对象、培训教材及相关工具、培训形式与培训方法、培训预算。

三、年度培训计划的编制程序

（一）前期准备

前期准备主要包括上年度培训总结、本年度培训计划制订工作、培训年度计划制订动员会（宣传年度计划项目进程）、面对各机构或部门的宣传活动等。

（二）培训需求调查与分析

培训需求调查与分析主要包括组织层面培训需求分析、任务层面培训需求分析以及员工层面培训需求分析。通过这个阶段的调查与分析，明确本年度培训的项目与内容、培训对象、培训方式与方法、培训时间及地点等。

1.培训需求与培训对象的确定

可采用员工分区的方式确定哪些员工需要培训，以及对这部分员工进行培训的内容。

如图 5.2 所示。第一区的员工知识技能与工作状态都处于最佳状态,不需要培训。处在第二区的员工具备了岗位需要的知识与技能,但工作态度差,因此,需要参加改变工作态度及转变观念的培训。在第三区的员工,工作态度很好,但岗位所需要的知识与技能掌握较差,因此需要知识和技能方面的培训。而在第四区的员工知识和技能掌握得都不好,工作态度也差,因此需要知识、技能以及工作态度与转变观念方面的培训。此外,有开发潜力以及组织以后可能安排其去更重要岗位工作的人都是培训的对象。

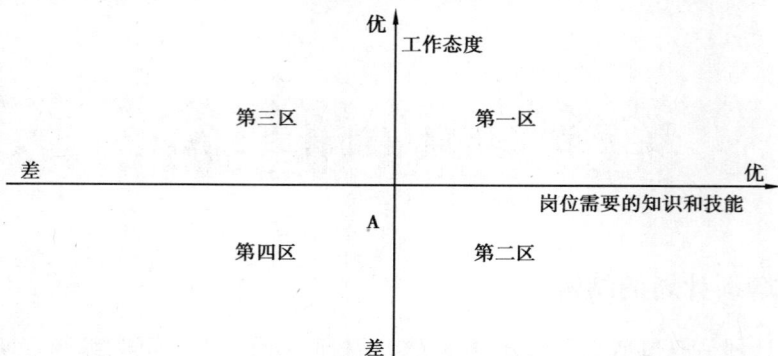

图 5.2　基于工作态度、岗位知识与技能的员工分区图

2.确定培训项目与内容

根据分区筛选需要培训的员工的结果,可以确定当前需要培训的项目和培训内容。结合组织任务层面和战略层面的分析结果,可以确定组织在本年度的培训项目和培训内容。

3.确定培训目标

培训目标可分为基础目标、应达到目标和可达到目标。基础目标是必须达到的目标,即培训必须达到的最低目标;应达到目标,即培训应该达到的比较好的结果;可达到目标,是培训可以达到的目标,即培训可达到的最佳结果。首先,依次确定 3 个层次的目标,即基础目标、应达到目标和可达到目标。其次,检查目标的可行性。再次,根据确定的目标确定达到目标的先后顺序及达成目标所必须掌握的知识和技能。通常从 4 个维度确定培训目标,即知识维度、技能维度、管理知识与能力维度以及观念维度。最后,确定培训期间每天应该达到的目标。

4.确定培训方式和方法

根据企业实际情况和员工特点来确定员工培训的方式,即是脱产培训还是在岗培训,是全员培训还是部分培训等。

5.确定培训预算

预算包括场地费、食宿费、培训器材和教材费、组织培训活动的相关人员的交通费以及外聘教师的讲课费等。

(三)编制年度培训计划

①根据组织层面的需求分析制订培训计划的方向。

②各部门及下属机构根据本部门的具体情况制订初步的年度培训开发计划,这个计划要满足组织和员工个人对培训的需求。

③评价、论证各部门的培训计划,并综合考虑各方面的因素,制订最后的公司年度培训计划。

④各部门根据公司的计划修改本部门的培训计划并提交管理部门备案。

(四)年度培训计划的审批和开展

培训计划获得批准后,应及时下发到各个部门,按计划开展工作。

四、员工培训计划书范例

图5.3是根据某公司年度培训计划改编的年度培训计划范例。

封面(略)

目录(略)

一、计划概要

本计划内容主要包括本年度培训工作具体内容……

二、计划依据

制订本计划的依据是××××报告,本公司现有的职能定位以及最新的培训需求调查结果、部门访谈结果等。

三、培训工作的原则、方针和要求

1.培训原则

(略)

2.培训方针

(略)

3.培训要求

(略)

四、培训目标

1.培训体系目标和培训时间目标

培训体系目标:建立并不断完善公司培训组织体系与业务流程,确保培训工作高效、正常运作。

培训时间目标:保证为所有管理层人员年内提供至少30小时的业务和技能培训。

2.培训内容及课程目标

重点推进中层以上管理人员的管理技能培训,提高……

3.培训队伍建设目标

建立并有效管理内部培训队伍,确保培训师资的胜任能力和培训的实际效果。

五、培训体系建设任务

公司培训体系的建设任务见附表1(略)。

六、××××年培训课程计划

1.计划内培训课程

新进员工入职培训课程是每个进入企业的新员工都必须参加的培训项目。新员工入职培训分为两类,一类是……,另一类是……

××××年度新员工的培训计划见附表2(略)。

××××年度在职员工培训计划见附表3(略)。

2.计划外培训课程

计划外培训是指不在本年度计划内的培训项目,本公司员工参与计划外培训项目需要办理审核审批手续,具体要求如下:

1)······ 2)······

七、重点培训项目(略)

八、培训效果评价

1. 培训课程评价

(略)。

2.培训有效性评价

3.培训有效性复评

(略)。

九、培训费用预算

年度培训费用预算见附表4(略)。

十、计划控制

1.月度工作计划和费用预算控制

培训人员每半月将下半月培训实施方案提交给培训领导小组审批。

2.课程培训计划审批

(略)。

3.培训管理

(略)。

4.培训设施购置

(略)。

附录(略)

图 5.3 年度培训计划范例

第四节 培训活动的具体实施

培训活动的实施是培训计划付诸实践,是达到预期培训目标的基本途径。根据我国就业培训制度指导中心编写的《人力资源管理师(二级)》(2014)一书,员工培训的具体实施包括 8 个环节:确认学员、确认时间、确认后勤准备、确认教材、确认讲师、课程开始前的工作、课程开始后的工作、课程结束后的工作。其实施流程如下(中国就业培训技术指导中心,2014)。

一、培训对象的确认

如果先前的培训计划已有培训对象,在培训实施前必须先进行审核一次,看有无变化。需要考虑从事工作的内容、工作经验与资历、工作意愿、工作绩效、公司政策、所属主管的态度等因素。

二、培训时间的确认

此项需考虑如下因素:学员的工作状况、培训时间的长度(原则上以白天8小时、晚上3个小时为宜)符合培训内容、教学方法的运用、培训时间的控制等。

三、培训后勤准备的确认

此项包括场地、设备、交通情况、座位安排、费用(场地费、餐费)等的确认。

四、培训所需材料的确认

此项包括课程资料、培训需要的工具和道具、座位或签到簿、结业证书等,需要在培训前与相关人员确认。

五、培训讲师的确认

此项需考虑如下因素:符合培训目标、讲师的专业性、讲师的配合性、经费在预算内。尽可能在培训前与讲师见面确认。

六、培训课程开始前的工作

在课前,需要准备茶水、播放音乐、安排学员签到、引导学员入座、课程介绍(包括培训主题介绍、后勤安排和管理规则介绍、培训目标与日程安排的介绍)、学员心态引导及课堂纪律、讲师介绍。

七、培训讲师开始上课之后的工作

课程开始后,工作人员应留在教室内,做好如下工作:注意观察讲师的表现和学员的课堂反应,及时与讲师沟通、协调;协助上课、休息时间的控制;作好上课记录(录音、录像、摄影等)。

八、培训课程结束后的工作

此项包括下列内容:向培训讲师致谢并对讲师的讲课情况做问卷调查(问卷调查表如表5.3所示);对学员进行测试并为测试合格者发放结业证书;清理检查设备;对培训效果进行评估。

表5.3 培训效果评价问卷

培训效果评价问卷

部　　门:＿＿＿＿＿＿＿＿＿　　　姓　　名:＿＿＿＿＿＿＿＿＿

培训内容:＿＿＿＿＿＿＿＿＿　　　培训时间:＿＿＿＿＿＿＿＿＿

请就下面每一项进行评价,并请在相应的分数上打"√"。

课程内容	很差	差	一般	好	很好	优秀
1.课程目标是否符合我的工作和个人发展需要	5	6	7	8	9	10
2.课程知识是否深度适中、易于理解	5	6	7	8	9	10
3.课程内容是否切合实际、便于应用	5	6	7	8	9	10

续表

课程内容	很差	差	一般	好	很好	优秀
培训师						
4.培训师表达是否清楚、态度友善	5	6	7	8	9	10
5.培训师对培训内容是否有独特、精辟的见解	5	6	7	8	9	10
6.培训师是否鼓励学员参与,现场气氛是否良好	5	6	7	8	9	10
7.培训师对学员提问是否作出回答与指导	5	6	7	8	9	10
培训收获						
8.获得了适用的新知识和新理念	5	6	7	8	9	10
9.获得了可以在工作上应用的一些有效的技巧或技术	5	6	7	8	9	10
10.促进客观地审视自己以及自己的工作,帮助对过去的工作进行总结与思考	5	6	7	8	9	10
11.整体上,你对这次课程的满意程度是:A.不满意　B.一般　C.满意　D.非常满意						
12.你给予这次培训的总体评分是(以100分计)。						
13.本次培训你认为对你帮助最大的内容是: 14.你认为课程或讲师最应改进的地方是:			15.请你提出其他培训建议或培训需求:			
说明:1.填写完整后及时将本表上交。 　　　2.请给予你真实的评价意见,以帮助我们不断提高培训质量与水平。						

课后训练

【建议训练方式】

　　本章的课后训练建议以小组为单位,进行充分讨论,就讨论结果形成并发布案例分析报告。一位同学发布案例分析报告,其他同学记录教师及同学的意见和建议,最后形成较满意的案例分析报告。学生成绩评定方法见表5.4。

表 5.4　学生课业评级表

成员(姓名+学号)	成绩分配比例	小组自评课堂表现(课堂讨论记录表附后)(20%)	其他组评价(40%)			教师评价(40%)	得分
小组成绩评定表　（　）小组　第（　）次作业							

【推荐训练项目】

项目 5-1

李娜是上海一家医疗器械公司的人力资源部经理。公司最近招了一名销售员李勇,在经过面谈后,李娜认为李勇在销售方面具有很大的潜力,具备公司要找的销售人员条件。可是,两星期后销售部经理却告诉她,李勇提出离开公司。李娜把李勇叫到办公室,就他提出辞职一事进行面谈。

李娜:李勇,我想和你谈谈。希望能改变你的主意。

李勇:我不这样认为。

李娜:那么请你告诉我,为什么你想走,是别的企业给你的薪水更高吗?

李勇:不是。实际上我还没有其他工作。

李娜:你没有新工作就提出辞职?

李勇:是的,我不想在这里了,我觉得这里不适合我。

李娜:能够告诉我为什么吗?

李勇:在我上班的第一天,别人告诉我,正式的产品培训要一个月后才进行。他们给我一本销售手册,让我在这段时间里阅读学习。

第二天,有人告诉我在徐汇区有一个展览,要我去公关部帮忙一周。几天后,又让我整理公司的图书。在产品培训课程开课的前一天,有人通知我说,由于某些原因课程推迟半个月,安慰我不要着急,说先安排公司的销售骨干胡斌给我做一些在职培训,并让我陪胡斌一起访问客户。所以,我觉得这里不适合我。

李娜:李勇,在我们这种行业里,每个新员工前几个月都是这样的,其他地方也一样。

(资料来源:360doc 个人图书馆.一个医疗器械公司的培训案例。)

问题:1.你认为这家公司新员工培训存在哪些问题?

　　　　2.应该怎样开展对新进员工的培训?

项目 5-2

海尔公司的培训四部曲,主要针对新进大学生进行。

第一部曲:让员工把心态端平稳

主要是消除新员工的顾虑——现实与期望不符的顾虑。在海尔，公司首先会肯定待遇和条件，然后会举行新老员工见面会，让老员工讲在海尔公司的亲身经历，使新员工尽快客观了解海尔。同时，人事部及其他部门的领导面对面地对新员工进行面谈，解决新员工心里的疑问，不回避海尔存在的问题，并鼓励他们发现、提出问题；另外，还与员工就如何进行职业发展规划、升迁机制、生活方面等问题进行沟通。

第二部曲：让员工把心里话说出来

海尔给新员工每人都发了"合理化建议卡"，对员工的合理化建议，海尔会立即采纳并实行，对提出人还有一定的物质和精神奖励。而对不适合的建议，也会给予积极回应，让员工知道自己的想法已经被考虑过。因此，他们会有被尊重的感觉，更敢于说出自己的心里话。

第三部曲：把员工的归属感"养"起来

"海尔人就是要创造感动！"在海尔，每时每刻都在产生感动。领导对员工的关心真正到了无微不至的地步。军训时，人事部的员工会把他们的水杯一个个盛满酸梅汤，让他们一休息就能喝到；领导专门从外地赶回来和新员工共度中秋；集团领导对员工的祝愿有这么一条——"希望你们早日走出单身宿舍"和一份精致的礼物。首席执行官张瑞敏也特意抽出半天时间和700多名大学生共聚一堂，沟通交流，帮助大学生找到"回家"的感觉。

第四部曲：让员工把职业心树立起来

海尔对新员工的培训除了开始的导入培训，还有其他一系列培训。海尔花费近一年的时间来全面培训新员工，目的是让员工真正成为海尔人。

（颜世富，2014）

问题：1.你觉得海尔公司培训的特色是什么？

2.你认为员工导向培训中最重要的是什么？请结合案例进行分析。

项目 5-3

XQL 公司是一家从事某类彩票业务的公司。近一年来，市场发展缓慢，业绩发展屡屡受阻。公司高层认为症结在于员工，尤其是一线营销业务员销售能力偏低、销售方法缺乏。为此，该公司人力资源部委托上海某文化传播公司实施一次主要面向一线营销人员的培训活动。上海某公司经过调查分析（见附件1），设计了一套专为 XQL 公司量身定制的销售培训课程——"金牌营销人员训练营"（见附件2）。这套课程一经推出，营销人员反应热烈，认为既解决了困扰自己多年的心理问题，又解决了操作层面的销售技巧、方法缺乏和人际沟通中存在的障碍问题。

附件1：问卷调查表

表 5.5　企业内训课程培训前调查问卷

企业内训课程培训前调查问卷
注：此表填写者为公司主管或 HR 相关主管
填写者姓名：＿＿＿＿＿＿　　部门/职务：＿＿＿＿＿＿　　电话：＿＿＿＿＿＿
一、公司全称：上海 XQL 投资管理有限公司
拟上课时间：＿＿＿＿年＿＿＿＿月
二、培训对象基本资料：
本次培训参加人数：30 人　　　学历结构：80%大专
职务/部门：营销员、主管/营销管理部　　　男女比例：4:1

三、这次培训的主要目的

1.普及营销人员理论知识

2.提高销售业务员站点管理水平

3.总结出一套适合我公司业务管理的系统资料

具体案例:销售站点出现(盗打彩票)事件、站点室内出现问题,管理人员反应迟钝、管理员对销售人员激励办法单一

四、期望本次培训解决哪些具体问题

1.销售人员普遍理论基础水平不高

2.缺少连锁站管理经验

3.对突发事件应变能力较低

五、公司人员是否参加过相关的培训课程和活动

□是的   时间:_____年_____月_____日   课名:_____

参加对象的部门及职务 _____

□从未参加过

六、学员可能希望学到些什么?

销售理论知识、实际销售技巧、站点管理经验

七、员工精神面貌、观念、态度、进取心、责任心等态度的情况如何

员工士气较高,有一定进取心,但责任心有待提高

八、员工面临的最大难题及存在的问题有哪些

业务快速发展,而业务员本身能力有限,又缺少专业、系统化的理论及实践经验指导

九、公司(部门)在近期管理中所面临的 3 个主要问题

问题 1:行业领域较新,尚未总结出合适的管理办法,影响站点统一管理效率

问题 2:站点管理人员本身的经验匮乏及有限的管理能力,间接导致事故发生

问题 3:站点管理人员在与销售人员及客人沟通上有一定问题,影响公司销售额

十、本次培训对象曾受过哪些其他培训,具体时间及课程名称是什么

课程名:_____   时间:_____   讲师:_____

课程名:_____   时间:_____   讲师:_____

十一、公司去年的营业额:_____   完成率:_____

今年的营业额目标:_____   目前为止完成率:_____

明年的营业额目标:_____

十二、公司状况介绍(产品的基本情况、市场状况、公司规模、竞争对手)

上海 XQL 投资管理有限公司是一家快速发展的集团化彩票销售代理公司,代理业务包括上海地区福利彩票品种专卖店等。公司人数目前有 40 人,预计年底达到 70 人。彩票销售代理行业属新兴行业,目标市场大,而具一定规模的竞争对手较少,有很大的市场前景

备注:

为确保课程设计的针对性与具体性,请将问卷填写完整

联系人:_____   电话:_____

附件2:某文化传播公司研发设计的XQL公司"金牌销售人员训练营"课程体系

表5.6　XQL公司"金牌销售人员训练营"课程体系

时间安排	学时	进程	主题	内容大纲	课程目的
第一天上午	4小时	一单元	心理素质训练	分组游戏	破冰,甄选领导人
				团队活动	建立团队观念
				胆量训练	角色转移,建立自信
第一天下午	4小时	二单元	培养良好的观念态度	金牌业务人员的使命和正确定位(职业生涯)	认清自我
				金牌业务人员的5个良好心态	端正心态
				金牌业务人员的6项重要能力	发掘自身能力
				金牌业务人员的7大素质要求	完善综合素质
				金牌业务人员的行为规范与职业道德	了解基本操守
第二天或随时	4小时	三单元	综合业务技能培训(一)	金牌业务人员必备的营销知识 1.现代营销的特点　2.营销理念　3.营销手段　4.观念的转变	掌握基本的营销概念
				金牌业务人员应有的人际沟通能力 1.沟通游戏感悟　2.人际沟通8字诀	培养高效的人际沟通能力
第二天或随时	4小时	四单元	综合业务技能培训(二)	如何与不同社交风格类型的客户打交道	学会与不同风格的人相处
				顾客类型与购买心理分析	了解顾客的购买心理
随时	4小时	五单元	综合业务技能培训(三)	金牌业务人员的十项全能法则之第一篇 1.摆放准备法则　2.提升印象法则　3.媒体沟通法则	全面提升金牌业务人员综合技能
随时	4小时	六单元	综合业务技能培训(四)	金牌业务人员的十项全能法则之第二篇 1.时间管理法则　2.自我激励法则　3.拓展人脉法则　4.赢得忠诚法则	

续表

时间安排	学时	进程	主题	内容大纲	课程目的
随时	4小时	七单元	综合业务技能培训(五)	金牌业务人员的十项全能法则之第三篇 1.异议解决法则 2.生意成交法则 3.危机处理法则	全面提升金牌业务人员综合技能
随时	4小时	八单元	综合业务技能培训(六)	平均法实战演练 感悟分享	销售技能演练及对销售真谛的感悟

(颜世富,2014,案例由上海某文化传播公司提供)

问题:1.分析《企业内训课程训前调研问卷》的结构和内容,请指出其设计思路和要素的
　　　精要之处,并尝试提出补充建议。
　　2.请分析 XQL 公司《金牌销售人员训练营》课程体系的设计特点、结构特点。

第六章 绩效管理

通过本章的学习,应该能够:1.熟悉绩效管理的过程;2.掌握常见的绩效评价工具;3.为给定组织设计简单的绩效评价体系;4.辅助相关部门和人员进行绩效计划设计、绩效计划辅导、绩效计划反馈及绩效面谈。

通过相应的知识点的拓展训练,应该具备:1.协助并指导其他部门进行员工绩效计划制订与绩效辅导的能力;2.运用各种绩效评价方法进行绩效评价的能力;3.协助并指导部门主管进行绩效反馈和绩效改进面谈的能力;4.结合理论知识,撰写并发布绩效管理调查报告的能力;5.良好的数据统计、处理与分析能力。

【开篇案例】

1984年348万元产值的海尔公司,1999年产值上升为286亿元,其中出口1.38亿美元。美国有一条以海尔命名的马路,当张瑞敏在有这条马路所在城市的机场出现时,受到贵宾待遇。海尔的这种风光,是靠什么支撑的呢?这就是海尔的OEC管理法和三工转换模型。

OEC管理法,也称"日事日毕,日清日高"管理法。它是英文"Overall Every Control and Clear"的缩写。OEC管理法是一种促使企业及每位员工、每项工作都能走上自我发展、自我约束,良性循环轨道的系统管理方法。这一方法可以概括为:总账不漏项,事事有人管,人人都管事,管事凭效果,管人凭考核。首先,总账不漏项,这是"日清日高"管理法实施的基础。把企业内部所有的事(软件)与物(硬件)分两类建立总账,使企业运行过程中的所有事务都能在控制网络内,确保体制完整无漏项。其次,事事有人管,人人都管事,这是指总账目标分解到人,建立台账;每个人的台账由其上一级主管审核确认。最后,管事凭效果,管人凭考核,是指每名员工一天的工作成绩及一天的报酬填写在名为"3E卡"的评价卡上,月末凭"3E卡"兑现工资。海尔的OEC管理法,2000年升级为每天由ERP系统汇总分析。

三工转换模式,是海尔人力资源管理思想"能者上,庸者下,平者让"的组织体现。海尔将全体员工,按管理、专业和技术职务分门别类,基层的技工分为初级、中级和高级,一般管理人员分为科员、专业科员和主任科员,经理则分为科长、处长、部长、本部长和副总裁等阶梯职称。每月根据考核评定的成绩,分为优秀、合格和不合格3个等级,定期实行"上转"晋升和"下转"降级,从而形成"今天工作不努力,明天努力找工作"的危机管理企业文化。对企业发展中大量的农村劳动力,即"临时工",海尔通过3次筛选,给了这些打工仔"农转非"的机会。第一次筛选是在签订劳动合同后的3年后。签订劳动合同后,开始培训实习,时间一般为一年。但优秀培训生可以提前定岗,享受城镇户口试用员工的待遇。定岗3年后,被聘为班长、被评为优秀员工、荣获两次以上先进工作者称号或者获得明星称号、成为基层老板、自身拥有小发明的临时工以及公司5项以上攻关者的临时工被留用,其他临时工解除劳动合同。根据海尔三工(优秀与合格使用比例5:1)的比例,留下者约占试用临时工的50%。企业完成第一次优化筛选。第二次筛选是在续签合同后的两年后。续签合同的期限是两年。两年内保持优秀的员工,或晋升为科长,车间主任,才能到第三年时继续留下,否则解除合同。按理论计算,这一次筛选掉初入企业员工的25%。第二次续签合同的临时工中,取得中级以上职称、保持中层岗位以及以上科技成果者,最后才成为正式"农民合同工"或办理"农转非"户口,这是海尔的第三次优化筛选。

(张岩松,周瑜弘,李健,2006)

良好的绩效管理系统对组织和员工双方的发展都有积极作用。从组织方面来看,良好的绩效管理系统能够帮助员工明晰组织对自己的工作要求,了解自己的工作对组织战略的影响,从而使组织运行更加高效;同时,有效的绩效管理系统,还能够使其他人力资源管理决策和实践(如员工培训等)更具有实际意义,有利于组织战略目标的实现。从员工方面来看,有效的绩效管理,有助于员工明确自己的工作目标,明确自己的努力方向。总之,良好的绩效管理系统有助于组织实现组织与员工个人的共同发展目标。

【理论单元】

第一节　绩效与绩效管理

一、绩效的特点与影响因素

绩效可以指人的行为(如窗口行业的服务态度),也可以指结果(如营销人员的销售额);可以是完成的任务(如生产车间完成的月度生产任务),也可以是行为与结果之和(如银行窗口人员的绩效除了服务态度还有业务量);还可以是实际收益与预期收益之和(如研发人员的绩效除了产品在当期创造的市场价值以外,还包括未来的预期收益)。在管理实践中,绩效还可以指对组织的贡献程度。这种贡献可以是显性的,也可以是隐性的,如研发团队中,有专职的研发人员,也有为研发人员提供服务和后勤保障的人员。固然负责研发的人对新产品的诞生作出了贡献,但其团队中的后勤保障工作人员也同样对新产品的诞生作出了不可或缺的贡献。直接研发出新产品的人员的贡献是显性的,而提供保障和服务的人员的贡献就是隐性的。

本书中我们把绩效的含义界定为:员工完成某项工作任务或实施某项工作计划的过程中的工作行为和工作结果。这里的工作结果既包括现显性的贡献,也包括隐性的贡献;既包括组织的实际收益,也包括组织的预期收益。

(一)绩效的特点

绩效是员工的工作行为或工作结果,或工作行为与工作结果的综合。由于员工个体会受到时间、地点、环境、心情以及其他社会因素的影响,员工的绩效也必然会因时间、地点、环境等的变化而有所变化。这就使得员工绩效具有如下几个特点。

1.多因性

多因性是指影响员工绩效的因素很多,如组织的激励措施、员工的知识和技术水平、组织的内外环境以及机遇等,都会影响员工的绩效。

2.多维性

多维性是指从多个维度来分析评价员工,而不能只看一个方面。比如,对于银行窗口工作人员的评价,就不能单一的只评价服务态度,还应该包括工作效率等诸多方面。通常我们在评价员工时,要综合考虑员工的工作态度、工作能力和工作业绩3个方面的情况。

3.动态性

员工的绩效会随着时间的推移而发生变化。原来绩效好的员工不一定能一直保持良好的绩效状态,而现在工作绩效较差的员工将来的工作绩效也未必就一定差。要动态地看待和分析员工绩效。

(二)影响员工个人绩效的因素

一般来讲,影响组织员工个人绩效的因素主要有以下4个方面。

1.组织的激励措施

人力资源是有能动性的。通过组织的激励措施,可以调动和改变员工的积极性。对象不同,激励手段也不同,需要根据不同的个体特点选择恰当的激励措施。

2.员工的知识和技术水平

知识和技术是后天习得的。通过培训,可以提升员工的知识和技术水平,进而提升员工绩效。

3.组织的内外环境

内部环境包括工作场所、组织文化等,内部环境可以通过影响员工的组织归属感影响员工的绩效;外部环境包括社会经济发展、市场竞争状况等,外部环境可以通过影响员工的工作能力和工作态度来影响员工个人绩效。

4.机遇

组织给员工安排的工作,虽然尽可能满足了岗位对人员的要求,但未必是员工最擅长的。这时候虽然员工也能按要求完成工作,但不一定能发挥其最大的作用、产生最好的绩效。这就需要有一个让员工能够做自己最擅长工作的机会,只有这样才能尽可能达到员工绩效的最优化。作为一个管理者,如果能够给员工创造这样的机会,无疑会大大提升组织绩效。

二、绩效管理的含义与绩效管理的过程

(一)绩效管理的含义

在整个绩效管理过程中,人力资源管理专职人员起到了统筹、协调和参谋的作用,而员工和各个部门的管理者是具体实施者。

绩效管理是依据企业发展战略,预计组织绩效目标,通过持续的沟通,对组织绩效目标进行层层分解,以制订团队和个人的绩效目标并进行绩效辅导。定期对员工绩效进行评价与反馈,以改善员工绩效,最终提升组织绩效达到实现组织战略目标的过程。

这个概念可以这样来理解。

第一,绩效管理是一个从绩效目标开始,到绩效计划改进的完整过程。

第二,绩效管理是一个持续沟通的过程,包括绩效目标制订的沟通、绩效辅导的沟通和绩效反馈的沟通。

第三,绩效管理的内容包括绩效计划、绩效辅导、绩效评价和绩效反馈。

第四,绩效管理的目的是改善员工绩效以实现组织目标。

(二)绩效管理的过程

绩效管理过程包括绩效计划、绩效辅导、绩效评价和绩效反馈 4 个阶段,在这 4 个阶段中,绩效沟通贯穿始终。图 6.1 为绩效管理的过程。每一个绩效周期都是一个由绩效计划开始,最后又回归到绩效计划的闭环。每一个绩效周期的结束,都是下一个绩效周期的开始。

新的绩效管理周期的绩效计划始于上个绩效周期绩效改进计划的改进以及组织战略目标的分解。从某种程度上看,绩效管理过程是一个呈螺旋式上升的管理过程。如图 6.1所示。

1.绩效计划

绩效计划是绩效管理的起始点。可以从两个角度看待绩效计划:首先,绩效计划是组织和员工之间关于工作目标及标准的契约,在这个契约中,不仅约定了员工需要完成的工作任务,还约定了员工的工作标准以及组织需要承担的责任和义务。其次,绩效计划是一个沟通

组织战略目标

绩效反馈

绩效评价 ⬡ 绩效计划

绩效辅导

新的绩效管理周期

绩效改进,绩效计划改进

绩效反馈

绩效评价 ⬡ 绩效计划

绩效辅导

一个绩效管理周期

绩效改进绩效计划改进

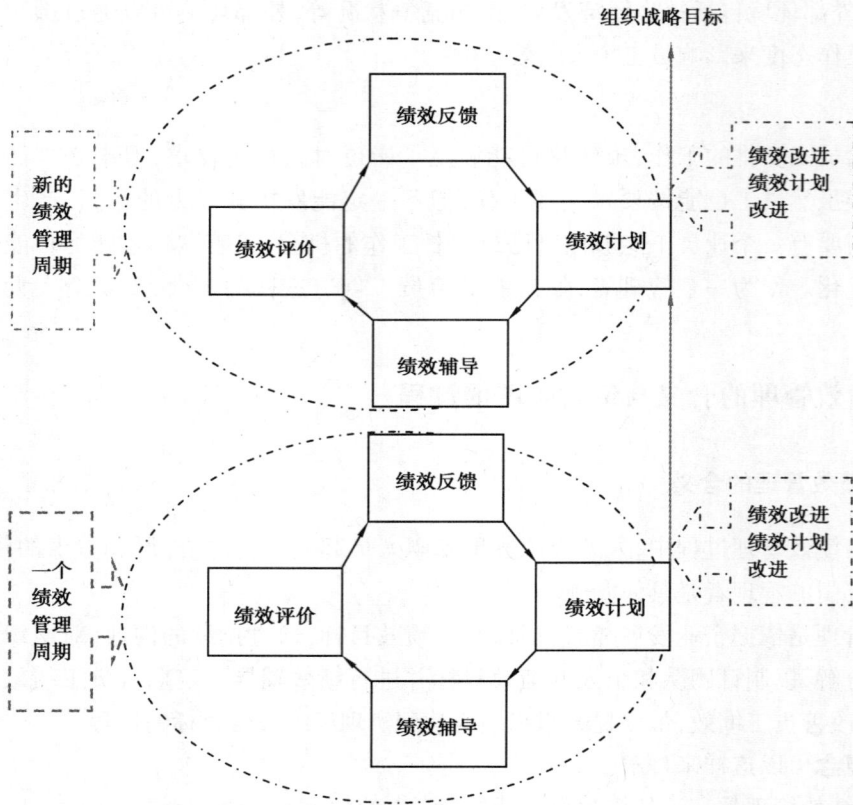

图 6.1 绩效管理过程

的过程,从工作任务、工作标准、评价方法到评价结果的应用,以及组织与员工双方需要承担的责任和义务等,都需要进行充分的沟通并达成一致。

(1)绩效计划的内容。在绩效计划阶段,需要明确这样几个方面:绩效目标(指标和标准)、绩效评价周期(完成绩效目标的时间)、绩效评价主体(谁来评价)、绩效评价方法(绩效评价的工具)和绩效评价结果的应用。

绩效目标是指需要完成的工作任务以及评价标准,也就是绩效评价的指标和标准。一般来讲,指标是指从哪些方面对工作产出进行衡量或评价,标准是指各个评价指标在数值上应当达到什么样的水平,即被评价者需要达到什么样的要求。表 6.1 是某岗位绩效评价指标与标准。

绩效评价周期指的是多长时间进行一次评价。不同岗位、不同类型的企业以及不同的绩效指标评价周期也不同,组织需要根据自己的实际情况来确定。表 6.2 为常见的绩效评价周期(中国就业培训技术指导中心,2014)。

表 6.1　某岗位绩效指标与标准

绩效目标		标　准	评　分
维　度	指　标		
工作能力	分析判断能力	1分:较弱,不能及时地作出正确的分析与判断 2分:一般,能对问题进行简单的分析和判断 3分:较强,能对复杂的问题进行分析和判断,但不能灵活地运用到实际工作中 4分:强,能迅速地对客观环境作出较为正确的判断,能灵活运用到实际工作中并取得较好的销售业绩	
	沟通能力	……	

表 6.2　常见的绩效评价周期

周期设计依据		绩效评价周期
评价指标	工作业绩(数量指标、质量指标、工作效率指标、成本费用指标等)	月度评价,评价周期可以适当缩短
	工作能力(创新能力、沟通能力、领导能力、发展潜力等)	一般以半年或一年及以上为宜,可适当延长
	工作态度(工作行为)	尽可能缩短评价周期,可与业绩评价周期一致
组织和行业特征	生产和销售日常消费品的组织(如计件生产)	可以是日评价,周评价或月度评价,尽可能缩短评价周期
	生产大型设备的组织,或者提供项目服务的组织	一般半年或一年
职位类型	高层管理者	大多数为半年或一年,随着层级的提高,评价周期一般会延长;大型企业的高层管理人员的评价周期一般长于小型企业高层管理者的评价周期
	中层管理者	季度评价
	市场营销、生产、服务人员	市场营销人员:月度、季度或年度评价,根据具体情况确定 生产人员:可以是日评价、周评价或月度评价,尽可能缩短评价周期 服务人员:与生产、销售人员一样,尽可能采用短的绩效评价周期
	研发人员	每个项目阶段结束后下一个阶段开始前评价
		项目本身在时间节点上的输出为评价时间
	行政职能人员	月度或季度评价

绩效评价主体也就是绩效的评价者。绩效的评价者应该具备如下条件:熟悉被评价者的工作表现,了解被评价者的工作内容和工作性质,能将观察到的结果转化为有用的评价信息,能公正客观地提供评价结果,一般包括被评价者的直接上级、直接下属、同事、被评价者本人、被评价者的直接客户以及评价专家或顾问。不同类别的评价主体,评价的主要内容也不同。例如,直接上级主要评价员工的工作业绩,同事主要评价被评价者的沟通、协调能力,直接下属评价被评价者的管理能力,外部直接客户评价被评价者的服务质量、服务水平等,而绩效评价专家或顾问可以侧重于对被评价者的潜质方面的评价。组织需要根据评价的内容确定绩效评价者。

绩效评价方法的选择也就是绩效评价工具的选择,可根据不同的工作特点进行选择。一般分为3类:一类是行为导向型的评价方法,即把员工行为与企业行为标准或规范进行比较和评价,进而推断出员工绩效的评价方法,多见于对窗口岗位的评价,如行为量表法等。第二类是结果导向型的评价方法,即通过评价员工的工作成果来评价员工的绩效,这是一种普遍被接受的绩效评价方法,如目标管理法等。第三类是品质导向型的评价方法,即主要看被评价者的品质如何,如员工的忠诚度等。通常与其他评价方法结合使用,如360度评价法等。

在绩效计划阶段,还必须让员工明确绩效评价的后果,即绩效评价结果对员工个体的影响。通常绩效评价结果是制订新的绩效计划,对员工进行加薪、晋级、培训和晋升等的依据。

(2)绩效计划制订的过程。绩效计划的制订有3种途径:一是自上而下的方式,即根据组织战略目标制订组织当年度的绩效目标,再把这个绩效目标分解到各个部门,形成各部门的绩效目标;各部门根据组织下达的这个绩效目标制订本部门完成绩效目标的计划,即部门绩效计划。然后,各部门把本部门的绩效目标分解到员工个人,形成员工个人的绩效目标。员工根据下达的绩效目标制订自己完成绩效目标的计划,即员工个人绩效计划。其特点是一旦员工个人绩效计划完成,就能够保证部门绩效计划的完成,也就完成了组织的年度绩效计划。缺点在于只考虑了组织绩效目标的制订与下达,没有考虑到员工的具体情况,可能出现绩效计划超出员工的能力和范围,最终导致员工个人目标和组织目标无法达到的情况。二是自下而上的方式,即由员工拟订自己下一个绩效管理周期的绩效计划,各个部门根据员工个人计划汇总成部门绩效计划,再把部门绩效计划汇总成组织绩效计划。其优点是:由于是员工自己订的计划,能够保证员工绩效计划的实现,进而确保了组织绩效计划的完成。缺点在于由于员工自己制订计划,绩效目标容易偏低,会导致组织战略目标的难以实现。三是前两种方式的结合。首先是根据组织战略形成组织绩效初步计划,并把绩效目标层层分解到员工个人。员工个人再根据自己的具体情况,与部门主管充分讨论绩效计划实施的可行性以及为完成计划可能采取的方法与措施,形成一致意见。由下至上层层讨论,形成最后的组织绩效目标和个人绩效目标。如图6.2所示。

(3)人力资源管理专职人员在绩效计划环节中的作用。人力资源管理专职人员在绩效计划环节的作用就是协助相关人员,以确保绩效计划工作围绕更好地实现组织目标顺利进行。理想的状况是由人力资源管理专职人员与部门主管一起,设计一个符合各个部门情况

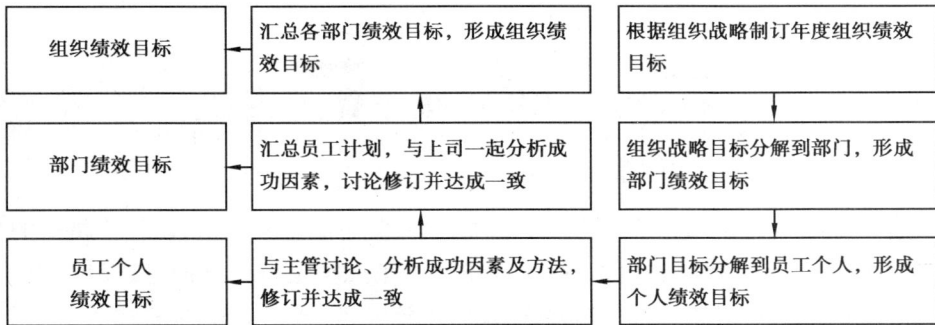

图 6.2 绩效计划制订过程

的有关绩效结果和绩效标准的框架,用以指导直线经理人与员工针对每个岗位制订绩效计划。人力资源管理专职人员还可以给部门主管和员工发放有关绩效计划的培训材料,向管理者和员工提供必要的指导和帮助,以确保整个绩效管理系统战略的一致性。

2.绩效辅导

绩效计划下达后,为了确保组织目标能够顺利实习,还必须对员工进行绩效辅导。绩效辅导阶段主要是管理者与员工有效沟通的过程。管理者通过绩效沟通了解员工绩效计划进展的情况以及所遇到的问题,并给予合理的建议和帮助,以确保绩效目标的实现。人力资源管理专职人员可以就如何提高沟通的有效性给予管理者建议。绩效辅导可以按如下方式进行。

①了解员工当前的绩效进展情况,并反馈给员工,使其了解自己的绩效的好坏。

②如果员工绩效进展不理想,就需要帮助员分析问题产生的原因,员工需要的时候给予必要的建议。

3.绩效评价

根据绩效计划中的指标和标准,由计划中明确的评价主体运用计划中明确的评价方式在规定的时间内对员工进行绩效评价。在这个阶段,人力资源管理专职人员需要培训相关的绩效评价人员、制订并汇总评价表格,根据最后评价结果进行分析,资料存档。

4.绩效反馈

这个阶段的主要任务是让员工了解自己的绩效情况以及这个绩效水平对自己的影响,同时帮助员工了解自己在上个绩效周期中的优点与不足,和员工一起分析研究提高绩效的方式和方法,拟订新的绩效计划。绩效反馈最重要的手段就是管理者与员工之间的有效沟通。

人力资源管理专职人员就绩效反馈面谈的技巧与时机给予部门主管指导。

第二节　常见的绩效评价方法

通常我们把绩效评价的方法分为以下 3 类:第一类是品质导向型,以评价员工的潜质为主,重点评价员工具有何种潜质,如 360 度评价法。第二类是行为导向型,以评价员工的行为为主,常见的方法有排列法、选择排列法、成对比较法、强制分布法、关键事件法、行为锚定等级评价法、行为观察法等。第三类为结果导向型,以评价员工或组织的工作效果为主,如目标管理法、绩效标准法等。在日常的绩效管理中,可以采用单一类型的评价方法,也可以是两种或三种类型评价方法的综合,由企业根据自身情况决定。

一、常见的绩效评价方法

(一)常见的绩效评价法

1.排列法

排列法也称排序法、简单排列法、分级法。一般由部门主管根据员工工作的整体表现,按照优劣或者劣优顺序依次进行排列。为了提高其精度,也可以将工作内容作出适当的分解,分项按顺序排列,再求总平均的次序数,作为绩效评价的最后结果。

2.选择排列法

这也称交替排列法,是简单排列法的进一步推广。具体做法:首先挑出表现最好的员工和表现最差的员工,将他们作为第一名和最后一名;接着,在剩下的员工中再选出表现最好的和最差的,分别将其排列在第二名和倒数第二名。依次类推,最终将所有员工按照优劣的先后顺序全部排列完毕。如图 6.3 所示。

(二)成对比较法

成对比较法也称配对比较法、两两比较法。其基本方法是:首先根据某种绩效评价指标(比如服务态度),制作一个包含所有被评价者的矩阵。如图 6.4 所示。之后由评价者对被评价者进行两两比较,计算出每个被评价者在这一个评价指标中的得分。按照这个方法,计算出被评价者在其他评价指标中的得分。把所有评价指标中的得分进行汇总,计算出每个被评价者的总分,并依据得分把评价结果按照优劣顺序进行排序,形成最终的评价结果。在图 6.4 中,绩效评价最好的是员工 C,两项评级指标得分之和是 12 分;绩效评价最差的是员工 D,两项评价指标之和是 5 分。

评价所依据的要素：

例如：针对你所要评价的每一要素，将所有员工的姓名都列出来。将工作绩效评价等级最高的员工姓名写在第1行的位置上，将评价等级最低的员工姓名写在倒数第1行的位置上。然后，再将次优的员工姓名写在第2行的位置上，将次差的员工的姓名写在倒数第2行的位置上。将这一交替排序继续下去，直到所有的员工姓名都被排列出来。

评价等级最高的员工

1._____ ……

2._____ ……

3._____ ……

4._____ ……

5._____ 33._____

6._____ 34._____

7._____ 35._____

8._____ 36._____

9._____ 37._____

10._____ 38._____

评价等级最低的员工

图 6.3　选择排列法

评价说明：两两配对比较，在空格中写出得分。

例：如员工 A 比员工 B 优秀，则 A 得分 2 分；如果员工 A 和员工 B 一样优秀(差)，员工 A 得 1 分；如果员工 A 比员工 B 差，员工 A 得 0 分。

就"服务态度"指标所做的评估

比较对象	员工 A	员工 B	员工 C	员工 D	员工 E
员工 A	/	1	1	1	1
员工 B	1	/	2	0	1
员工 C	1	0	/	1	0
员工 D	1	2	1	/	1
员工 E	1	1	2	1	/
得分	4	4	6	3	3

在这里员工 C 表现最好

就"服务质量"指标所做的评估

比较对象	员工 A	员工 B	员工 C	员工 D	员工 E
员工 A	/	2	0	1	1
员工 B	0	/	2	1	0
员工 C	2	0	/	0	0
员工 D	1	1	2	/	2
员工 E	1	2	2	0	/
得分	4	5	6	2	3

在这里员工 C 表现最好

图 6.4　配对比较法

（三）强制分布法

强制分布法也称强迫分配法、硬性分布法、强制正态分布法。假设员工的工作行为和工作绩效整体呈正态分布，那么按照正态分布的规律，绩效中等的员工应该最多，绩效优秀的和绩效差的员工应该占少数。强制分布法就是按照预先设计好的比例，将被评价的员工强制分配到各个类别中,类别一般分为 3 类(优、中、差)或者 5 类(优、良、中、合格、差),具体比例根据需要确定。

(四)结构式叙述法

结构式叙述法是采用一种预先设计的结构式表格,由评价者按照各个项目的要求,以文字形式对员工的行为做出描述性的评价方法。如表 6.3 所示(中国培训就业技术指导中心,2014)。

表 6.3　结构式叙述法

被评价者姓名		岗位名称		岗位编码	
举例说明下属员工的有效行为:					
举例说明下属员工的无效行为:					
为了改变下属员工的无效行为,采取了哪些具体措施?					
工作说明书有无需要修改之处,如需修改请说明原因。					
上级主管评语: 　　　　　　　　　　　　　签字:　　　　　　日期:					
被评价者自述(可对评价结果提出申诉,也可以对异议指出作出解释): 　　　　　　　　　　　　　签字:　　　　　　日期:					
双方面谈纪要(对上下级所达成的共识与尚未统一的问题作出说明): 　　　　　　　　　　　　　评价者签字:　　　日期: 　　　　　　　　　　　　　被评价者签字:　　日期:					

(五)关键事件法

关键事件法也称重要事件法。在某些岗位上,员工的某些工作行为会给组织带来收益,另外一些工作行为会给组织带来损失,这些能够给组织带来收益或损失的事件就是关键事件。关键事件法的步骤是:当有关键事件发生时,先把关键事件填在特殊设计的评价表上,然后进行摘要描述和评分,最后与员工进行评价面谈。在关键事件法中,评价者一方面要对员工行为进行评价;另一方面,要收集产生这个行为的原因和行为发生时的情景,以便向员工说明评价的依据以及员工改进工作行为的方向。见表 6.4。

表 6.4　关键事件法

项目	指　标	标　　准	得分	关键事件	评价人签字
服务	客户投诉处理	……	……	……	……
	问题处理	接到投诉电话后，及时联系、督促相关部门处理问题。半小时内电话回复客户处理情况。超过半小时没有电话回复客户，每次扣2分，最多扣10分	6	3月9日9点10分，客户王某投诉，没有及时做工作记录，忘记回复客户 3月20日10点35分，客户张某投诉。没有及时做工作记录，4小时后经同事提醒才电话回复客户 （以上事件有电话录音为证）	×××
文件管理	……	……	……	……	……
……	……	……	……	……	……

（六）行为锚定等级评价法

行为锚定等级评价法也称行为定位法、行为决定性等级量表法或行为定位等级法，是最典型的行为导向型的评价方法。行为锚定等级评价法的基础是关键事件法。因此，在运用行为锚定等级评价法对员工进行评价时，首先要获取关键事件，并把这些关键事件划分为几个评价指标（如指标是服务态度，指标可以定义为：专业、高效、有理、温暖地服务客户）。然后分别建立绩效评价等级，并挑选出各个等级的关键事件。见表6.5。

表 6.5　行为锚定等级评价法

评价指标：服务态度 指标定义：专业、高效、有礼、温暖地服务客户 评定等级：				
最好1	较好2	一般3	较差4	最差5
客户来办理业务时能够微笑面对，礼貌问候，耐心解答，快速办理，客户离开时能主动道别	客户来办理业务时和颜悦色，有礼貌，解答疑问较耐心，快速办理	客户来办理业务时表情平淡，能够心平气和地解答客户疑问	客户来办理业务时态度冷淡，回答客户问题敷衍	客户来办理业务时态度恶劣，拒绝回答客户问题，甚至出现不文明用语以及和客户争吵现象

（七）行为观察法

行为观察法即行为观察评价法，又称行为观察量表法、行为观察量表评价法，与行为锚定等级评价法大体相近，只是在量表结构上有所不同。其特点是依据某一工作行为出现的频次来对被评价者打分。见表6.6。

表 6.6　行为观察法

评定管理者的行为:用 5—1 和 NA 代表下列行为出现的频率,评定后填在括号里 5 表示这一行为出现的频率为 90%~100% 4 表示这一行为出现的频率为 80%~89% … 1 表示这一行为出现的频率为 1%~59% NA 表示从来没有这一行为		
维度 1	克服对变革的阻力 (1)向下级详细介绍变革内容 … (5)解释为什么变革是必需的	(　　) (　　) (　　)
维度 2	…	(　　)
…	…	(　　)
说明	1.5~6 分;4~5 分;3~4 分;2~1 分;1~0 分 2.6~10 分:未达到标准;11~15 分:勉强达到标准;16~20 分:完全达到标准;21~25 分:出色达到标准;26~30 分:最优秀 3.每个维度满分 30 分	

(八)目标管理法

目标管理法是由员工与主管共同协商制订个人目标(个人目标依据组织的战略目标及相应的部门目标而确定,与组织目标和相应的部门目标保持一致),就实现目标的关键步骤、每一步骤要达到的成果进行充分讨论并形成一致意见,以此作为对员工绩效评价的依据的绩效评价的方法。目标管理法的特点是绩效目标由上下级共同制订,而实现目标的方法由下属制订并定期向上级汇报,上级起指导帮助的作用。

目标管理法的实施步骤如下。

1.制订组织战略目标

由决策层制订组织的中长期战略目标和短期的工作计划。

2.讨论部门目标和个人目标

部门目标由部门管理者及其上级管理者共同制订,部门管理者与员工讨论本部门目标,员工制订个人目标。

3.反馈与过程控制

目标实施过程中,管理者就员工完成的情况与计划中的目标进行比较反馈,监控员工实现目标的进度程度。

4.工作绩效评价

部门管理者就员工的实际工作业绩与和员工预先商定的预期目标进行比较,对工作结果进行审查。在一个评价周期结束后,留出专门的时间对目标进行回顾和分析。

(九)绩效标准法

绩效标准法与目标管理法基本类似,它采用更直接的工作绩效衡量指标,常常用于对非管理岗位员工的评价。绩效标准法比目标管理法具有更多的评价标准,而且标准更加详细具体,依照标准逐一评价。采用绩效标准法进行绩效评价时,首先依照标准逐一评价,然后按照各标准的重要性所确定的权数,进行评价分数汇总。

(十)360度评价法

360度评价,即全视角评价、多个评价者评价。它是通过从不同层面的人员中获取评价信息,从多个角度对员工进行综合评价的方法。使用360度评价法时,首先由被评价者的直接上级、下级、同事、客户(内部客户和外部客户)分别匿名对其进行评价,同时被评价者也要自我评价。然后,由评价的组织者综合这些信息,邀请专家或组织的高层管理者分析并确定被评价者的胜任力和发展潜力。如图6.5所示(中国就业培训技术指导中心,2014)。

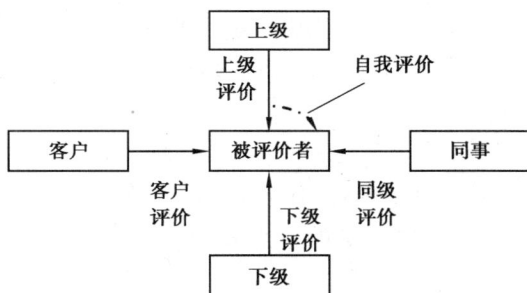

图 6.5 360度评价法

1.360度评价法的特点

(1)全方位、多层次、匿名评价。360度评价法中的评价者,不但包括被评价者的主管、同事和下级,还包括企业外部的客户,同时包括被评价者自己,评价信息相对较全面。在评价的过程中,主管、同事、下级以及客户的评价重点是不同的,因此获得的信息是多层次、多角度的。此外,在评价过程中为确保评价的客观公正,除员工本人的评价外,其他人的评价都采用匿名的形式。

(2)基于胜任特征的评价。360度评价方法主要考虑的是被评价者的胜任特征。胜任特征是指能将绩效优秀者与绩效一般者区分开来的个体潜在的深层次特征。因此,360度评价法不是关于员工日常绩效的评价方法,采用360度评价法进行评价的目的是为组织发现和培养所需要的人才,特别是关键人才。

(3)强调管理者与被评价者的双向交流。360度绩效评价结束后,要求对被评价者进行信息反馈并且全部资料都反馈给被评价者,不做存档。反馈给被评价者的不但包括优点,还包括不足以及对被评价者的职业生涯规划的指导建议。

2.360度评价法的实施程序

（1）评价项目设计。首先,进行需求分析和可行性分析,决定是否采用360度评价。然后编制基于岗位胜任特征模型的评价问卷,企业可以针对自身特点和具体要求进行设计或者向咨询公司购买成型的问卷。相关人员需要事先进行一些需求调查、考虑全面,再决定采用什么问卷。

（2）培训评价者。参与360度评价的评价者来源有两种:一是被评价者自己选择评价者,二是由上级指定评价者并经由被评价者同意。评价者确定下来后,需要从沟通技巧、评价实施技巧、总结评价结果的方法、反馈评价结果的方法等方面对评价者进行评价。

（3）360度评价法的实施。360度评价法的实施可分为4个阶段:第一阶段,发放问卷,实施评价并监控评价过程。第二阶段,利用各种统计工具统计评价信息并报告评价结果。第三阶段,培训被评价者,使其了解评价的目的,提高被评价者对评价目的和方法可靠性的认同度。第四阶段,就评价所反映出的问题制订改善计划。

（4）反馈面谈。包括确定反馈面谈的成员并对被评价者进行有效反馈面谈,反馈评价结果。

（5）效果评价。包括3方面,一是确认执行过程的安全性（包括评价信息获得过程的合理性、评价结果的准确性）;二是评价应用效果;三是总结评价过程中的经验和不足。

二、常见绩效评价方法的比较

由于组织类型不同,组织特点不同,工作内容和岗位特点不同,适合的绩效评价方法也不同。绩效评价方法的选择是绩效评价的重点和难点,也是组织绩效管理的关键。表6.7是几种常见绩效评价方法的比较。

表6.7　不同的绩效评价方法的比较

方　法	优　点	缺　点
排列法	简单易行,花费时间少	不同部门之间的员工,个人取得业绩相近时不适用
选择排列法	操作简单、目标明确,易于理解和执行	只适合人数较少的团队使用,如果存在工作性质的差异,则跨部门不适用
成对比较法	员工之间谁做得好一目了然,适合人员范围不大、数目不多的情况	首先如果只比较其中一项因素,会有很大局限性,而且很可能带有倾向性,影响评价的公正性。其次,不适合员工数目过多的组织
强制分布法	可以避免评价者过分宽容的情况发生,有利于管理控制,特别适用于引入员工淘汰机制的组织	难以具体比较员工差别,不能在诊断工作问题时提供准确可靠的信息

续表

方 法	优 点	缺 点
结构式叙述法	简便易行,正确率较高	受评价者自身文字水平、参与评价的时间和精力的限制较大,影响评价的可靠性
关键事件法	能够加深被评价者对事件的理解,通过强调与组织战略相关联的事件,使员工目标与组织战略紧密结合起来	耗时长,管理者往往拒绝每天或每周对其下属的行为进行记录,每一个管理者对关键事件的界定不同,会引导员工只关注主管在写什么,而产生恐惧或抵制心理,不利于评价
行为锚定等级评价法	通过提供一种精确完整的绩效维度及标准来评价被评价者的工作绩效	员工的那些与行为"锚定"最为近似的行为最容易被回忆起来的信息,因此受到评价者主观影响
行为观察法	能够将高绩效者与低绩效者区分开来,能够维持客观性,便于反馈,便于确定员工培训需求	耗时,烦琐
目标管理法	直接反映员工工作内容,评价客观合理,适合对员工提出建议并进行反馈指导,增强了责任心和事业心	难以对不同部门的员工作横向比较,不能为员工晋升提供决策依据
绩效标准法	为下属提供了清晰准确的努力方向,对员工具有更明确的导向和激励作用	人、财、物占用大,管理成本较高
360 度评价法	能够评价员工胜任力及发展潜力	不能单独用于员工日常的绩效评价

第三节　平衡计分卡评价系统

平衡积分卡(balance score card,BSC),是一种比较先进的综合绩效评价系统。它以企业的战略为基础,将企业远景、使命和发展战略与企业业绩评价系统联系起来,通过财务、内部业务、客户、创新与学习4个角度衡量员工个体、部门以及组织整体的绩效。其主要特点是强调组织战略导向,既考虑了财务指标又考虑了非财务指标,既考虑了组织短期利益又兼顾了其长期利益。

一、平衡计分卡的内容

平衡计分卡包含了财务角度、内部业务角度、客户角度和创新与学习角度4部分,如图6.6所示(杜映梅,2011)。

(一)财务角度

财务角度这类指标主要回答了"我们如何满足股东的要求"这个问题。这类指标能全面、综合地衡量经营活动的最终成果,衡量公司创造股东价值的能力。

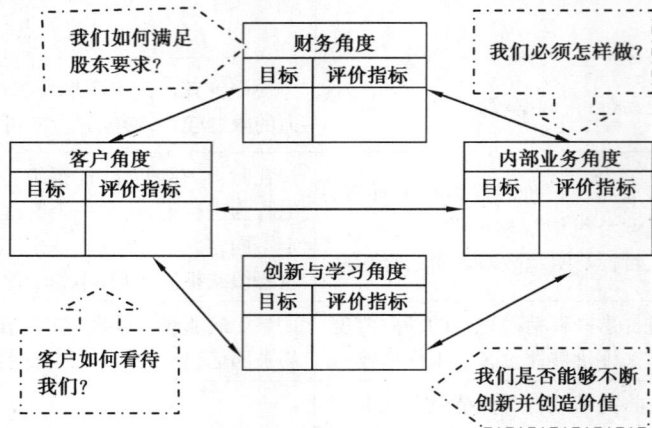

图 6.6　平衡计分卡

(二)内部业务角度

内部业务角度这类指标主要回答了"我们必须怎样做"这一问题。通过这个问题,把企业必须做好的方面、需要提升竞争力的方面找出来,制定评价指标,督促公司把这方面做得更好。

(三)顾客角度

顾客角度这类指标主要回答了"客户如何看待我们"这一问题。这类指标关注组织的利益相关者——顾客,从客户角度给自己设定评价指标。

(四)创新和学习角度

创新和学习角度从提升组织内部运营效率、满足顾客、持续提升并创造股东价值,促进组织不断发展的角度,围绕组织学习与创新能力提升制订绩效评价指标。

平衡计分卡 4 个角度互相支持,互为因果。为了最终的财务目标,必须要有良好的市场表现,关注客户;为了获得市场,必须在内部运营上作一些改善;为了提高内部运营效率,员工就必须要不断地学习与创新;而为了员工的不断学习与创新,就必须有良好的财务表现。

二、平衡计分卡的编制流程

不同企业编制平衡计分卡的流程也不同。下面是一个参考步骤。

(一)确定平衡计分卡实施的单位

主要任务是确定在哪些经营单位实施平衡计分卡系统。一般有自己的客户、销售渠道、生产设施和财务绩效测评指标的经营单位比较适合运用平衡计分卡系统。

（二）获得平衡计分卡的初步建议

由平衡计分卡的推进人员与公司高层管理者分别单独面谈,获得高层管理者对综合平衡积分卡的初步建议。

（三）确定初步的平衡积分卡

由最高管理层与平衡积分卡推进者进行充分讨论,从财务、顾客、内部业务流程及员工学习与成长4个角度解读战略目标并确定各角度的关键成功因素,讨论并确定各角度的绩效指标及评价标准。

（四）确定平衡积分卡的具体计划

首先,就如何实施平衡积分卡征求高层管理者意见。然后,由一个新组建的团队制订出实现平衡计分卡的具体计划。这个计划包括在评价指标与数据库和信息系统之间建立联系、为分散经营的各单位开发出二级指标。

（五）实施计划

内部广泛宣传,确保平衡积分卡覆盖范围内的所有员工都了解公司愿景,公司战略、目标及绩效衡量指标。把平衡积分卡与公司薪酬制度挂钩,运行平衡积分卡系统。

（六）修订指标

每季度或每月收集与平衡计分卡评价指标的相关信息,完成一份综合性的报告提供给高层管理者进行考察。与分散经营的各部门进行讨论,同时积极听取员工意见,修正平衡积分卡衡量指标。表6.8为A银行的平衡计分卡(杜映梅,2011)。

表6.8　A银行的平衡计分卡

角度	战略目标	关键指标	标准
财务 （15%）	快速增长	人民银行备付金	≤3%
		总行备付金	≤1.5%
		同业备付金	≤0.5%
客户 （55%）	提高外部客户 满意度	进行税务申报、缴纳	按照有关要求
		向银监局、人民银行报送相关分析报表	每月10日内
	提高内部客户 满意度	按时准确完成同城票据交换	每日7:30和13:00
		编制每月、每季经营综述	次月3日内、季后5日内
		相关评价的统计、整理	季后5日内

续表

角　度	战略目标	关键指标	标　准
内部流程 （20%）	操作流程的改进	组织全行柜员上岗考试	4月、10月各1次
		组织新入行员工业务技能培训	每年1次
		编制全行资产负债表、损益表、准确率100%	每月1次
学习与成长 （10%）	培训	对资金管理、成本管理等内容进行培训	每年1次/人

　　平衡计分卡是一种综合的绩效管理系统。这个系统一方面追踪企业财务目标，另一方面注重提升企业实力，既关注组织当期绩效又关注组织战略目标的实现，是一种比较先进的绩效管理系统。但是，由于平衡积分卡的设计难度比较大，耗费大量的人力和财力，并且这个系统中的4个角度因果关系可能不明显，故增加了其在中小企业中的推广难度。

【理论单元习题】

一、填空题

　　1.绩效的特点是多因性、多维性和_____。

　　2.影响员工绩效的因素有4个方面，即组织的激励措施、_____、组织内外环境和_____。

　　3.绩效管理过程包括绩效计划、绩效辅导、_____、_____和绩效反馈，其中_____贯穿绩效管理的始终。

　　4.通常我们把绩效评价的方法划分为3类，第一类是品质导向型，以评价员工的潜质为主；第二类是行为导向型，以评价员工的行为为主；第三类是_____。

二、判断题

　　1.绩效管理是一个从绩效目标开始到绩效反馈的完整过程。　　　　　（　　）

　　2.绩效管理的目的是奖优罚懒。　　　　　　　　　　　　　　　　（　　）

　　3.对高层管理者的绩效评价周期一般为半年或一年。　　　　　　　（　　）

　　4.平衡计分卡既考虑了财务指标又考虑了非财务指标，既考虑了组织短期利益又考虑了长期利益。　　　　　　　　　　　　　　　　　　　　　　　　　（　　）

　　5.当员工业绩相近时适合用排列法。　　　　　　　　　　　　　　（　　）

三、简述题

　　1.简述制订绩效计划的3个途径。

　　2.简述绩效管理的过程。

3.简述目标管理的实施步骤。

【能力单元】

第四节 绩效反馈面谈

绩效反馈面谈的目的是与被评价者就评价结果达成共识,并就被评价者在绩效管理周期内的优点和缺点进行沟通,与被评价者共同制订绩效改进计划和下个绩效周期内的绩效目标和标准。由于被评价者的特点不同,在绩效反馈面谈之前,需要进行必要的准备并掌握在绩效反馈中必要的沟通技巧。

一、绩效反馈面谈的准备

(一)部门主管的准备

绩效反馈沟通不是一件容易的事,部门主管需要仔细考虑具体情况,尽量作好充分的准备。

1.时间上的准备

选择部门主管与被面谈者都有空闲的时间,避开刚上班或快下班的时间,面谈时间不宜超过一个小时。

2.地点上的准备

选择不受干扰、相对封闭的场所,如小型会议室。

3.材料的准备

这些材料包括评价表、被评价者日常工作表现记录、被评价者的工作总结、岗位说明书、薪金变化情况等。

4.程序和进展的准备

这些准备包括如何开始、如何面谈(先谈什么、后谈什么、出现特殊情况怎么处理)、何时结束以及如何结束等。

进行绩效面谈的部门主管可以制作绩效面谈前置作业检核表(见表6.9),以确保面谈顺利进行。

(二)员工的准备

绩效反馈面谈是一个双向沟通过程,员工在绩效沟通之前也要做好充分的准备。

表 6.9　绩效面谈前置作业检核表

主管的准备事项	Y/N
1.部属的工作内容 　（1）部属的个人资料与历史档案。 　（2）工作职位说明书。 　（3）工作计划目标。 　（4）绩效评价相关评价标准。 2.部属绩效表现 　（1）绩效评价表。 　（2）您对部属在职务上的绩效要求是什么。 　（3）他在各工作要项上的表现如何？哪些需要讨论？ 　（4）有无其他值得讨论的事情。 3.计划面谈内容 　（1）您是否已确定评定他的绩效？ 　（2）您要如何告诉他工作表现是好是坏？ 　（3）您是否确定工作绩效目标？ 　（4）您是否已确定下次工作绩效目标？ 　（5）您及部属要如何实现理想的目标？其步骤与达成期限如何？ 　（6）您是否已制订该员生涯发展应有的工作目标？ 　（7）您是否已有绩效衡量的方法并予以解释说明？ 　（8）您是否已拟定面谈要点？ 　（9）您要如何安排面谈的顺序？ 　（10）对可能谈及的所有陈述，您是否已准备好充分的事实、成果、衡量的方法、例证、事件等来支持您的论点？ 　（11）新绩效目标与旧目标之间的关联如何？ 　（12）所有新定目标中是否均为部属所欣然接受？ 　（13）您准备如何激励士气并取得承诺？ 4.面谈通知 　（1）时间、地点与大概时长。 　（2）准备事项（如自我申告表）。	
部属的准备事项	Y/N
1.仔细填写自我评价/申告表，以便自我了解与掌握。 2.面谈时间的安排。 3.重新审视工作职位说明书。 4.整理相关资料与回顾以往的谈话纲要。	

　　①收集与先前绩效有关的资料或证明。

　　②准备好个人的发展计划。

　　③准备好向部门主管提出的问题。

　　④将自己的工作安排好。

二、绩效反馈面谈的技巧

绩效反馈面谈是一个绩效沟通的过程。沟通是一个重要的管理技巧,特别在绩效反馈面谈中,管理者的沟通技巧直接影响了面谈的效果。

首先,在面谈开始时,要建立并维护彼此的信任,消除被面谈者的戒备心理。最好的做法是先了解清楚员工的性格特点和绩效特点,有针对性地设计对话方式。在开始时说清楚面谈的目的和作用,耐心解释评价结果,强调具体行为,并鼓励员工多说话。在面谈的过程中,注意认真倾听并做好记录,充分激励员工,避免和员工产生对立和冲突。在面谈过程中,还要注意语言的表述问题,尽量避免使用消极的语言,避免用命令和批评的语气,最好以建议的方式进行。在面谈该结束的时候就结束。以积极的方式结束谈话,特别是要对下属表现出绝对的信心。此外,在谈话过程中,要集中在员工绩效上,找出需要改进的地方并找出改进方法,制定具体的改进措施。

绩效面谈主管也可以制作如表 6.10 所示的绩效面谈过程检核表,概述面谈步骤及要点,使绩效面谈更有效果。

表 6.10　绩效面谈检核表

面谈步骤	主　角	任务与重点要项	Y/N
暖　场	部门主管	放下其他工作,保留宽裕时间 建立信赖的气氛,并使部属放轻松 慰劳并感谢部属的辛劳	
进入主题	部门主管	告知面谈目的	
告知评价结果	部门主管	说明评价的结果并由优点开始谈起 说明表现不佳处之衡量方式及与自评的差异 肯定部属的努力与进步	
请部属发表意见	部　属	用开放的心胸专心倾听,不要任意插嘴 鼓励部属多发言,多使用开放式问题 多给予肯定与赞美,并引导自我反省	
讨论沟通	共同参与	讨论评价结果与员工自我申告的差异 对评价结果作再确认与必要之调整 偏差行为纠正与协商辅导	
订立下期 工作目标	共同参与	设定改进项目——针对事实设立衡量标准、明确训练 需求及必要的协助 处理前一年度残留问题并确认新的工作要项,展望与 目标生涯,规划目标与职务强化目标	
确认面谈内容	共同参与	确认讨论的结论,对已确立的项目与尚未定案的项目 ——确认主管与部属共同签名	
结束面谈	部门主管	确认对差异点处理方式与下次面谈时间 感谢参与 对部属高期待的激励	

续表

面谈步骤	主　角	任务与重点要项	Y/N
整理面谈记录	部门主管	检讨面谈得失 补充说明事项 依作业规定呈报	

课后训练

【建议训练方式】

本章的课后训练建议以小组讨论的形式进行。项目6-1:学生以项目小组方式实施项目,教师指导,集中评价及反馈。项目1的评分细则可按表6.11、表6.12进行。首先小组讨论,选择企业作调查可行性分析并写出调查分析计划(实施方案)。然后,针对调查获得的信息进行分析,指出存在的不足并提出改进意见。最后,形成调查报告。项目6-1学生成绩评价表见表6.11。项目6-2和项目6-3由小组讨论后形成案例分析的书面报告,评价表见表6.12。

表6.11　小组成绩评定表

小组成绩评定表　第(　)组　第(　)次作业										
小组成员 (姓名+ 学号)	课堂讨论记录 (20%)	成绩分配比率	调查可行性分析 (20%)	调查实施方案 (20%)	调查报告 40%					得分
					同学评分 20%				教师评分 (20%)	
					甲	乙	丙	丁		
								…		
								…		
								…		
								…		

表6.12　学生成绩评价表

小组成绩评定表　第(　)组　第(　)次作业					
成员(姓名+学号)	成绩分配比例	小组自评课堂表现 (课堂讨论记录表附后)(20%)	其他组评价(40%)	教师评价 (40%)	得分

【推荐训练项目】

项目 6-1

调查目标企业或行业的绩效管理体系,结合理论知识,撰写并发布绩效管理调查报告。

项目 6-2

(还差 10 分钟下班,小徐正打算整理完一天的文件,下班去区幼儿园接孩子,部门经理走了进来。)

经理:小徐,你现在不忙吧?

小徐:什么事? 经理。

经理:评价结果你已经知道了,我想就这件事和你谈一谈。

小徐:现在吗?

经理:就现在。我今晚还有个应酬,我们抓紧时间。唉,那些个厂家的销售代表,非要一起吃个饭真是没办法。

小徐:(看了一下表,已经下班了)经理,我下班后还有点事……

经理:小徐,这就是你的不对了,我也有事,还是公事。别啰唆了,赶紧到我办公室里来。快点!

小徐:(无奈地)那我就来!

(经理的办公室,办公桌上文件堆积如山,小徐心神不宁地在经理对面坐下。)

经理:小徐,我们开始把! 绩效评价结果你也看到了……

(电话铃响,经理拿起了电话:"喂,谁? 啊,吴总啊? 晚餐你们已经订好了。好好,客随主便,几点开始? 好,一定。")

经理:(通话用了 5 分钟,放了电话,笑容满面的脸又变得严肃起来),刚才我们谈到哪里了?

小徐:绩效评价结果。

经理:喔,你上一年的工作嘛,总的来说还过得去,有些成绩是可以肯定的,成绩只能说明过去,我就不多说了。我们今天主要来谈谈不足。小徐,这可要引起你的充分重视呀,尽管你也完成了年底指标,但你在与同事们共处、沟通和保持客源方面还较欠缺,以后得改进呀。

小徐:可是,您说的"与同事们共处、沟通和保持客源方面还较欠缺"具体指什么?

(电话铃再次响起,经理拿起电话:"啊,吴总呀,是 7 点吗? 什么,改成 6 点了,不不,我没事,好好,就这样。")

经理:小徐,员工应该为领导分忧。可你非但不如此,还给我添了不少麻烦! 这你应该很清楚!

小徐:我……

经理:年轻人嘛,应该多学、多悟! 回去好好反思一下,看以后如何表现!

小徐：我全年的工作都按指标完成得没有问题，没有功劳也有苦劳吧，可评价结果……

经理：评价结果怎么了？别看我们公司人多，谁平时工作怎么样，别人处事如何，我心里可是跟明镜似的。

小徐：（委屈地）我觉得您对我可能有些误会。是不是因为在上次营销报告会议上我的提议与王主管的提议发生冲突，弄得很不愉快……

经理：你不要乱琢磨。你看看人家小刘，人家是怎么处理同事沟通协调的。

小徐：（心想：怨不得他的各项评价结果都比我的强。）经理，小刘是个喜欢人际活动的人，自然人缘好。其实我并不是沟通协调能力差，我是个业务型的人，比较踏实肯干，喜欢独立承担责任……

经理：好了。吴总又来催我了，今天就这样吧。还是那句话，年轻人，多学、多悟！

小徐：（依然一头雾水）……

经理自顾去陪人吃饭了，留下小徐一个人愣在那里。

（李德伟，2006）

问题：你觉得这次绩效反馈面谈是成功的吗？请结合案例解释你的结论，并说明导致这个结果的原因。

项目 6-3

前索尼常务董事天外伺郎：绩效主义毁了索尼

因实行绩效主义，职工逐渐失去工作热情。在这种情况下，是无法产生"激情集团"的……公司为统计业绩，花费了大量的精力和时间，而在真正的工作上却敷衍了事，出现了本末倒置的倾向。

2006 年索尼公司迎来了创业的第 60 年。过去它像钻石一样晶莹璀璨，而今却变得满身污垢、暗淡无光。因笔记本电脑锂电池着火事故，世界上使用索尼公司锂电池的约 960 万台笔记本电脑全部被召回，估计更换电池的费用将达 510 亿日元。

PS3 游戏机曾被视为索尼的"救星"，在上市当天就销售一空。但因为关键部件批量生产的速度跟不上，索尼被迫控制整机的生产数量。PS3 是尖端产品，生产成本也很高，据说卖一台索尼 PS3 就得亏 3.5 万日元。2007 年 3 月进行年度结算时，游戏机部门的经营亏损达 2 000 亿日元。

多数人觉察到索尼的不正常恐怕是在 2003 年春天。当时据索尼公司公布，一个季度就出现约 1 000 亿日元的亏损。市场上甚至出现了"索尼冲击"，索尼公司股票连续两天跌停。坦率地说，作为索尼的旧员工，我当时也感到震惊。但回过头来仔细想想，从发生"索尼冲击"的两年前开始，公司内的气氛就已经不正常了，身心疲惫的职工急剧增加。回想起来，索尼公司是在长期内不知不觉慢慢地退化的。

因半导体收音机和录音机的普及，索尼那时实现了奇迹般的发展。当时企业的规模还不是很大，但是"索尼神话"受到了社会的普遍关注。从进入公司到 2006 年离开公司，我在索尼愉快地送走了40多年的岁月。

我46岁就当上了索尼公司的董事，后来成为常务董事。因此，对索尼近年来发生的事情，我觉得自己也有很大的责任。伟大的创业者井深大的影响为什么如今在索尼荡然无存了呢？索尼的辉煌时代与今天有什么区别呢？

首先，"激情集团"不存在了。所谓"激情集团"，是指我参与开发CD技术时期，公司那些不知疲倦、全身心投入开发的集体。在创业初期，这样的"激情集团"接连开发出了具有独创性的产品。索尼当初之所以能做到这一点，是因为有井深大的领导。

井深大最让人佩服的一点是，他能点燃技术开发人员心中之火，让他们变成为技术献身的"狂人"。在刚刚进入公司时，我曾和井深大进行激烈争论。井深大对新人并不是采取高压态度，他尊重我的意见。

为了不辜负他对我的信任，我当年也同样潜心于研发工作。比我进公司更早，也受到井深大影响的那些人，在井深大退出第一线后的很长一段时间，仍以井深大的作风影响着全公司。当这些人不在了，索尼也就开始逐渐衰败。

从事技术开发的团体进入开发的忘我状态时，就成了"激情集团"。要进入这种状态，其中最重要的条件就是"基于自发的动机"的行动。比如"想通过自己的努力开发机器人"，就是一种发自自身的冲动。

与此相反就是"外部的动机"，比如想赚钱、升职或出名，即想得到来自外部回报的心理状态。如果没有发自内心的热情，而是出于"想赚钱或升职"的世俗动机，那是无法成为"开发狂人"的。

今天的索尼职工好像没有了自发的动机。为什么呢？我认为是因为实行了绩效主义。绩效主义就是："业务成果和金钱报酬直接挂钩，职工是为了拿到更多报酬而努力工作。"如果外在的动机增强，那么自发的动机就会受到抑制。

如果总是说"你努力干我就给你加工资"，那么以工作为乐趣这种内在的意识就会受到抑制。从1995年左右开始，索尼公司逐渐实行绩效主义，成立了专门机构，制订非常详细的评价标准，并根据对每个人的绩效评价确定报酬。

但是井深大的想法与绩效主义恰恰相反，他有一句口头禅："工作的报酬是工作。"如果你干了一件受到好评的工作，下次你还可以再干更好的工作。在井深大的时代，许多人为追求工作的乐趣而埋头苦干。

但是，因实行绩效主义，职工逐渐失去了工作热情。在这种情况下是无法产生"激情集团"的。为衡量业绩，首先必须把各种工作要素量化。但工作是无法简单量化的。公司为统计业绩，花费了大量的精力和时间，而在真正的工作上却敷衍了事，出现了本末倒置的倾向。

因为要评价业绩，几乎所有人都提出容易实现的低目标，可以说索尼精神的核心即"挑战精神"消失了。因实行绩效主义，索尼公司内追求眼前利益的风气蔓延。这样一来，短期内难见效益的工作，比如产品质量检验以及"老化处理"工序都受到轻视。

"老化处理"是保证电池质量的工序之一。电池制造出来之后不能立刻出厂，需要放置一段时间，再通过检查剔出不合格产品，这就是"老化处理"。至于"老化处理"程序上的问题是否是上面提到的锂电池着火事故的直接原因,现在尚无法下结论。但我想指出的是,不管是什么样的企业,只要实行绩效主义,一些扎实细致的工作就容易被忽视。

索尼公司不仅对每个人进行评价,还对每个业务部门进行业绩评价,由此决定整个业务部门的报酬。最后导致的结果是,业务部门相互折台,都想方设法从公司的整体利益中为本部门多捞好处。

2004年2月底,我在美国见到了"涌流理论"的代表人物奇凯岑特米哈伊教授,并聆听了他的讲演。讲演一开始,大屏幕上放映的一段话是我自进入索尼公司以来多次读过的,只不过被译成了英文。

"建立公司的目的:建设理想的工厂,在这个工厂里,应该有自由、豁达、愉快的气氛,让每个认真工作的技术人员最大限度地发挥技能。"

这正是索尼公司的创立宗旨。索尼公司失去活力,就是因为实行了绩效主义。

(资料来源:360个人图书馆.绩效主义毁了索尼。)

问题:请结合开篇案例,对比海尔公司的绩效管理和索尼公司的绩效管理,试分析索尼公司陷入困境的原因。

第七章　薪酬管理

【知识与能力目标】

通过本章的学习，应该能够：1.掌握薪酬的概念、构成；2.重点掌握薪酬管理的内容和薪酬设计的步骤；3.熟练掌握薪酬管理的原则、薪酬体系设计的原则和企业福利制度的构成；4.掌握人工成本核算与社会保险费的计算方法及相关法律规定。

通过相应的知识点的拓展训练，应该具备：1.设计简单的企业薪酬体系的能力；2.日常薪酬管理的能力；3.福利体系设计的能力；4.社会保险费的计算与缴费的能力。

【开篇案例】

T公司是我国中部X市的一家小型订单加工企业，公司刚创业3年，处于发展阶段。主要接受国外客商的订单，进行纯手工的产品精加工，所有产品都销往海外。由于产品质量好，每笔订单都能按期交货，公司在国外客商中的口碑很好，很有市场。公司除老板外，共有员工22人，其中财务会计1人，办公室综合人员1人，一线员工20人。一线员工全部为技术员工。由于产品对技术水平要求比较高，新员工需进行3个月的技术培训合格后才能上岗。对办公室综合人员和财务人员，公司采用"固定薪酬+节约成本奖+加班补贴费+每笔订单完成后的效益奖"工资制；对技术员工则采用计件工资制，其结构为"基本工资+计件奖"，在规定时间内完成任务的60%，可以拿到基本工资；剩余部分采用计件的方式，即完成每一件产品获得一件产品的销售收入提成。由于公司的产品质量过关，交货及时，产品价格合理，公司在客户中口碑很好，订单如雪花般向公司飞来，公司的业绩越来越好。但是，从今年年初开始，公司净利润逐月下滑，直到上个月月底，净利润下滑至公司创建以来的最低值。老板很奇怪，房租、水电等成本没变，原材料价格没变，产品的市场价格没下降，物价没有上涨，各类员工数量也没增加，订单一如既往的多，为什么收益降低了呢？以下是这家公司老板提供的上个月底公司的财务的基本状况：总营业收入为30万元（略高于去年同期），预计下个月原材料采购成本为9万元（与去年同期基本持平），房租及水电费为1.8万元（与去年同期持平），运输费为2.1万元，公关费用为2万元（包括老板的差旅费、招待费、汽油费略低于去年同期),技术员工的薪酬总额为 10 万元,财务和办公室综合人员的薪酬总额为 0.66 万元,为员工缴纳各类保险和发放福利共 3 万元。技术员工的工资居同行之首,其他岗位在行业中居中等偏上水平。据调查,该公司单件产品的销售收入(毛利润)与去年同期持平,但技术工人工资远远高于同行水平。当问及老板原因时,老板回答从去年开始,每到订单加工进行到 1/3 左右时,公司员工就会以集体辞职来要挟老板加工资;而老板考虑员工集体辞职会让公司承担不能如期交货带来的违约损失,就次次满足了员工的要求,也就导致了利润逐月下滑的现象。

(根据企业实际自编案例。)

薪酬管理是人力资源管理活动中非常重要的一个环节。它涉及组织在员工获取、员工保持、员工调控、员工激励以及成本控制等方方面面的活动。

【理论单元】

第一节　薪酬与薪酬管理

一、薪酬

在现代社会中,我们常听到的是报酬、工资、奖金、补贴、福利……那么,什么是薪酬?薪酬是否等同于报酬、工资、奖金、补贴、福利?或者是它们的总称?

(一)薪酬的含义

薪酬是指由于雇佣关系的存在而从雇主那里获得的所有的各种形式的经济收入、有形服务和福利。

可以从如下几个方面来理解这个概念。

①雇佣关系的存在是薪酬存在的前提,没有雇佣关系就没有薪酬。

②各种形式的经济收入包括货币、实物和有价证券等。

③有形服务,如公司提供的各类培训等。

④福利包括国家法定保险、福利以及地方性的福利和本公司设计的福利。

(二)与薪酬相似的几个概念

1.报酬

报酬是指员工完成任务后所获得的一切有形和无形的待遇。比如,张三本月完成了任务后,公司发给他 1 500 元的基本工资和 2 800 元的绩效奖,并给他换了一个宽敞的办公室,那么张三获得的 4 300 元以及他对新办公室的使用权就是他完成工作所获得的报酬。而作为营销员的李四,本月一笔订单也没签到,但公司还是发给他 1 500 元的基本工资,李四所获得的 1 500 元就不是报酬,而是薪酬。

2.工资

工资是指企业依据国家法律规定和劳动合同的约定,以货币形式支付给员工的劳动报酬,比如前面提到的张三拿到的 4 300 元。

3.奖金

奖金是员工获得的超额劳动的报酬,如红利、利润分享、佣金等。

4.补贴

补贴也叫薪酬性津贴,是对员工在特殊劳动条件下所付出的额外劳动消耗和生活费用开支的一种物质补偿形式,如高温补贴、降温补贴、交通补贴等。

5.福利

福利是企业为每个员工提供的福利项目,如带薪休假、各种保险等。

(三)薪酬的实质

薪酬的实质是一种交换或交易,是员工用自己为企业作出的贡献以及自身的工龄、知识、技能、体力和工作表现等换取的货币、实物、有价证券、福利和服务等。显然,如果交易双方中的任何一方不满意交易,薪酬就不存在。员工不满意,就会离职;而企业不满意,员工就会面临被解雇的情况。

(四)薪酬的结构

在企业实际工作中,通常把薪酬分为基本薪酬、可变薪酬和福利 3 部分。如图 7.1 所示。基本薪酬基本保持稳定,是每位员工都有的部分。可变薪酬又称为激励薪酬,直接与员工绩效和企业效益相联系。福利包括法定福利(如法定节假日)、个别福利(如某公司在中秋节为员工免费发放的月饼)和员工服务福利(如家庭理财咨询、工作期间的餐饮服务等)。

(五)薪酬的功能

薪酬的功能体现在以下 5 个方面。

1.补偿功能

薪酬的首要功能是补偿功能,是对员工完成某项工作所付出的时间、精力、体力等的补偿。比如,小李上个月并没有成功为企业拿到订单,但是仍然拿到了 1 500 元工资。这 1 500 元就是对小李上个月为企业所花费的时间、体力、精力等方面的补偿。

2.激励功能

薪酬的激励功能主要体现在可变薪酬上。可变薪酬部分是依据员工个人的能力、工作

薪酬
- 直接薪酬
  - 基本薪酬
    - 基本工资
    - 工龄工资
    - 学历工资
    - 职务工资
    - 技能工资
  - 可变薪酬
    - 绩效工资
    - 奖金
    - 津贴
    - 分红
    - 股票期权
- 间接薪酬
  - 福利
    - 法定福利
    - 个别福利
    - 员工服务福利

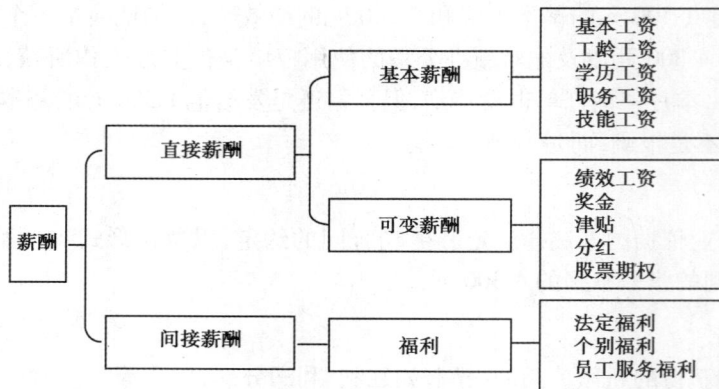

图 7.1　薪酬的构成

态度以及工作效果而支付的,高等级的工作绩效会给员工带来高水平的薪酬。高水平薪酬不仅可以使员工的经济条件得到不断改善,更是对其自身价值的肯定,也是其个人职业成功的一种标志。因而能够增加员工在工作上的满足感和成就感,从而激励员工以更高的热情投入到工作中去。

3.调节功能

薪酬差别是企业内部员工流动的一个重要因素。企业可以通过薪酬水平的变动,将企业目标和管理者意图传递给员工,从而调整企业经营管理环节上人力资源的数量和质量。

4.效益功能

对企业来讲,薪酬是企业经营中的人工成本,是劳动力价格,是对经营活动的劳动投入,而劳动是企业效益的源泉。此外,对员工来讲,薪酬是收入,而收入的高低取决于薪酬的效益。因为在正常情况下,一个劳动者所创造的价值总是大于其所获得的收入,剩余部分就是薪酬经济效益。也正是因为薪酬的效益职能,企业才能不断发展。

5.统计与监督职能

从狭义角度看,薪酬的统计与监督功能表现为对考核期内薪酬成本总量与组织内各层次人员薪酬成本的统计,这个统计有利于组织对薪酬的合理控制与管理。从广义角度看,薪酬是劳动者为了支付自己的消费而出卖的劳动力所得。因此,薪酬在一定程度上反映了劳动者的消费水平。对薪酬的统计与监督,有助于国家从宏观上统计与监督薪酬增长率与劳动生产率、国内生产总值增长率的比例关系。

二、薪酬管理

薪酬管理是指企业在经营战略和发展规划的指导下,综合考虑内外部各种因素的影响,确定自身的薪酬体系、薪酬水平、薪酬结构和薪酬管理政策的整个过程。

(一)薪酬管理的内容

薪酬管理的内容分为两部分,薪酬制度设计和日常的薪酬管理。

薪酬制度设计是薪酬管理的基础工作。在薪酬制度设计环节出现问题,企业薪酬管理就不能达到预期目标。薪酬制度设计包括薪酬策略制定、薪酬体系设计、薪酬水平设计、薪酬结构设计等。不同薪酬制度有不同的适用对象和范围,企业需要根据自己的发展战略和自身的特点设计或选择相适应的薪酬制度。

日常薪酬管理是由薪酬预算、薪酬支付、薪酬调整组成的循环,即薪酬成本管理循环。此外,薪酬管理还包括如下4个方面:第一,开展薪酬市场调查,统计分析调查结果,写出调查分析报告。第二,制订年度薪酬激励计划,对薪酬计划执行情况进行统计分析。第三,调查了解各类员工的薪酬状况,进行必要的员工薪酬满意度调查。第四,对报告期人工成本进行核算,检查人工成本计划的执行情况。

薪酬预算、薪酬支付和薪酬调整是薪酬管理的重点工作。

(二)薪酬管理的基本目标

1.保证薪酬在劳动力市场上具有竞争性,吸引并留住优秀人才

薪酬水平不仅反映职位的价值,还体现个人的价值,有竞争力的薪酬才能吸引并且留住人才,特别是那些优秀人才。

2.肯定员工的贡献,鼓励员工高效率地工作

企业内员工薪酬水平的差异体现了员工工作效绩之间的差异。绩效优秀的员工的薪酬水平要高于绩效一般的员工的薪酬水平。这不仅是对员工已经作出的贡献的肯定,也是对员工未来努力工作的引导。

3.合理控制企业人工成本

人工成本费用通常在企业运营成本中占很大比例,薪酬管理高效与否,直接影响了企业产品或服务在市场上竞争力的强弱。

4.促进员工与企业的共同发展

薪酬激励机制的确立,将企业与员工长期、中期及短期经济利益有机地结合起来,促进企业与员工结成利益关系共同体,谋求员工与企业的共同发展。

(三)薪酬管理的原则

是否遵循薪酬管理的原则也是衡量一个企业薪酬管理成败的标准。

1.合法性原则

在薪酬管理过程中,特别是薪酬水平的确定,必须遵守国家相关法律法规的规定。比如,最低工资水平,或者试用期的薪酬水平以及工资发放的形式、支付对象、支付时间等。

2.竞争性原则

企业支付给员工的薪酬,需要对外具有竞争性,薪酬水平太低会使企业无法留住优秀员工。

3.公平性原则

薪酬管理的公平性原则是指企业支付给员工的薪酬与其对企业的贡献相一致,贡献大的薪酬水平高,贡献低的薪酬水平低。薪酬的设定对岗不对人,岗位薪酬的发放对岗不对人,绩效薪酬的发放对绩效不对人。

4.激励性原则

根据员工贡献支付薪酬,拉开薪酬等级之间的差距,使不同业绩的员工在心理上觉察到这个差距并产生激励作用。使业绩好的员工觉得得到了鼓励,业绩差的员工觉得值得去努力。

5.成本可控性原则

企业需要充分考虑自己的财务实力和实际支付能力,根据企业的实际情况对人工成本进行必要的控制。一般来说,在企业全员劳动生产率以及经济效益没有明显提高的情况下,不宜盲目提高员工的薪酬水平。

(四)薪酬管理的影响因素

影响薪酬管理的因素分为企业外部影响因素、企业内部影响因素、员工个人因素 3 类。

1.企业外部影响因素

企业外部影响因素包括国家法律法规及政策、劳动力市场供求关系、经济发展与生产率、物价、地区生活水平、行业薪酬状况等。

(1)国家法律法规及政策的影响。国家法律法规及政策对企业薪酬管理有直接影响。比如《最低工资规定》(2003)规定了企业最低工资水平,《中华人民共和国劳动法》(1994)规定了法定节假日加班工资、最低工资标准及社会福利和保险等。2008 年起实施的"三法两条例"(《中华人民共和国劳动合同法》《中华人民共和国就业促进法》《中华人民共和国劳动争议调解仲裁法》《职工带薪年休假条例》《中华人民共和国劳动合同法实施条例》)从法定福利、试用期工资、加班费、带薪休假等多方面作出了明确规定。企业在进行薪酬管理时,必须遵守国家相关法律法规的规定。

(2)劳动力市场供求关系。劳动力市场供求关系决定了企业在人工成本上的投入。在市场上可供企业使用的劳动力大于企业需求时,即供大于求时,企业的薪酬水平就会降低;而当企业需求大于劳动力市场上劳动力供给时,企业薪酬水平就会提高。

(3)经济发展水平。一般来讲,经济发展处于较高水平,劳动生产率高时,员工薪酬水平较高;如果社会经济发展水平低,企业内员工的薪酬水平也不会高。我国东南沿海经济发展水平高的地区的平均薪酬水平与中西部经济发展水平低的地区的平均薪酬水平之间,就有着很大的差距。

(4)物价。物价变动情况和物价水平也影响了薪酬管理。一般来说,物价变动会直接影响员工的消费水平,如果物价上涨,就会加大员工的实际支出,员工的实际薪酬降低,这种情况下员工希望企业能够涨工资。与此同时,物价上涨也会引起原材料成本的增加,企业也希望能够降低薪酬以确保自己获利的稳定性。

（5）地区生活水平。地区生活水平从两个方面影响了企业的薪酬管理，一是随着生活水平的提高，员工个人对生活的期望也会提高，企业对薪酬管理的压力就越大。二是如果生活水平的提高伴随着物价上涨，员工的实际收入就会降低，企业面临薪酬管理的压力就会更大。

（6）行业薪酬状况。行业薪酬水平的变化主要取决于行业产品的市场需求和行业生产率两大因素。当产品需求上升时，薪酬水平可有所提高；当劳动生产率上升时，薪酬水平也可以在企业效益范围内按比例提高。由于历史原因和现实需要，各行业的员工对薪酬的期望也不同。另外，劳动力密集型的行业偏向于用显性薪酬来激励员工，而知识密集型行业更倾向于用晋升等非显性薪酬来激励员工。

2.内部影响因素

（1）经营战略。经营战略对薪酬管理制度的影响，从企业角度看，表现在不同的经营战略需要不同的薪酬管理方式与之相适应，从员工的角度看，表现在企业薪酬重点关注的方向，企业经营战略重点关注的领域将是企业薪酬倾斜的对象，比如企业战略是创新产品领先，那么企业将加大对研发人员的薪酬激励力度。见表7.1（刘昕，2002）。

表7.1　不同经营战略下的薪酬管理

经营战略	经营重点	薪酬管理
成本领先战略	追求成本的有效性；一流的操作水平	提高薪酬体系中激励部分的比重；重点放在与竞争对手的成本比较上；强调生产率；强调制度的控制性及具体化的工作说明
创新战略	向创新性产品转移；产品领袖；缩短产品生命周期	以市场为基准的工资；奖励在产品以及生产方法方面的创新；弹性/广泛性的工作描述
客户中心战略	为客户提供解决问题的办法；紧紧贴近客户；加快营销速度	以客户满意为奖励基础；由顾客进行工作或技能评价

（2）支付能力。薪酬是企业最重要的一项成本开支。企业的支付能力（即财务状况）直接影响了企业内员工的薪酬水平。一般来讲，资金雄厚的公司和盈利丰厚、处于发展上升阶段的企业，对员工薪酬支付较慷慨，而规模较小或处于效益不景气中的企业在薪酬发放中则需量入为出。良好的支付能力，可以保证薪酬水平的竞争力以及薪酬发放的及时性。

（3）发展阶段。不同的企业发展阶段，经营重点也不同，所面对的企业内外环境也不同，所采用的薪酬形式也应该不同。见表7.2（李燕萍，2012；石金涛，2001）。

3.个人因素

（1）员工所处的岗位。岗位是决定员工个人基本薪酬以及企业薪酬结构的重要依据。

这不仅表现在不同级别的、任职资格不同的岗位基本薪酬不同,也表现在由于岗位的特点不同,所获得可变薪酬的方式与水平也不同。

表 7.2　不同发展阶段下的薪酬管理

企业特征	企业发展战略			
	初创阶段	增长阶段	成熟阶段	衰退阶段
经营战略	以投资促发展	以投资促发展	保持利润与保护市场	收获利润并开展新领域投资
风险水平	高	中	低	中,高
薪酬战略	个人激励	个人激励和集体激励	个人激励和个人集体激励	奖励成本控制
短期激励	股票激励	现金奖励	利润分享、现金奖励	无
长期激励	股票期权(全面参与)	股票期权(有限参与)	股票购买	无
基本工资	低于市场水平	等于市场水平	大于/等于市场水平	低于/等于市场水平
福利	低于市场水平	低于市场水平	大于/等于市场水平	低于/等于市场水平

（2）员工的工作表现。员工的工作表现对薪酬的影响主要在可变薪酬部分,也就是在激励薪酬上。员工工作表现好,激励薪酬就会高;反之,激励薪酬就会低。此外,员工的工作表现还影响到了员工的加薪,也就是基本薪酬的增加。员工的工作表现是员工加薪晋升的主要依据。

（3）资历水平。资历水平包括员工的技术水平、所受教育程度以及工作年限。员工的技术水平和所受教育程度决定了该员工在劳动力市场的价格,也决定了该员工在企业中的薪酬水平。工作年限包含工龄和企龄两部分。工龄是员工参加工作的时间,而企龄是员工在本企业工作的时间。通常,工龄长和企龄长的员工,薪酬水平也会相对高些。

（五）薪酬调查

薪酬调查是指企业采用科学的方法,通过各种途径,采集有关企业各类人员的工资福利待遇以及支付状况的信息,进行必要处理分析的过程。薪酬调查分为面向企业外部的市场薪酬调查和面向企业内部的员工薪酬满意度调查两个部分。

1.市场薪酬调查

绝大多数企业在确定自己的员工薪酬水平时,都会注重市场薪酬的调查。

（1）市场薪酬调查的方式。从调查的形式上看,薪酬的市场调查可分为正式薪酬调查和非正式薪酬调查两种。从进行调查的主体看,薪酬的市场调查可分为政府的调查、行业的调查、专业协会或企业家联合会的调查、咨询公司的调查或企业自己进行的调查。从调查的企业者来看,正式薪酬调查可分为商业性薪酬调查(一般由咨询公司完成,以获利为目的)、专业性薪酬调查(如美国管理学会 AMA 进行的薪酬调查)以及政府薪酬调查(如美国劳工统计局 BLS)的薪酬调查。

通常企业会选择委托咨询公司调查或从相关单位购买数据(如人力资源社会保障部门定期发布的区域工资指导价数据、专业人力资源管理公司和管理咨询公司发布的调查数据等)。

(2)市场薪酬调查的作用。一般来讲,薪酬调查对企业的作用体现在:通过薪酬的市场调查,为企业调整员工的薪酬水平提供依据,为调查企业调整薪酬制度奠定基础,有助于企业掌握薪酬管理的新变化和新趋势。此外,薪酬的市场调查还有利于控制劳动力成本,增强企业竞争力。

(3)市场薪酬调查的成果。市场薪酬调查的最终成果为薪酬市场调查报告。报告的内容分为薪酬调查概述(调查背景、调查对象的资料、调查过程、调查方法、调查样本量描述、调查职位描述)和薪酬调查数据统计资料(薪酬数据汇总表、结构图、趋势图等),后者主要通过最低薪酬额度、最高薪酬额度、频率、中位数、均值、众数等数据进行描述。

(4)薪酬调查数据的使用。薪酬调查的主要目的是确定基准岗位的薪酬水平,其他岗位的薪酬水平可以根据其相对价值和基准薪酬水平来确定。

利用薪酬调查的数据来确定薪酬水平最简单的方法是,把所获得的数据按从低到高的顺序排列,分别标出 25 分位、50 分位、75 分位的薪酬水平。见表7.3。企业可根据自己的具体情况选择薪酬水平的市场定位策略。一是市场领先策略,企业的薪酬水平高于市场平均水平,向 75 分位的薪酬水平甚至 90 分位的薪酬水平看齐;二是市场跟随策略,根据市场平均水平确定本企业的薪酬定位,向 50 分位的薪酬水平看齐;三是市场滞后策略,企业的薪酬水平落后于市场平均水平,向 25 分位的薪酬水平看齐;四是混合策略,根据企业内职务类型或员工类型分别制定薪酬水平策略。

表 7.3　百分位法确定薪酬水平

企业	薪酬水平	取值点	含　义
C	4 600		
I	4 900		
B	4 900	25%	低位值,有 25% 的企业比这个薪酬水平低,往往作为较低水平的基准值
D	4 900		
E	5 200		
H	5 400	50%	中位值,薪酬水平高于市场上 50% 的企业水平、低于 50% 的企业的薪酬水平,是大多数企业瞄准的基准线
J	5 400		
K	5 500		

续表

企业	薪酬水平	取值点	含 义
F	5 600	75%	高位值,薪酬水平高于市场上75%的企业的薪酬水平,是薪酬水平处于领先地位的企业所关注的
G	5 700		
A	5 750		

2.薪酬满意度调查

薪酬满意度是员工对自己薪酬的满意程度,是员工对自己所获得的薪酬进行评价产生的主观信念力感受。员工满意度是一个相对的概念,达到自己的预期就是满意,超出自己的预期就是非常满意,而没有达到自己的预期就是不满意。企业薪酬满意度调查的目的是提高员工满意度,提高企业绩效。薪酬满意度调查包括对薪酬、福利、加薪、薪酬结构等几方面的满意度的调查。通常企业的薪酬管理制度、员工对薪酬的期望值、薪酬制度的公平性、边际效应规律以及员工职业生涯发展阶段会影响员工的薪酬满意度。

(六)薪酬管理的趋势

暴丽艳、徐光华(2010)在《人力资源管理实务》中,提出了薪酬管理的3大发展趋势:全面薪酬与自助餐式福利计划、资本主导式薪酬分配方式(长期的员工激励计划)和宽带薪酬体系。

1.全面薪酬与自助餐式福利计划

由于员工需求层次的日趋多样化,很多企业的薪酬构要素及各要素所占的比例也发生了变化,薪酬设计也更为人性化。比如,有的企业在福利体系设计中增加了我国传统节日的福利补贴一项,以彰显企业对员工的关心和爱护。

全面薪酬不但包括货币形式的报酬,还包括精神方面的激励,即内在报酬。比如,一些企业赋予绩效优秀的员工在不影响其他员工正常工作和部门绩效的前提下,灵活安排工作时间或灵活安排工作地点的权利等。

自助餐式薪酬是企业根据自身实际情况,与员工一起设计不同的福利项目,让员工在一定规则下在所有的福利项目中选择自己喜欢的福利,形成自己的福利组合,每个员工都有自己"专属的"福利组合。自助餐式薪酬也称弹性福利。

2.资本主导式薪酬分配形式

传统的薪酬分配形式是以货币为主导的薪酬分配方式,而以员工持股计划、资本积累项目、股票增值权、限定股计划、虚拟股票计划和股票转让价格等为主导的薪酬分配形式被称为资本主导的薪酬分配形式。资本主导的薪酬分配形式是企业为了留住和激励高层管理人员、核心技术人才以及营销骨干等影响企业发展的关键人才而设计的长期激励计划,通过这种分配形式,让员工在一个较长时间内自觉地关心企业的利益。

3.宽带薪酬体系

宽带薪酬是指对多个薪酬等级以及薪酬变动范围进行重新组合,从而变成只有相对较少的薪酬等级以及相应较宽的薪酬变动范围(暴丽艳,徐光华,2013)。宽带薪酬最大的特点是压缩级别,将原来十几个、20个甚至30个级别压缩成几个级别,并将每个级别对应的薪酬范围扩大,从而形成一个新的薪酬管理系统及操作流程,以适应新的竞争环境和业务发展需要。从形式上看,宽带薪酬较传统的等级薪酬等级明显减少,而每一级的档次增加。一种典型的宽带薪酬模式最多只有4个等级,但每一级最高峰值与最低峰值的变动比率则可能达到200%~300%。

第二节 薪酬体系

薪酬体系是指薪酬中相互联系、相互制约、相互补充的各个构成要素形成的有机统一体。

基本的薪酬体系有岗位薪酬体系、技能薪酬体系和绩效薪酬体系3类,而宽带薪酬体系则是企业薪酬管理的发展趋势。

一、基本的薪酬体系

(一)岗位薪酬体系

岗位薪酬体系也称为职位薪酬体系。这种薪酬体系根据每个岗位的相对价值来确定薪酬等级,通过市场薪酬水平调查来确定每个等级的薪酬幅度。岗位薪酬体系的基本思想如下:不同岗位有不同的相对价值,相对价值越高的岗位对企业的贡献就越大,因而就应该获得较高水平的薪酬。

1.岗位薪酬体系的优缺点

岗位薪酬体系的优点是容易实现同岗同酬,凸显公平性,也便于按岗位进行系统的管理,管理成本较低。其缺点是忽略了员工的个性特征,容易错误地引导员工盲目地追求岗位的晋升,从而影响员工个人的职业生涯发展,特别是技术类员工,一旦达到一定的岗位,就再也没有晋升空间了。此外,岗位薪酬体系直接与岗位相连,忽视同一岗位可能存在的绩效差异,可能会挫伤许多员工的工作热情和积极性。岗位薪酬体系的另外一个缺点是属于高稳定薪酬模式,这种模式缺乏对员工的有效激励,还在一定程度上加剧了企业缺乏灵活性和弹性的现象。

2.实施岗位薪酬体系的前提

实施岗位薪酬体系要求企业有清楚明晰的岗位说明书,企业环境稳定,工作对象比较固定;同时,要求企业科学合理地确定能够反映岗位相对价值的因素、指标和权重,并对每个岗位所包含的价值进行客观评价。

（二）技能薪酬体系

技能薪酬体系是指以员工所掌握的与职位相关的知识和技术的深度与广度为依据，来确定薪酬等级和薪酬水平。员工薪酬水平随着技能等级的变化而变化。

1.技能薪酬体系的优缺点

技能薪酬体系能够刺激员工不断地拓展和提高自身的知识与技能的深度和广度，有利于企业绩效的提高。随着员工知识、技能的深化和扩展，其工作维面也将变得开阔，使员工成为工作上的多面手，易于岗位轮换。不足之处在于，如果不能有针对性地安排员工参加培训和学习深造，就会增加人力资源成本，也容易造成人才、知识和资金等方面的浪费。

2.实施技能薪酬体系的前提

①企业内部员工从事的工作是具有深度和广度的技术工作。
②企业已经建立了一套技能水平评级标准。
③企业的管理层必须认可技能薪酬体系的应用。

（三）绩效薪酬体系

绩效薪酬体系将员工个人或者团体的业绩与薪酬相连，根据绩效水平确定薪酬。绩效薪酬属于高激励薪酬，薪酬数额随着既定薪酬目标的完成而变化。员工工作绩效具体表现为完成工作的数量、质量、利润额以及对企业的其他贡献。

1.绩效薪酬体系的优缺点

绩效薪酬体系把员工绩效与薪酬结合起来，使薪酬的支付具有客观性和公平性，这种薪酬体系也有利于企业提高生产率、改善产品质量、增强员工的积极主动性等。其缺点如下：如果员工的行为和成果难以被准确地衡量，或者绩效评价体系指标设计不合理，就容易使绩效薪酬流于形式，可能导致更大的不公平。此外，如果绩效薪酬设计不合理，绩效薪酬就会演变为固定薪酬，失去了应有的激励效果。如果绩效薪酬制度是以员工个人绩效为主要依据，就会影响团队合作，而与团队绩效相关联的薪酬制度只适合人数较少、强调合作的企业。

2.绩效薪酬体系实施的前提

绩效薪酬体系实施的最关键的前提是完善的绩效管理体系和有效的绩效评价结果。

二、宽带薪酬体系

所谓宽带薪酬就是对多个薪酬等级以及薪酬变动范围进行重新组合，从而变成只有相对较少的薪酬等级以及相应较宽范围的薪酬变动。宽带薪酬体系是对传统的带有大量等级层次的垂直薪酬结构的一种改进或替代。

（一）宽带薪酬的特点

宽带薪酬打破了传统薪酬结构所维护和强化的严格的等级制，支持扁平型企业结构。

在宽带薪酬设计下,即使在同一个薪酬宽带内,企业为员工提供的薪酬变化范围比在原来的一个甚至更多薪酬等级的薪酬范围还要大,员工就不需要为薪酬的增长而斤斤计较职位晋升方面的问题,转而关注企业发展需要的技术和能力。因此,能够引导员工重视个人技能的增长和能力的提高。由于宽带薪酬减少了薪酬等级数量,将过去处于不同薪酬等级之中的大量岗位纳入现在的同一个薪酬等级中,甚至上级监督者和他们的下属也会在同一个薪酬宽带中,使员工横向流动的薪酬阻力减少,有利于岗位的轮换。宽带薪酬以市场薪酬调查为确定薪酬水平的基础,能密切配合劳动力市场上的供求变化。在宽带薪酬中,上级对有稳定突出业绩表现的下级员工可以拥有较大的加薪影响力,有利于推动良好的工作绩效。此外,宽带薪酬不仅能够弱化员工之间的职位竞争,强调员工之间的合作,还能培育积极的团队绩效文化。

(二)宽带薪酬的设计原则

宽带薪酬的设计除了必须遵守薪酬体系设计的原则外,还要遵守如下原则。

1.战略匹配原则

宽带薪酬的特点决定了其更适合技术型和创造型企业;同时,宽带薪酬的设计应当随企业战略和发展阶段的变化进行相应的调整,拓展或紧缩薪酬的带宽。

2.文化适应原则

宽载薪酬不强调资历,承认员工之间的差异,体现个人能力对绩效的充分尊重。采用宽带薪酬需要建立在公平、协商和沟通的企业文化基础之上,弱化等级观念。

三、福利

福利是企业对员工劳动贡献的一种间接补偿,是企业薪酬制度的重要组成部分。其实质是一种补充性报酬,往往以服务或实物的形式支付给员工。

(一)福利管理的内容

福利管理包括如下几个方面:确定福利总额、明确实施福利目标、确定福利支付形式和对象、评价福利实施效果。

(二)福利管理的原则

福利管理至少要遵守4个原则:首先是合理性原则,指的是福利设施和福利项目应该在规定范围内。其次是必要性原则,国家和地方规定的福利企业必须执行,此外企业自身提供的福利应当最大限度地与员工需求保持一致。再次是计划性原则,指的是企业向员工提供的所有福利设施和服务均应包括在预算计划中。最后是协调性原则,指的是企业在推行福利制度时,必须考虑与社会保险、社会救济、社会优抚的匹配和协调;同时,必须充分考虑企业的支付能力和薪酬政策。

（三）福利的分类

福利可分为法定福利和企业补充福利。法定福利又称基本福利。是指按照国家法律法规和政策规定必须发生的福利项目，其特点是只要企业建立并存在，就有义务、有责任并且必须按照国家统一规定的福利项目和支付标准支付，不受企业支付能力的限制。我国法定的福利包括休假制度、住房公积金和基本养老保险、基本医疗保险、失业保险、工伤保险和生育保险。住房公积金和后面的 5 项保险合称为"五险一金"。企业补充福利又称"边缘福利"，是指在国家法定基本福利之外，由企业自定的福利项目，如企业补充养老计划、医疗和意外伤害的商业保险等。

【理论单元习题】

一、填空题

1.薪酬是指员工由于雇佣关系的存在，而从雇主那里获得的所有各种形式的经济收入以及有形服务和_____。

2.在下面这个工资单中，激励薪酬是_____元，基本薪酬是_____元。

姓名	性别	学历	参加工作时间	岗级	基本工资/元	奖金/元	交通补贴/元	中夜班加班费/元	应发合计/元	公积金/元	税/元	实发合计/元
何田田	女	中专	1994 年9 月	8	2 875	1 170	205	165				3 896

3.薪酬管理分为两部分，薪酬制度设计与完善和_____。

4.日常薪酬管理由薪酬预算、薪酬支付、_____组成的循环，即_____。

二、选择题

1.下列选项中属于薪酬管理的原则有（　　　）。

    A.补偿性原则　　　　B.激励性原则　　　　C.合法性原则　　　　D.同岗同酬原则

2.员工的薪酬与其工作价值大体相当，可以认为该企业的薪酬管理做到了（　　　）。

    A.外部公平　　　　B.内部公平　　　　C.程序公平　　　　D.个人公平

3.下列选项中属于个人激励薪酬的是（　　　）。

    A.计件制　　　　B.效益分享计划　　　　C.佣金制　　　　D.团队薪酬

4.宽带薪酬体系的设计除必须遵循一般的薪酬体系设计的原则外，还必须遵循两个原则：一是战略匹配原则；二是（　　　）。

    A.文化适应原则　　　B.同岗同酬原则　　　C.及时性原则　　　D.实用性原则

三、简答题

1.简述薪酬的功能。

2.简述岗位薪酬体系设计的程序。

3.简述福利管理的原则。

四、论述题

1.试论述影响薪酬管理的因素有哪些。

2.试论述薪酬的发展趋势。

【能力单元】

第三节 薪酬体系设计程序

一、岗位薪酬体系的设计程序

岗位薪酬体系设计程序包括以下 7 个步骤。

(一)环境分析

环境分析是岗位薪酬体系设计的前提和基础。通过这个步骤,了解企业所处的内外环境和发展趋势,包括对企业外部环境(社会经济水平、国家政治法律、产业政策、劳动力供给、失业率等)和企业内部环境(企业性质、规模、发展阶段、企业文化、企业结构、工作特征、员工素质等)的分析。良好的薪酬体系能体现出其与环境之间的动态适应性。

(二)确定薪酬策略

薪酬策略是有关薪酬分配的原则、标准、薪酬总体水平的政策和策略。通过对企业经验战略、薪酬体系设计的必要性和可行性、激励重点和设计目标的分析论证,来确定企业的薪酬策略。

(三)岗位分析

岗位分析又称工作分析。通过工作分析编制的工作说明书(岗位说明书),是确定每个岗位的相对价值的重要依据。

(四) 岗位评价与岗位等级划分

依据工作分析获得的信息,对不同岗位的工作环境与工作条件、工作的难易程度、岗位职权的大小、任职资格的高低、创造就价值的多少等因素分别赋予不同的权数,计算每个岗位的得分并进行比较,确定该岗位在组织中的相对价值,从而明确不同岗位的等级、所属系统及各岗位之间的联系,确定各岗位在组织架构中的地位和作用。在薪酬体系设计中,岗位评价可使员工明确特定岗位的相对价值,为薪酬等级的划分建立基础。

岗位评价与岗位等级划分的工作程序可参考如下步骤。

1.成立岗位评价委员或岗位评价工作小组

确定岗位评价人员,成立岗位评价委员会或岗位评价工作小组,讨论并编写《岗位评价体系》和《岗位评价表》。

2.讨论评价要素

岗位评价委员会或岗位评价工作小组集体讨论岗位清单,充分交流岗位信息,并按照评价要素及其分级定义、注意要素,确定每个岗位的等级(要求对每个要素讨论一轮)。

3.岗位评价

每一位评委根据岗位说明书和日常掌握的岗位信息,按照岗位评价标准体系,逐一对岗位进行评价,得出每一岗位评价总分数,并填写岗位评价表。

4.汇总岗位评价结果

汇总各评委的岗位评价结果,计算出每个岗位的算术平均数。根据汇总计算的算术平均数,把岗位按评价得分由高到低的顺序排列。

5.制订岗位等级划分幅度表

根据算术平均数的具体情况,确定岗位等级数并制订岗位等级划分幅度表。

6.制订岗位等级序列表

根据上个步骤制订的幅度表进行划岗归级,形成岗位等级序列表并递交岗位评价委员会复评。

7.把复评结果汇总成岗位等级序列表,报决策层审批。

(五) 市场薪酬调查

市场薪酬调查主要是调查企业外部同行业或者不同行业相同岗位的薪酬水平、薪酬结构和薪酬形式以及薪酬管理发展趋势,通过对数据的收集、分析、归纳,形成薪酬市场的调查报告。

(六) 确定薪酬结构与薪酬水平

通常根据市场薪酬调查的结果,确定薪酬水平和薪酬结构。薪酬结构不仅包括不同岗位薪酬水平的对比关系,还包括不同薪酬形式在薪酬总额中的比例关系。

（七）实施与反馈

薪酬体系设计完成后，企业对将要实施的薪酬结构、薪酬水平、薪酬形式进行必要的宣传，并且注重与员工的有效沟通，广泛征求意见，为薪酬制度的实施作好充分准备。

二、技能薪酬体系与绩效薪酬体系的设计程序

（一）技能薪酬体系的设计

技能薪酬体系的设计过程与岗位薪酬体系的设计过程相同，区别在于技能薪酬体系是以技能为分析、评价的对象，结果是对应不同薪酬水平的技能等级线。

技能分析是对某个工作所需技能信息进行收集和分析，技能评价就是确定不同技能相对价值的过程。技能分析的内容决定了技能评价的合理性、真实性，决定了技能薪酬体系运作的有效性。技能分析的基本内容包括技能单元、技能模块和技能种类。技能单元是对特定工作的具体说明，比如"使用车床加工简单模具的能力"。技能模块是从事某项具体工作任务所需要的技术或知识。技能模块的本质是对技能单元进行分组，如"使用车床加工"是一种技能，可以被划分到"加工"这一模块；而"使用扳手拧螺丝"则可以被划分到"维修"这一模块。技能种类反映了一个工作群所有活动或者一个过程中各个步骤的有关技能模块的集合，本质上是对技能模块进行分组。

在技能薪酬设计中，首先划分技能种类。在技能种类基础上，对该技能种类所有的工作任务进行详细描述。然后，根据不同种类所要建立的技能结构形式设计不同的技能模块。

（二）绩效薪酬体系设计

绩效薪酬体系的设计过程与岗位薪酬体系的设计过程相同，不同之处在于绩效薪酬体系设计是以工作绩效为分析、评价的对象，根据绩效的完成程度决定薪酬的高低。在绩效薪酬设计之前，要充分考察企业的性质和特征、发展阶段、企业文化和员工需求等要素，以使绩效薪酬能与企业战略、内外环境保持一致性。

三、宽带薪酬体系的设计程序

（一）宽带薪酬体系设计流程

宽带薪酬体系的设计流程与传统的薪酬体系设计流程大致相同，只是具体步骤有自身的特点。

1.理解企业战略

在设计宽带薪酬时，首先要考虑企业的经营战略以及与此相匹配的薪酬战略，确保所设计的宽带薪酬体系服务于企业经营战略和薪酬战略。

2.整合岗位评价

岗位评价是宽带薪酬的基础。由于大多数企业包含着性质多样的岗位类别,因此,应该着手开发符合其自身特点的岗位评价量表,用于岗位分类和分级。

3.完善薪酬调查

薪酬调查的主要内容包括同行业其他企业的薪酬水平、本地区的薪酬水平,同时对本企业内部的薪酬体系进行梳理。

4.构建薪酬结构

确定每一薪级的带宽,设定每一级的上限和下限(企业愿意支付的最高和最低薪酬),确定每一级薪酬的浮动幅度和中点。中点由市场的报酬水平和企业的薪酬策略决定,反映受到良好培训的员工在其工作达到限定标准时应得到的薪酬。

①确定企业需要的宽带的数量,确定每个宽带对应人员的技能要求。

②确定宽带内薪酬浮动范围。根据薪酬调查数据及职位评价结果,确定宽带薪酬范围和级差,确定宽带内每个职能部门的薪酬等级和水平。

③在同一宽带中,建立不同职能部门员工跨部门岗位轮换机制,提高员工分析问题解决问题的能力。

为了有效控制人工成本,还必须构建相应的任职资格体系,明确工资评级标准及办法。

5.加强控制调整

在宽带薪酬实施过程中重视反馈,根据变化及时调整,采取合理化措施化解危机。

(二)宽带薪酬体系设计的关键

在宽带薪酬体系设计过程中,有3个关键点需要注意。

1.宽带数量的确定

关于宽带数量的设计目前还没有统一的标准。企业可根据自身情况,根据岗位或员工带给企业附加价值的贡献等级来确定。比如,有的企业就把本企业的薪酬宽带分为4个:助理级(初进企业者)、专业级(有经验的、知识丰富的团队成员)、专业主管级(团队或项目监督者)、专业指导级。

2.宽带的定价

如何向同一个宽带内职能各不相同的员工支付薪酬是一个重要问题。一个可行的做法是参照市场薪酬水平和薪酬变动区间,进行分别定价。

3.员工薪酬定位与调整

企业可以采用绩效法(企业重点强调绩效,根据员工绩效确定员工在宽带中的位置)、技能法(企业重点强调新技能的获取,严格按照员工新技能获取情况来确定其在宽带中的位置)和能力法(企业重点强调能力,根据市场确定薪酬水平,对低于这个水平的部分根据员工的知识技能水平进行定位,高于这个水平的部分根据员工的关键能力开发来定位)对员工进行薪酬定位和调整。

四、单项薪酬制度及奖金制度的制定程序

（一）单项薪酬制度的制定程序

①准确标明制度的名称,如工资总额计划与控制制度、工资构成制度等。

②明确界定单项工资制度的作用对象与范围。

③明确工资支付与计算标准。

④涵盖该项工资管理的所有工作内容,如支付原则、等级划分、过渡办法等。

（二）奖金制度的制定程序

①按照企业经营计划的实际完成情况确定奖金总额。

②根据企业战略、企业文化等确定奖金分配原则。

③确定奖金发放对象及范围。

④确定个人奖金计算办法。

五、岗位工资或能力工资的制定程序及奖金的设计

（一）岗位工资或能力工资的制定程序

①根据员工工资结构中岗位工资或能力工资所占比例和工资总额,确定岗位工资总额或能力工资总额。

②根据企业战略等确定岗位工资或能力工资的分配原则。

③进行岗位分析和岗位评价或对员工进行能力评价。

④根据评价结果确定工资等级数量及划分等级。

⑤工资调查与结果分析。

⑥了解企业财务支付能力。

⑦根据企业工资策略,确定每个工资等级在所有工资标准的中点所对应的标准。

⑧确定每个薪酬等级之间的工资差距。

⑨确定每个工资等级的幅度,即各等级的最高工资标准与最低工资标准之间的幅度。

⑩确定工资等级之间重叠部分的大小。

⑪确定具体计算办法。

（二）奖金设计方法

1.佣金的设计

佣金是指员工完成某项任务而获得的一定比例的金钱,是奖金的特殊类型。设计佣金时,佣金涉及的比例要合适,要兼顾企业成本和佣金的激励作用。此外,比例一经确定就不轻易改变,并且要及时兑现佣金,才能确保佣金的激励作用。

2.加班费的设计

在设计加班费时,要注意依法支付超时工作奖,明确哪些岗位有超时奖,哪些岗位没有;允许在某一段时间内由于完成特殊任务而支付超时奖。

3.绩效奖的设计

这是员工达到某一绩效后,企业为了奖励某种行为而支付的奖金。在设计绩效奖时需注意:绩效标准要明确、合理,达到某一绩效标准后奖金要一致;以递增的方式设立奖金。

4.节约奖的设计

节约奖即降低成本奖,是企业鼓励员工节约而是设立的奖金。设计节约奖时需注意:节约是在保证质量前提下的节约,因此需明确具体指标来确定是否降低成本,降低的成本可以通过累计而获奖。

5.特殊贡献奖的设计

特殊贡献奖是为鼓励员工为企业作出的特殊贡献而设立的,一般数额较大。设立特殊贡献奖时,首先要注意制定标准要有可操作性,为企业增加的金额要大,明确只有在他人或平时无法完成而该员工却能完成时才能获奖。获奖人数要少,金额要大,要使获奖人和其他人都能受到鼓励。

6.超利润奖的设计

超利润奖指员工全面超额完成利润指标后,企业给员工的奖金,也叫红利。设计超利润奖时需注意:只奖励与超额完成利润指标有关的人员,根据员工对超额完成利润指标的贡献确定奖金金额,要明确规定超出部分的多少比例作为奖金。

第四节　人工成本核算

人工成本也称作人工费用、用人费用或人事费用,是指企业在生产经营活动中用于支付给员工的全部费用。它包括从业人员劳动报酬总额、社会保险费用、福利费用、教育费用、劳动保护费用、住房费用和其他人工成本等。

一、人工成本核算程序

(一)核算人工成本的基本指标

人工成本指标包括企业从业人员年平均人数、企业从业人员年人均工作时数、企业销售收入(营业收入)、企业增加值(纯收入)、企业利润总额、企业成本(费用总额)、企业人工成本总额。

1.企业从业人员年平均人数

企业从业人员年平均数指报告年度内企业从业人员的平均数,其计算公式为:

$$企业从业人员年平均人数 = \frac{报告年初从业人员数 + 报告年末从业人员数}{2}$$

在岗员工年平均人数单列其中。

2.企业从业人员年人均工作时数

企业从业人员年人均工时数的计算公式为:

$$企业从业人员年人均工作时数 = \frac{企业年制度工时 + 年加班工时 - 损耗工时}{企业从业人员年平均人数}$$

3.企业销售收入(营业收入)

企业销售收入用于核算企业在报告期内生产经营中通过销售产品、提供劳务或从事其他生产经营活动而获得的全部收入。销售收入或营业收入可以反映企业在一定时间内的全部销售或产出价值,其中既包括转移价值,又包括创新价值。

4.企业增加值(纯收入)

企业增加值(纯收入)用于核算企业在报告其内以货币表现的企业生产活动的最终成果。有两种核算方式:

(1)生产法:增加值=总产出−中间投入

(2)收入法:增加值=劳动者报酬+固定资产折旧+营业盈余

5.企业利润总额

企业利润总额即税前会计利润,是企业在报告期内实现的盈亏总额,反映企业最终的财务成果。

6.企业成本(费用)总额

企业成本(费用)总额核算企业在报告期内为生产产品、提供劳务所发生的所有费用。

7.企业人工成本总额

人工成本总额=企业从业人员劳动报酬+社会保险费用+住房费用+福利费用+教育经费+劳动保护费用+其他人工成本

(二)核算人工成本投入产出指标

1.销售收入与人工费用比率

销售收入与人工费用比率反映的是每获得一个单位的销售收入(营业收入)需投入的人工成本。

$$人工费用率 = \frac{人工费用}{销售收入(营业收入)} = \frac{\dfrac{人工费用}{员工总数}}{\dfrac{销售收入(营业收入)}{员工总数}}$$

$$= \frac{薪酬水平}{单位员工销售收入（营业收入）}$$

2.劳动分配率法

劳动分配率是指在企业获得增加值（纯收入）中用于员工薪酬分配的份额。

$$劳动分配率 = \frac{人工费用}{增加值（纯收入）}$$

二、合理确定人工成本的方法

有 3 种方法可以确定人工费用支出的极限。

（一）劳动分配率基准法

劳动分配率基准法是以劳动分配率为基准，根据一定的目标人工成本，推算出所必须达到的目标销货额；或者根据一定的目标销货额，推算出可能支出的人工成本及人工成本总额增长幅度。

$$合理的人工费用率 = \frac{人工费用}{销货额} = \frac{净产值}{销货额} \times \frac{人工费用}{净产值}$$

$$= 目标附加价值率 \times 目标劳动价值率$$

附加价值 = 销货（生产）净额 - 外购部分

$$= 销货净额 - 当期进货成本（直接原材料 + 购入零配件 + 外包加工费 + 间接材料）$$

或者，

附加价值 = 利润 + 人工成本 + 其他形成附加价值的各项费用

$$= 利润 + 人工成本 + 财务费用 + 租金 + 折旧 + 税收$$

应用劳动分配率基准法的步骤如下。

①用目标人工费用（也称计划人工费用）、目标净产值率（也称计划净产率值）和目标劳动分配率（也称计划劳动分配率）3 项指标计算出目标销售额（也称计划销售额）。

[**例 7.1**]　假设某公司目标净产值率为 35%，目标劳动分配率为 40%，目标人工费用为 3 000 万元，按人工费用率的基准计算，其目标销售额应为多少？

解：目标销售额 $= \dfrac{目标人工费用}{人工费用率} = \dfrac{目标人工费用}{目标净产值率 \times 目标劳动分配率}$

该公司销售人员年度目标销售额 $= \dfrac{3\ 000}{35\% \times 40\%} = 21\ 428.57（万元）$

②运用劳动分配率求出合理薪资的增长幅度。在计算上年度和确定本年度目标劳动分配率的基础上，根据本年度的目标销售额计算出本年目标人工费用，进而计算出薪酬总额的增长幅度。

[**例 7.2**]　某公司上年度人工成本为 2 892 万元，净产值为 9 780 万元，本年度确定目标净产值为 11 270 万元，目标劳动分配率同上年。该企业本年度人工成本总额是多少？人工成本增长率多少？

解：上年度劳动分配率 $= \dfrac{\text{上年度人工成本}}{\text{上年度净产值}} = \dfrac{2\,892}{9\,780} = 29.57(\%)$

目标劳动率同上年，则：

$$\text{目标劳动分配率} = \frac{\text{目标人工费用}}{\text{目标净产值}}$$

即　　$29.57\% = \dfrac{\text{目标人工费用}}{11\,270}$

则　　本年度人工成本 $= 11\,270 \times 29.57\% = 3\,332.54$（万元）

人工成本增长率 $= \dfrac{3\,332.54}{2\,892} - 100\% = 15.23\%$

即该公司本年度人工成本总额为 3 332.54 万元，增长率为15.23%。

（二）销售净额基准法

此法根据前几年实际人工费用率、上年度平均人数、平均薪酬和本年度目标薪酬增长率，求出本年度目标销售额，并以此作为本年度应实现的最低销售净额。其计算公式为：

目标人工成本 = 本年度计划平均人数 × 上年度平均薪酬 × （1 + 计划平均薪酬增长率）

$$\text{目标销售额} = \frac{\text{目标人工成本}}{\text{人工费用率}}$$

[例7.3]　某公司人工费用率为 15%，上年度平均薪酬为 7 500 元，本年度计划平均人数为 100 人，平均薪酬增长 20%。本年度销售额应为多少？

解：目标人工成本 = 本年度计划平均人数 × 上年度平均薪酬 × （1 + 平均薪酬增长率）

　　　　　　　　　= 100 × 7 500 × （1 + 20%）

　　　　　　　　　= 90（万元）

目标销售额 $= \dfrac{\text{目标人工成本}}{\text{人工费用率}} = \dfrac{90}{15\%} = 600$（万元）

即本年度销售额应为 600 万元。

利用人工费用率（人工费用/销货额），还可计算销售人员每人的目标销售额。其步骤是先确定销售人员的人工费用率，再根据销售人员的月薪或年薪及销售人员人工费用率来计算销售人员年度销售目标，其计算公式为：

$$\text{销售人员年度销售目标} = \frac{\text{销售人员人工费用}}{\text{销售人员人工费用率}}$$

（三）损益分歧点基准法（量本利分析法）

损益分歧点基准法是企业根据产量、成本和利润三者之间的相互关系，进行综合分析，预测利润、控制成本的一种数学分析方法。

1.损益分歧点

损益分歧点又称盈亏平衡点、保本点、盈亏临界点、损益分歧点、收益转折点等。

安全盈利销售额是指在确保股东权益的情况下,还能应付企业可能遭受的经营风险或危机时的销售额。如图 7.2 所示。销售收入线总成本线的交叉点 Q 就是该公司的损益分歧点。

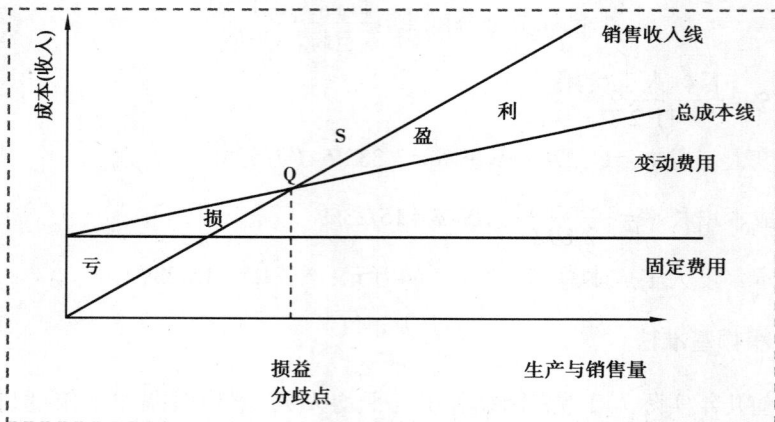

图 7.2　损益分歧点

按实物单位计算:

$$盈亏平衡点 = \frac{固定成本}{单位产品销售收入 - 单位产品变动成本}$$

按金额计算:

$$盈亏平衡点 = \frac{固定成本}{1 - \dfrac{变动成本}{销售收入}} = \frac{固定成本}{贡献毛率}$$

2.薪酬比率

$$薪酬费用比率 = \frac{薪酬成本总额}{销售额}$$

最高薪酬比率:企业能够支付的最高薪酬比率就是在盈亏平衡点中薪酬总额与销售收入的比率。见图 7.3 S 点处的比例。

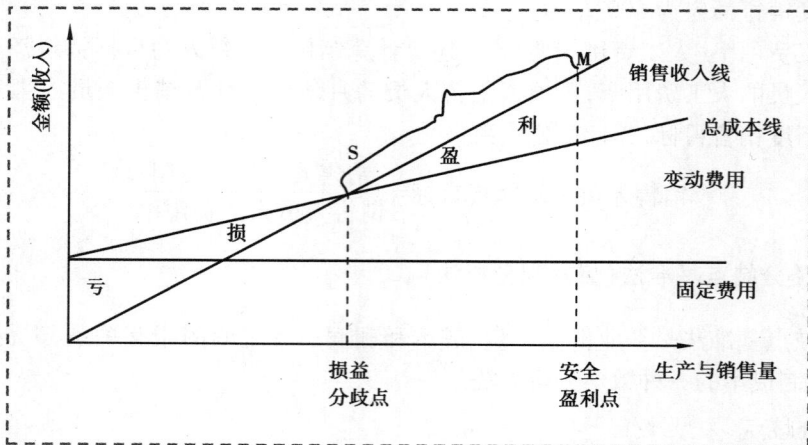

图 7.3　损益分歧点基准法确定合理薪酬

安全薪酬比率：企业愿意支付的安全薪酬比率＝薪酬总额/安全赢利点销售额。见图7.3 M点处比例。

通常员工最喜欢的薪酬比例是盈亏平衡点处的企业能够支付的最高薪酬比率，而企业则更愿意使用安全盈利点处的比例支付薪酬。企业能够支付给员工的合理的薪酬比率通常在安全薪酬比率与最高薪酬比率之间，也就是图7.3中点S到点M之间的比率。

安全薪酬比率≤合理薪酬比率≤最高薪酬比率

第五节 "五险一金"的计算

一、"五险"的计算

"五险"即通常所说的社会保险，即养老保险、医疗保险、工伤保险、失业保险和生育保险。本书中养老保险、医疗保险、工伤保险以及失业保险的缴费率依据人力资源和社会保障部、财政部于2016年4月联合发布的《人力资源与社会保障部、财政部关于阶段性降低社会保险费率的通知》（人社部发〔2016〕36号）中的相关规定整理；生育保险的缴费比例依据《企业职工生育保险试行办法》（劳部发〔1994〕504号）相关规定整理。

（一）征缴比例

1.基本养老保险费的征缴比例

一般情况下，基本养老保险费由单位和职工个人共同承担。

依据《国务院关于建立统一的企业职工基本养老保险制度的决定》，企业缴纳基本养老保险费（以下简称企业缴费）的比例，一般不超过企业工资总额的20%（包括划入个人账户的部分），具体比例由各省、自治区、直辖市人民政府确定。少数省、自治区、直辖市因离退休人数较多、养老保险负担过重，确需超过企业工资总额20%的，应报人社部、财政部审批。2016年4月人力资源和社会保障部、财政部联合发布了《人力资源与社会保障部、财政部关于阶段性降低社会保险费率的通知》（人社部发〔2016〕36号），通知要求自2016年5月1日起，企业职工基本养老保险单位缴费比例超过20%的省（区、市），将单位缴费比例降至20%；单位缴费比例为20%且2015年年底企业职工基本养老保险基金累计结余可支付月数高于9个月的省（区、市），可以阶段性将单位缴费比例降低至19%，降低费率的期限暂按两年执行。

个人缴纳基本养老保险费比例不低于本人缴费工资的8%。有条件的地区和工资增长较快的年份，个人缴费比例提高的速度应适当加快。

2.基本医疗保险费的征缴比例

依据《国务院关于建立城镇职工基本医疗保险制度的决定》，基本医疗保险由用人单位和职工共同缴纳。用人单位缴费率应控制在职工工资总额的 6% 左右,职工缴费率一般为本人工资收入的 2%。

3.失业保险费的征缴比例

依据《失业保险条例》,城镇企事业单位按照本单位工资总额的 2% 缴纳失业保险。城镇企业事业单位职工按照本人工资的 1% 缴纳失业保险。城镇企事业单位聘用的农民合同制工人本人不缴纳失业保险费。各省、自治区、直辖市人民政府根据本行政区域失业人员数量和失业保险基金数额,报请国务院批准,可以适当调整本行政区域失业保险费的费率。

从 2016 年 5 月 1 日起,失业保险总费率在 2015 年已降低 1 个百分点基础上可以阶段性降至 1%~1.5%,其中个人费率不超过 0.5%,降低费率的期限暂按两年执行。

4.工伤保险费的征缴比例

不同工伤风险类别的行业执行不同的工伤保险行业基准费率。各行业工伤风险类别对应的全国工伤保险行业基准费率为:一类至八类分别控制在该行业用人单位职工工资总额的 0.2%、0.4%、0.7%、0.9%、1.1%、1.3%、1.6%、1.9% 左右。

通过费率浮动的办法确定每个行业内的费率档次。一类行业分为 3 个档次,即在基准费率的基础上,可向上浮动至 120%、150%,二类至八类行业分为 5 个档次,即在基准费率的基础上,可分别向上浮动至 120%、150% 或向下浮动至 80%、50%。

5.生育保险费的征缴比例

生育保险费的提取比例由当地人民政府根据计划内生育人数和生育津贴、生育医疗费等项费用确定,并可根据费用支出情况适时调整,但最高不得超过工资总额的 1%。企业缴纳的生育保险费作为期间费用处理,列入企业管理费用。职工个人不缴纳生育保险费。

(二)缴费基数

通常,单位职工本人缴纳社会保险费的基数原则上以上一年度本人月平均工资为基础。目前全国各地的社保缴费办法不完全一致,一般按当地职工平均工资的 60%~300% 进行核定。个人月平均工资低于当地平均工资的 60% 的按 60% 计算,高于 300% 的部分则不作计算。

二、住房公积金的计算

(一)住房公积金的有关制度规定

①按照中国人民银行的有关规定,应当在规定的银行办理住房公积金贷款、结算等金融业务和住房公积金账户的设立、缴存、归还等手续。

②应当与受委托银行签订委托合同,在受委托银行设立住房公积金专户,单位应当到住房公积金管理中心办理住房公积金缴存登记,经住房公积金管理中心审核后,到受委托银行为本单位职工办理住房公积金账户设立手续。每个职工只能有一个住房公积金账户。

③住房公积金管理中心应当建立职工住房公积金明细账,记录职工个人住房公积金的

缴存、提取等情况。新成立的单位应当自成立之日起 30 日内到住房公积金管理中心办理住房公积金缴存登记，并自登记之日起 20 日内持住房公积金管理中心的审核文件，到受委托银行为单位职工办理住房公积金账户设立手续。

④单位合并、分离、撤销、解散或者破产的，应当自发生上述情况之日起 30 日内由原单位或者清算企业到住房公积金管理中心办理变更登记或者注销登记，并自办妥变更登记或者注销登记之日起 20 日内，持住房公积金管理中心的审核文件，到受委托银行为本单位职工办理住房公积金账户转移或封存手续。

⑤单位录用职工的，应当自录用之日起 30 日内到住房公积金管理中心办理缴存登记，并持住房公积金管理中心的审核文件，到受委托银行办理职工住房公积金账户的设立或转移手续。

⑥单位与职工终止劳动关系的，单位应当自终止之日起 30 日内到住房公积金管理中心办理登记，并持住房公积金管理中心的审核文件，到受委托银行办理职工住房公积金账户的转移或封存手续。

（二）职工住房公积金的缴费

①职工住房公积金的月缴存额为职工本人上一年度月平均工资乘以职工住房公积金缴存比例。

②单位为职工缴存的住房公积金的月缴存额为职工本人上一年度月平均工资乘以单位住房公积金缴存比例。

③新参加工作的职工从参加工作的第二个月开始缴存住房公积金，月缴存额为职工本人当月工资乘以职工住房公积金缴存比例。

④单位新调入的职工从调入单位发放工资之日起缴存住房公积金，月缴存额为职工本人当月工资乘以职工住房公积金缴存比例。

⑤职工和单位住房公积金的缴存比例均不得低于职工上一年度月平均工资的 5%；有条件的城市，可以适当提高缴存比例。具体缴存比例由住房公积金管理委员会拟定，经本级人民政府审核后，报省、自治区、直辖市人民政府批准。

⑥职工个人缴存的住房公积金，由所在单位每月从其工资中代扣代缴。

⑦单位应当于每月发放工资之日起 5 日内将单位缴存的和为职工代缴的住房公积金汇缴到住房公积金专用账户内，由受委托银行计入职工住房公积金账户。

⑧单位应当按时、足额缴存住房公积金，不得逾期缴存或者少缴。

⑨对缴存住房公积金确有困难的单位，经本单位职工代表大会或者工会讨论通过，并经住房公积金管理中心审核，报住房公积金管理委员会批准后，可以降低缴存比例或者缓缴；待单位经济效益好转后，再提高缴存比例或者补缴、缓缴。

⑩住房公积金自存入职工住房公积金账户之日起按照国家规定的利率计息。

⑪住房公积金管理中心应当为缴存住房公积金的职工发放缴存住房公积金的有效凭证。

（三）单位为职工缴存的住房公积金

1.列支

机关在预算中列支;事业单位由财政部门核定收支后,在预算或者费用中列支;企业在成本中列支。

2.提取和使用

职工有下列情形之一的,可以提取职工住房公积金账户内的存储余额。

①购买、建造、翻建、大修自住房的。

②离休、退休的。

③完全丧失劳动能力、并与单位终止劳动关系的。

④出境定居的。

⑤偿还购房贷款本息的。

⑥职工连续足额缴存住房公积金满3个月且本人及配偶在缴存城市无自有住房且租赁住房的,可提取夫妻双方住房公积金支付房租。

（四）缴费基数

住房公积金的缴费基数原则上以上一年度月平均工资为基础,由各地住房公积金管理中心依据当地的实际情况发布当住房公积金缴纳的上限和下限。

课后训练

【建议训练方式】

项目7-1、项目7-2和项目7-4建议以小组讨论的形式进行。由小组成员记录讨论情况,以作为课堂表现评价依据。小组讨论后形成薪酬体系设计方案。每一组选一人进行案例分析综述,其他组成员进行评价并提出意见。被评价小组根据老师及同学意见,进行最后的修改,形成文本。同学评价的方式为各小组抽调一人组成评价小组。成绩评定可参考表7.4。

表7.4　成绩评定表

小组成绩评定表　第（　）小组　第（　）次作业								
成　员	成绩分配比例	小组自评课堂表现（课堂讨论记录表附后）（20%）	其他组评价（40%）			教师评价（40%）	得分

项目 7-3 可以多人课堂练习的方式进行。

项目 7-1

A 公司是一家民营中小型企业,目前职工人数近 50 人,主要从事金融行业的银行防跟踪安全门的生产与销售。为了完善公司的薪酬体系,激发员工的工作积极性,提高工作绩效,现希望设计一套薪酬体系,以达到如下的目的。

①可以兼顾对员工的短期、中期、长期发展进行引导。

②可以体现公司对创新价值的重视。

公司情况调查。

1.公司理念

提倡团队精神,关注客户满意度,尽可能多地占领新市场,保住老市场。

2.公司在行业中的地位及优势

目前本企业在行业中是挑战者的地位,市场上共有 5 家经营同类产品的企业,其中两家的企业规模大于本企业规模,占有 50% 的市场份额,本公司占 30%,另外两家占 20%。产品目前在市场上处于领先水平,财务目标是在去年的基础上,净利润增加 400 万元。目前该公司只在本市的华夏银行、民生银行推行,而四大国有银行(中行、建行、农行、工行)还没有开展本公司的业务。本企业的最大优势就是相对于其他企业,产品在市场上具有领先地位。

3.企业战略

本企业的战略计划是在未来 3 年内市场份额达到 55%。今年达到 40%,明年达到 50%,后年达到 55%。

4.员工情况

员工队伍素质较高,均是大专及以上相关专业毕业,是一支年轻的队伍。

5.企业目前的资金状况

目前企业的资金状况良好,薪酬成本占总销售收入的 10%,而竞争对手的薪酬成本一般占到总收入的 14%。计划明年起,薪酬成本占销售收入的 12%。

6.企业架构见图 7.4

企业架构如图 7.4 所示。

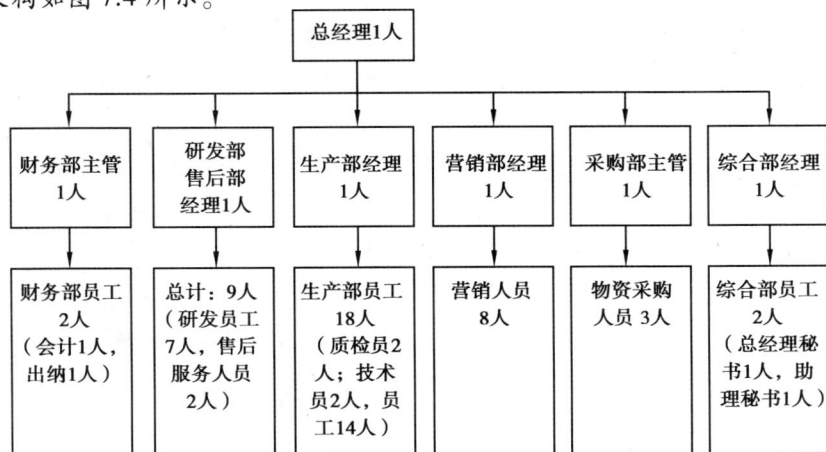

图 7.4　A 公司的组织结构图

7.上年度薪酬情况

薪酬总额为360万元,占销售收入的10%。其中,基本薪酬占50%;津贴及福利占15%（包括"五险一金"的缴费,缴费标准按目前有关法律规定执行）;激励薪酬为35%。

8.薪酬市场调查的薪酬平均水平:4 000元,3 900元,3 800元,3 500元,3 500元。本公司平均薪酬为3 800元。

9.专家测评的岗位等级

岗位等级由高到低排列。

A 类:研发部经理岗位,营销部经理岗位。

B 类:生产部经理岗位,综合部经理岗位。

C 类:财务主管,采购主管。

D 类:会计岗位,秘书岗位,技术员岗位,质检岗位,研发岗位。

E 类:营销岗位,采购岗位,售后服务岗位。

F 类:出纳岗位,助理秘书岗位。

10.公司岗位分类:管理岗位,技术岗位,工人岗位

管理岗位:经理,主管,会计,秘书,出纳,助理秘书,研发,采购,营销。

技术岗位:技术员,售后服务人员,质检员。

工人岗位:流水线作业人员。

（根据企业实际自编案例。）

问题:请根据上述信息,制订该公司的薪酬体系（包括岗位薪酬体系、技能薪酬体系、激励薪酬体系）。

项目 7-2

朗讯的薪酬结构由两个部分构成:一部分是保障性薪酬,与员工的业绩关系不大,只与其岗位有关;另一部分薪酬与业绩紧密挂钩。在朗讯,非常特别的一点是,朗讯中国所有员工的薪酬都与朗讯全球的业绩有关。这是朗讯在全球执行 GROWS 行为文化的一种体现。

朗讯专门有一个奖项——Lucent Award,也称为全球业绩奖。朗讯销售人员的待遇中有一部分专门属于销售业绩的奖金,业务部门根据个人的销售业绩,每季度发放一次。在同行中,朗讯的薪酬浮动部分比较大,这样做是为了使公司每个员工的薪酬与公司的业绩挂钩。

朗讯公司在执行薪酬制度时,不仅看公司内部的情况,而且将薪酬放到一个系统中考虑。朗讯的薪酬政策主要有两个考虑:一个考虑是保持自己的薪酬在市场上有很大的竞争力。为此,朗讯每年委托一个专业的薪酬调查公司进行市场调查,以了解人才市场的宏观形势,这是大公司在制订薪酬标准时的常规做法。另一个考虑是人力成本因素。综合这些考虑之后,人力资源部门会根据市场情况向公司提出一个薪酬的原则性建议,以指导所有的劳资工作。人力资源部门将各种调查汇总后,会告诉业务部门总体的市场情况。在这个情况下每个部门有一个预算,主管在预算允许的情况下对员工的待遇作出调整决定,人力资源部门必须对公司在 6 个月内的业务发展所需要的人力情况非常了解。

朗讯在加薪时做到对员工尽可能透明,让每个人知道他加薪的原因。加薪时员工的主管会找员工谈,告诉员工根据他今年的业绩,他可以加多少薪酬,每年 12 月 1 日是加薪日。公司加薪的总体方案出台后,人力资源总监会与各地管理薪酬的经理进行交流,告诉员工当年薪酬的总体情况,市场调查的结果是什么,当年的变化是什么,加薪的时间安排是什么。公司每年加薪的最主要目的是保证朗讯在人才市场的一些竞争力。

朗讯在招聘人才时比较重视学历,贝尔实验室 1999 年找招聘了 200 人,大部分是研究生以上学历。"对于从大学刚刚毕业的学生,学历是我们的基本要求。"对于市场销售工作,基本的学历是必要的,但是经验更重要。到了公司之后学历在比较短的时间里就淡化了,无论是做市场还是做研发,待遇、晋升与学历的关系慢慢消失。在薪酬方面,朗讯根据工作表现来决定薪酬,员工进了朗讯以后,薪酬和职业发展与学历和工龄的关系越来越淡化,基本上与员工的职位和业绩挂钩。

而我们知道,一方面高薪酬能够留住人才,所以每年的加薪必然也能够留住人才;另一方面,薪酬不能随意上涨,必须与人才市场的情况挂钩。如果有人因为薪酬问题提出辞职,很多情况下是让他走或者用别的方法留人,所以薪酬留人本身是一个悖论。人力资源部门在这方面一般很"抠",要操作好薪酬的悖论需要细致的工作。

朗讯的薪酬结构中浮动部分根据不同岗位会有所不同,浮动部分的评价绝大部分与一些硬指标联系在一起,比如朗讯公司今年给股东的回报率。如果超额完成,企业会根据超额完成多少给每个人一个具体的奖励数目。销售人员的考核则看每个季度的销售任务完成情况如何。对待加薪必须非常谨慎,朗讯每年在评价完成后给员工加薪一次,中途加薪的情况很少,除非员工有特殊贡献或升职。也有因薪酬达不到期望值而辞职的员工,朗讯一定会找想辞职的员工谈话,他的主管经理和人事部门会参与进去。朗讯非常希望离职的员工能够真实地谈出自己的想法,给管理层提出建议。朗讯注重随时随地地评价,对能力不强的员工,给他一个业绩提高的计划,改进他的工作。如果达不到要求,朗讯会认为他做这个工作没有效率,只好另请人来做。

薪酬在任何公司都是一个非常基础的东西。一个企业需要有一定竞争力的薪酬来吸引人才,还需要有一定保证力的薪酬来留住人才。如果薪酬与外界的薪酬差异过大,员工肯定会到其他地方寻找机会。薪酬会在中短期时间内调动员工的注意力,但是薪酬不是万能的,工作环境、管理风格、经理和下属的关系都对员工的去留有影响。员工一般会注重长期的打算,公司会以不同的方式告诉员工发展方向,让员工看到自己的发展前景。朗讯公司的员工平均年龄只有 29 岁,他们重视更多的是自身的发展……

(张岩松,周瑜弘,李建,等,2006)。

问题:

1.朗讯公司的薪酬体系包括哪些薪酬构成?其他薪酬构成与基本薪酬之间的关系是怎样的?

2.通过朗讯公司的薪酬体系我们可以看出,在薪酬管理中应当注意哪些方面的问题?

项目7-3 计算

B 建筑公司共有员工 10 人。公司依法为所有员工办理了社会保险并开设了住房公积金账户。2016 年 5 月 B 公司的工资总额是 120 000 元。请问 6 月份这个建筑公司该如何缴社会保险？当地社保核定的当地的平均工资是 3 000 元。表 7.5 为该公司申报的缴费比例。

表 7.5 B 公司申报的缴费比例

险 种	缴费比例/%	
	单位缴费比例/%	个人缴费比例/%
基本养老保险	19	8
基本医疗保险	5	2
生育保险	0.5	0
工伤保险	0.2	0
失业保险	1	0.2

项目7-4

HS 是一家具有 60 多年历史的大型国有制造企业，主营业务为工程机械产品制造，人员规模为 2 000 余人，主要面对华北和西北市场。由于中国工程机械市场在 2001 年爆发性增长，企业销售规模迅速增长，在 2002 年到 2005 年之间，销售收入从 16 亿元增长到 30 亿元左右，成为行业内领先品牌。然而，在风光的销售业绩背后，是企业内部的管理问题，其中最突出的就是薪酬问题。该企业目前有几种适用于不同类型岗位的工资制度。例如，①职能部门采用的是以岗位工资为主导的工资制度，即在每月发放的工资中，岗位工资约占 80%，绩效工资占 20% 左右。②技术部门实行的是组合工资制，它由基本工资、岗位工资和项目奖金 3 部分组成。③车间工人采用的是计件工资加奖金的工资制度。

随着企业的不断发展，高学历、高素质的员工越来越多，企业对产品研发人员、市场销售人员、一线的生产工人的专业能力和操作技能要求也越来越高。于是，分管人力资源管理工作的副总经理张彬先生开始关注工资制度的改革问题，并考虑在企业推行技能工资制度的可能性，试图通过构建技能和能力工资体系，调动员工提升个人能力素质的主动性，从而促进学习型组织的建立。

（资料来源：百度文库——企业人力资源管理师（二级）2010 年 5 月试题。）

问题：请结合本案例，说明企业推行技能工资制应当注意哪些问题？

第八章　劳动关系管理

【知识与能力目标】

通过本章的学习,应该能够:1.熟悉劳动关系和劳动争议处理的基本内容;2.掌握劳动争议处理的方式;3.熟悉劳动合同的相关问题及劳动保护的知识。

通过相应的知识点的拓展训练,应该具备:1.具有员工离职管理并进行离职面谈能力;2.处理各项突发意外、违纪事件、劳资纠纷、仲裁、投诉及其他涉及员工纪律、劳资关系的事宜的能力;3.有较强的沟通、谈判能力;4.能够从事劳动关系管理专员的工作。

【开篇案例】

A 女士诉 B 运输有限责任公司确认劳动关系纠纷案。2010 年 1 月,原告 A 与 H 结婚。2013 年 8 月,H 到 B 运输有限责任公司工作,担任被告所属的鄂×××××/鄂×××××(挂)重型半挂牵引车/重型罐式半挂车司机。2013 年 9 月 15 日,H 在驾车运输过程中,在陕西省蓝商高速遭遇车祸身亡。事故发生后,经西安市公安局交警支队高速大队责任认定,H 负此事故的次要责任。A 女士认为,H 在 B 运输有限责任公司工作,双方已形成事实劳动关系。现 H 身故,为维护其家属的合法权益,原告向仲裁机构申请仲裁,请求确认劳动关系。2014 年 1 月 20 日,A 女士居住地的区劳动人事争议仲裁委员会作出仲裁裁决。A 女士对仲裁结果不服,提起诉讼,请求人民法院依法确认 H 生前与被告 B 公司存在劳动关系。据查:被告 B 公司向运管部门报备的事故车辆的驾驶员为陈某和冯某,但 B 公司定期为事故车辆购买了保险,车辆行驶证和道路运输证复印件业也证实事故车辆隶属 B 公司。调查还显示,驾驶员 H 是 B 公司的挂靠车主李某通过 B 公司安全员陈某聘用的,B 公司定期为 H 发放工资,有财务部的工资发放表及银行工资转账存根为证。

(资料来源:根据相关事件自编案例。)

狭义的劳动关系是指劳动法律关系。我国劳动法律法规中规定的劳动关系除正式签订劳动合同确定的劳动关系外,还包括没有正式签订劳动合同的事实劳动关系。劳动关系的确定,关系到劳动者的应当享有的合法权利和应当承担的义务,对企业和员工都至关重要。

【理论单元】

第一节　劳动关系、劳务关系与劳务派遣

一、劳动关系

(一)劳动关系的含义

广义的劳动关系泛指劳动者与劳动力的使用者之间因劳动给付与工资支付而产生的关系,包括劳动合同、工时及工作环境、劳动安全保护、集体合同、劳动争议处理等。

狭义的劳动关系是指根据国家劳动法律规定并确认的劳动法律关系。本书中所说的劳动关系指的是劳动法律关系。

1.劳动法律关系的含义

劳动法律关系(以下简称劳动关系)是指劳动法律规范在调整劳动关系过程中所形成的雇员与雇主之间的权利与义务关系,即雇主与雇员在实现现实的劳动过程中所发生的权利和义务关系。

2.劳动关系的确定

(1)根据劳动合同确定劳动关系。根据《中华人民共和国劳动法》(以下简称《劳动法》)规定:劳动合同是劳动者与用人单位确立劳动关系、明确双方权利和义务的协议。建立劳动关系应当订立劳动合同。因此,劳动者和用人单位之间已经签订劳动合同,双方就正式确立了劳动关系。

(2)事实劳动关系。《关于贯彻执行〈中华人民共和国劳动法〉若干问题的意见》(劳部发〔1995〕309号)第二条规定:"中国境内的企业、个体经济组织与劳动者之间,只要形成劳动关系,即劳动者事实上已成为企业、个体经济组织的成员,并为其提供有偿劳动,适用劳动法。"

《劳动和社会保障部关于确立劳动关系有关事项的通知》(劳社部〔2005〕12号)对确立劳动关系作了如下规定:"用人单位招用劳动者未订立书面劳动合同,但同时具备下列情形的,劳动关系成立:用人单位和劳动者符合法律、法规规定的主体资格;用人单位依法制订的各项劳动规章制度适用于劳动者,劳动者受用人单位的劳动管理,从事用人单位安排的有报酬的劳动;劳动者提供的劳动是用人单位业务的组成部分。"

（二）劳动者的权利与义务

在确定劳动关系的同时，也就确定了劳动者的权利与义务。劳动法规定的劳动者的权利与义务有如下几点。

1.劳动者享有的权利

《劳动法》第三条规定，劳动者享有平等就业和选择职业的权利、取得劳动报酬的权利、休息休假的权利、获得劳动安全卫生保护的权利、接受职业技能培训的权利、享受社会保险和福利的权利、提请劳动争议处理的权利以及法律规定的其他劳动权利。

（1）平等就业的权利。国家保护劳动者的平等就业的权利。《劳动法》第十二条规定："劳动者就业，不因民族、种族、性别、宗教信仰不同而受歧视。"《劳动法》第十三条规定："妇女享有与男子平等的就业权利。在录用职工时，除国家规定的不适合妇女的工种或者岗位外，不得以性别为由拒绝录用妇女或者提高对妇女的录用标准。"

（2）选择职业的权利。劳动者有选择职业的权利。《劳动法》规定，劳动者自愿辞职的可提前30日以书面形式通知用人单位，解除劳动合同，无需征得用人单位的同意。超过30日，劳动者向用人单位提出办理解除劳动合同的手续，用人单位应予以办理。如果用人单位以暴力、威胁或者非法限制人身自由的手段强迫劳动或者未按照劳动合同约定支付劳动报酬或者提供劳动条件的，劳动者可以随时通知用人单位解除劳动合同。在试用期间辞职的，可提前3天通知用人单位。

（3）获得报酬的权利。劳动者有依法获得报酬的权利。《劳动法》第四十六条规定："工资分配应当遵循按劳分配原则，实行同工同酬。"《劳动法》同时规定："工资应当以货币形式按月支付给劳动者本人。不得克扣或者无故拖欠劳动者的工资；劳动者在法定休假日和婚丧假期间以及依法参加社会活动期间，用人单位应当依法支付工资。"第四十四条规定："有下列情形之一的，用人单位应当按照下列标准支付高于劳动者正常工作时间工资的工资报酬：安排劳动者延长时间的，支付不低于工资的百分之一百五十的工资报酬；休息日安排劳动者工作又不能安排补休的，支付不低于工资的百分之二百的工资报酬；法定休假日安排劳动者工作的，支付不低于工资的百分之三百的工资报酬。"

（4）休息休假的权利。劳动者有休息休假的权利。《劳动法》规定了最长工作时间，即劳动者每日工作时间不超过8小时、平均每周工作时间不超过44小时的工时制度。同时对加班时间也有了明确规定："一般每日不得超过一小时；因特殊原因需要延长工作时间的在保障劳动者身体健康的条件下延长工作时间每日不得超过3小时，但是每月不得超过36小时。"此外，《劳动法》第四十条规定用人单位在元旦、春节、国际劳动节、国庆节以及法律、法规规定的其他休假节日期间应当依法安排劳动者休假。对于连续工作一年以上的劳动者享受带薪年休假的权利。

（5）获得劳动保护的权利。劳动者有依法获得劳动安全保障的权利。《劳动法》第五十四条规定："用人单位必须为劳动者提供符合国家规定的劳动安全卫生条件和必要的劳动防护用品，对从事有职业危害作业的劳动者应当定期进行健康检查。"国家重视对女职工和未成年工实行特殊劳动保护。《劳动法》第六十一条规定："不得安排女职工在怀孕期间从事国家规定的第三级体力劳动强度的劳动和孕期禁忌从事的劳动。对怀孕七个月以上的女职工,不得安排其延长工作时间和夜班劳动。"《劳动法》第六十四条规定："不得安排未成年工人从事矿山井下、有毒有害、国家规定的第四级体力劳动强度的劳动和其他禁忌从事的劳动。"

（6）获得职业培训权利。《劳动法》第六十八条规定："用人单位应当建立职业培训制度,按照国家规定提取和使用职业培训经费,根据本单位实际,有计划地对劳动者进行职业培训。"《劳动法》同时规定："从事技术工种的劳动者,上岗前必须经过培训。"

（7）享有福利保险权。员工依法享有福利和保险。《劳动法》第七十二条规定："用人单位和劳动者必须依法参加社会保险,缴纳社会保险费。"《劳动法》第七十三条规定：①劳动者在下列情形下,依法享受社会保险待遇:退休;患病;因工伤残或者患职业病;失业;生育。②劳动者死亡后,其遗属依法享受遗属津贴。③劳动者享受社会保险待遇的条件和标准由法律、法规规定。④劳动者享受的社会保险金必须按时足额支付。我国现行的法律规定的社会保险包括基本养老保险、失业保险、基本医疗保险、工伤保险和生育保险。此外,用人单位还必须依法为员工缴纳住房公积金。以上的 5 种保险和住房公积金简称"五险一金"。劳动者有依法享有福利的权利。福利包括法定福利,如法定的节假日等;也包括地方性福利,如某市推出的只针对本市市民的旅游一卡通等;还包括用人单位根据本单位的实际情况针对本公司员工设计的福利,如某公司为本公司员工提供的免费健身场所和健身器材等。

（8）劳动争议处理权。劳动者依法享有劳动争议处理的权利。《劳动法》第七十七条规定："用人单位与劳动者发生劳动争议,当事人可以依法申请调解、仲裁、提起诉讼,也可以协商解决。"调解原则适用于仲裁和诉讼程序。

（9）法律规定的其他劳动权利。

2.劳动者的义务

劳动者在依法享有权利的同时,也必须承担义务。《劳动法》第三条规定了劳动者必须承担的义务,即"劳动者应当完成劳动任务,提高职业技能,执行劳动安全卫生规程,遵守劳动纪律和职业道德"。此外,对负有保密义务的劳动者有依法保守企业机密的义务。

3.用人单位的义务

用人单位应当依法建立和完善规章制度,保障劳动者享有劳动权利和履行劳动义务。

（三）事实劳动关系

1.事实劳动关系的含义

事实劳动关系是指用人单位除了非全日制用工形式外无书面劳动合同或无有效书面劳动合同形成的劳动法律关系。

2.事实劳动关系的成因

事实劳动关系形成的原因有 4 点。

①不订立书面劳动合同形成事实劳动关系。

②无效劳动合同而形成的事实劳动关系。无效合同是指已经签订了劳动合同,但是合同的构成要件、相关条款缺乏或违法。

③以其他合同形式替代劳动合同而形成的事实劳动关系,比如兼并合同、承包合同等。

④双重劳动关系。即劳动者与两个或两个以上的用人单位建立的劳动关系。对于双重劳动关系来说,如果第二个劳动关系发生劳动争议申请仲裁或诉至法院,经常存在着劳务关系还是劳务关系的确认问题。

3.事实劳动关系的处理

由于不订立劳动合同、劳动合同无效或者其他合同替代劳动合同而形成的事实劳动关系,劳动者和用人单位应当及时补签劳动合同。如果存在事实劳动关系但用人单位不与劳动者签订劳动合同,则用人单位必须承担与劳动者签订无固定期限劳动合同以及每月必须支付给劳动者双倍的工资的后果。

《中华人民共和国劳动合同法》(以下简称《劳动合同法》)第十条明确规定:"建立劳动关系应当订立书面劳动合同。已建立劳动关系,未同时订立书面劳动合同的,应当自用工之日起一个月内订立书面劳动合同。"《劳动合同法》第十四条规定:"用人单位自用工之日起满一年不与劳动者订立书面劳动合同的,视为用人单位与劳动者已订立无固定期限劳动合同。"

《劳动合同法》第八十二条规定:"用人单位自用工之日起超过一个月不满一年未与劳动者订立书面劳动合同的,应当向劳动者每月支付二倍的工资。"

二、劳务关系

(一)劳务关系的含义

劳务关系是由两个或两个以上的平等主体,通过劳务合同建立的一种民事权利义务关系。

劳务合同可以是书面的,也可以是口头的。适用的主要法律是《中华人民共和国合同法》(以下简称《合同法》)和《中华人民共和国民法通则》(以下简称《民法通则》)。

(二)劳务关系的特征

①双方当事人的法律地位平等,即不存在隶属关系。

②工作风险一般由劳务供给者自行承担。但由劳务需求者提供工作环境和工作条件以及法律另有规定的除外。

③劳务关系基于民事法律规范成立,并受民事法律规范的调整和保护。

④主体具有不确定性,劳务需求方与供给方可以是自然人也可以是法人或其他组织。劳务关系内容具有广泛性特征。

(三)劳务关系与劳动关系的区别

劳务关系与劳动关系的区别见表 8.1(中国就业培训技术指导中心,2014)。

表 8.1　劳动关系与劳务关系的区别

	劳动关系	劳务关系
产生原因	用人单位与劳动者之间因生产要素的结合而产生的关系	社会分工
适用法律	《劳动法》《劳动合同法》	《民法通则》《合同法》
合同内容及形式	1.除非全日制用工外,签订书面合同; 2.《劳动法》规定了内容、变更及解除条件等	除国家法律法规强制性规定外,合同内容与形式协商
主体资格	特定性:一方为法人或非法人的经济组织;另一方为劳动者个体	非特定性:可以是同时是法人、非法人组织、自然人,也可以是公民与法人、非法人组织
主体性质及关系	财产关系(劳动付出与工资的交换),人身关系(行政隶属关系)	财产关系(经济关系) 双方各自独立,地位平等
当事人权利与义务	《劳动法》规定的全部权利与义务	不享受《劳动法》规定的权利,不承担相应的义务
劳动条件提供的方式	用人单位提供工作需要的物质条件、符合国家要求的劳动条件、劳动安全保护	除合同特殊约定外,劳动服务提供者自备物质条件、选择工作方式。风险自己承担
违反合同产生的法律责任	承担民事责任、行政责任甚至刑事责任	承担民事责任(如违约责任、侵权责任等)
纠纷的处理方式	适用《中华人民共和国劳动争议调解仲裁法》,是诉讼的前置程序	协商,起诉
履行合同中伤亡事故处理	无过错原则,用人单位承担法律规定的责任	过错原则,按《民法通则》的规定过错方承担

三、劳务派遣

(一)劳务派遣的含义

指劳务派遣单位与接受单位签订劳务派遣协议,由劳务派遣单位招用雇员并派遣该劳动者到接受单位工作,劳动者和劳务派遣机构从中获得收入的经济活动。

(二)劳务派遣的性质

1.劳务派遣是一种典型的非正规就业方式

《劳动法》第六十六条规定:"劳动合同用工是我国的企业基本用工形式。劳务派遣用工是补充形式,只能在临时性、辅助性或者替代性的工作岗位上实施。"

2.劳务派遣是一种组合劳动关系

在劳务派遣中,存在着三种主体和三重劳动关系。见图8.1。三种主体分别是劳动者、用工单位和劳务派遣单位。三重关系分别是劳动者与用工单位之间的实际劳动关系,劳动者与劳务派遣单位之间的形式劳动关系以及用工单位与劳务派遣单位之间的关系。在劳务派遣中,劳动者与劳务派遣单位签订劳动合同,形成形式上的劳动关系。签订劳动合同后,劳务派遣单位把劳动者派遣到与其签订劳务派遣合同的用工单位工作,劳动者接受用工单位的管理,与用工单位形成实际上的劳动关系。综上所述,劳动者与用工单位和劳务派遣单位都形成了劳动关系,但都不是完整的劳动关系。但是,二者结合起来就形成了一个完整的劳动关系,所以,劳务派遣是一种特殊的劳动关系,即组合劳动关系。

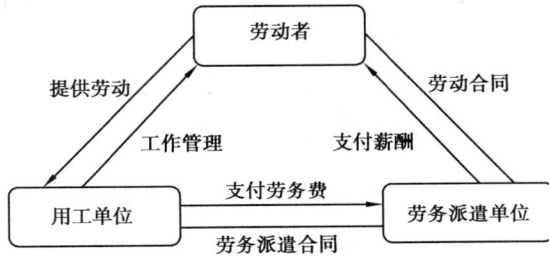

图8.1 劳务派遣图

(三)劳务派遣的本质特征

从上面的分析不难看出,劳务派遣的本质特征是雇佣与用工分离,即劳动者的雇主不是用工者。

(四)关于劳务派遣的有关法律规定

1.对劳务派遣单位的规定

(1)设立条件。《劳动合同法》规定,经营劳务派遣业务应当具备下列条件:注册资本不得少于人民币二百万元;有与开展业务相适应的固定的经营场所和设施;有符合法律、行政法规规定的劳务派遣管理制度;法律、行政法规规定的其他条件。

(2)设立过程。经营劳务派遣业务,应当向劳动行政部门依法申请行政许可;经许可的,依法办理相应的公司登记。未经许可,任何单位和个人不得经营劳务派遣业务。

2.对于劳务派遣中的劳动者的保护

(1)劳动合同订立。《劳动合同法》规定:"劳务派遣单位应当与被派遣劳动者订立二年以上的固定期限劳动合同。"

(2)劳动报酬。《劳动合同法》规定劳务派遣单位需按月支付劳动报酬,在被派遣劳动者无工作期间应当按照所在地人民政府规定的最低工资标准,向其按月支付报酬。《劳动合同法》还规定劳务派遣单位不得克扣用工单位按照劳务派遣协议支付给被派遣劳动者的劳动报酬。劳务派遣单位和用工单位不得向被派遣劳动者收取费用。对于跨地区派遣劳动者的，被派遣劳动者享有的劳动报酬和劳动条件，按照用工单位所在地的标准执行。此外，被派遣劳动者享有与用工单位的劳动者同工同酬的权利。用工单位应当按照同工同酬原则，对被派遣劳动者与本单位同类岗位的劳动者实行相同的劳动报酬分配办法。

（3）工会活动。被派遣劳动者有权在劳务派遣单位或者用工单位依法参加或者组织工会活动，维护自身的合法权益。

3.用工单位的责任

《劳动合同法》对用工单位的责任和义务作了如下规定。

①执行国家劳动标准，为被劳务派遣劳动者提供相应的劳动条件和劳动保护，并告知被派遣劳动者的工作要求和劳动报酬。

②依法支付加班费和绩效奖金并提供与工作岗位相关的福利待遇，连续用工的，实行正常的工资调整机制。

③对在岗被派遣劳动者进行工作岗位所必需的培训。

④用工单位不得将被派遣劳动者再派遣到其他用人单位。

（五）劳务派遣的劳动争议处理

形式劳动关系与实际劳动关系在运行中发生的劳动争议应当依照一般劳动争议处理的原则与程序进行处理。在形式用人主体和实际用人主体合谋共同侵害劳动者合法权益时，形式用人单位和实际用人单位都应当作为被诉人；在组合劳动关系的任一用人单位单独承担法律责任的争议中，如果争议处理结果与另一用人单位有直接的利害关系，前者作为被诉人，后者作为第三人。

异地劳务派遣中的劳动争议的处理可以参考如下原则：被派遣劳动者与劳务派遣机构的劳动争议由劳务派遣所在地管辖；被派遣劳动者与用工单位的劳动争议由用工单位所在地管辖；被派遣劳动者与劳务派遣机构和用人单位的争议，可由劳动合同或劳务派遣协议约定，由当事人选择劳务派遣机构所在地或用工单位所在地管辖。

第二节　劳动合同

一、劳动合同

劳动合同是劳动者与用工单位确立劳动关系、明确双方权利和义务的协议。劳动合同依法订立即具有法律约束力，当事人必须履行劳动合同规定的义务。

（一）劳动合同订立的原则

订立劳动合同，应当遵循合法、公平、平等自愿、协商一致、诚实信用的原则。

（二）劳动合同内容

劳动合同的内容包括法定条款和约定条款两类。

1.法定条款

法定条款包括劳动合同期限、工作内容、劳动保护和劳动条件、劳动报酬、劳动纪律、劳动合同终止的条件、违反劳动合同的责任。

2.约定条款

约定条款是当事人双方协商约定的其他内容。

（三）劳动合同期限

劳动合同的期限分为固定期限、无固定期限和以完成一定的工作的时间为劳动合同期限3种。

1.固定期限劳动合同

固定期限劳动合同是指有明确时间和终止时间的劳动劳动合同。常见的固定期限的劳动合同可以分为一年期劳动合同、两年期劳动合同、三年期劳动合同、五年期劳动合同等。

2.无固定期限劳动合同

无固定期限劳动合同是指用人单位与劳动者约定无确定终止时间的劳动合同。《劳动合同法》规定了4种情况应当订立无固定期限劳动合同。

①劳动者在该用人单位连续工作满十年的。

②用人单位初次实行劳动合同制度或者国有企业改制重新订立劳动合同时，劳动者在该用人单位连续工作满十年且距法定退休年龄不足十年的。

③连续订立二次固定期限劳动合同，用人单位想再次与其续约的。

④用人单位自用工之日起满一年不与劳动者订立书面劳动合同的，视为用人单位与劳动者已订立无固定期限劳动合同。

3.以完成一定工作的时间为劳动合同期限的合同

指用人单位与劳动者在平等、自愿、协商一致、合法的前提下订立的，以完成一定工作任务的期限为合同期限的劳动合同。

4.试用期

①根据《劳动合同法》，劳动合同期限3个月以上不满1年的，试用期不得超过1个月；劳动合同期限1年以上不满3年的，试用期不得超过2个月；3年以上固定期限和无固定期限的劳动合同，试用期不得超过6个月。

②同一用人单位与同一劳动者只能约定一次试用期。

③以完成一定工作任务为期限的劳动合同或者劳动合同期限不满3个月的，不得约定试用期。试用期包含在劳动合同期限内。

④劳动合同仅约定试用期的，试用期不成立，合同约定的期限为劳动合同期限。

5.试用期工资

劳动者在试用期的工资不得低于本单位相同岗位最低档工资或者劳动合同约定工资的80%,并不得低于用人单位所在地的最低工资标准。

(四)劳动合同的解除和终止

1.合同的解除和终止

用人单位与劳动者协商一致,可以解除劳动合同。具体情况如下。

①劳动者单方面解除劳动合同的,需提前30日以书面形式通知用人单位,可以解除劳动合同。劳动者在试用期内提前3日通知用人单位,可以解除劳动合同。

②用人单位以暴力、威胁或者非法限制人身自由的手段强迫劳动者劳动的,或者用人单位违章指挥、强令冒险作业危及劳动者人身安全的,劳动者可以立即解除劳动合同,不需事先告知用人单位。

③用人单位单方面终止劳动合同的,需提前30日以书面形式通知劳动者本人或者额外支付劳动者一个月工资后,可以解除劳动合同。

④劳动者有下列情形之一的,用人单位不得解除劳动合同。

A.从事接触职业病危害作业的劳动者未进行离岗前职业健康检查,或者疑似职业病病人在诊断或者医学观察期间的。

B.在本单位患职业病或者因工负伤并被确认丧失或者部分丧失劳动能力的。

C.患病或者非因工负伤,在规定的医疗期内的。

D.女职工在孕期、产期、哺乳期的。

E.在本单位连续工作满15年,且距法定退休年龄不足5年的。

F.法律、行政法规规定的其他情形。

2.经济补偿

(1)经济补偿的条件。有下列情形之一的,用人单位应当向劳动者支付经济补偿。

①用人单位提出解除劳动合同并与劳动者协商一致解除劳动合同的。

②由于员工无法完成工作,用人单位依法解除劳动合同的。

③由于企业内外环境发生变化而使合同无法继续履行而解除劳动合同的。

④除用人单位维持或者提高劳动合同约定条件续订劳动合同,劳动者不同意续订的情形外,依法终止固定期限劳动合同的。

⑤法律、行政法规规定的其他情形。

(2)经济补偿的标准。经济补偿按劳动者在本单位工作的年限,每满1年支付1个月工资的标准向劳动者支付。6个月以上不满1年的,按1年计算;不满6个月的,向劳动者支付半个月工资的经济补偿。

《劳动合同法》第四十四条规定:劳动者月工资高于用人单位所在直辖市、设区的市级人民政府公布的本地区上年度职工月平均工资三倍的,向其支付经济补偿的标准按职工月平均工资三倍的数额支付,向其支付经济补偿的年限最高不超过12年。

月工资是指劳动者在劳动合同解除或者终止前12个月的平均工资。

二、集体合同

集体合同是指用人单位与本单位职工根据法律、法规、规章的规定,就劳动报酬、工作时间、休息休假、劳动安全卫生、职业培训、保险福利等事项,通过集体协商签订的书面协议;专项集体合同,是指用人单位与本单位职工根据法律、法规、规章的规定,就集体协商的某项内容签订的专项书面协议。

(一)集体合同内容

《集体合同规定》(2003)规定集体协商双方可以就下列多项或某项内容进行集体协商,签订集体合同或专项集体合同:劳动报酬,工作时间,休息休假,劳动安全与卫生,补充保险和福利,女职工和未成年工特殊保护,职业技能培训,劳动合同管理,奖惩,裁员,集体合同期限,变更、解除集体合同的程序,履行集体合同发生争议时的协商处理办法,违反集体合同的责任,双方认为应当协商的其他内容。

(二)劳动合同与集体合同的区别

劳动合同与集体合同在签订合同的主体、合同内容、合同的产生方式、合同的生效时间以及合同期限上都有不同。如图8.2所示。

	集体合同	劳动合同
主　体	由工会代表企业职工一方与用人单位订立;尚未建立工会的用人单位,由上级工会指导劳动者推举的代表与用人单位订立	劳动者和用人单位
内　容	主要是劳动者的权利和用人单位的义务。面向全体员工,具有共性特点	双方的权利和义务,适用于特定某个员工,内容具有个性特点
产生方式	职工代表与用人单位协商一致后签订合同,后报送劳动行政部门审批	当事人双方协商一致签订
生效时间	集体合同签订后报送劳动行政部门,劳动行政部门自收到集体合同文本之日起15日内未提出异议的,集体合同即行生效。	签订即生效
合同期限	集体合同的期限为1~3年	有固定期限合同、无固定期限合同和以完成一定工作的时间为期限合同3种

图8.2　劳动合同与集体合同的区别

第三节　员工安全与健康

一、员工安全管理

（一）员工安全事故类型

安全事故通常称为职工伤亡事故，是指企业职工在生产劳动过程中发生的人身伤害以及急性中毒。根据我国现行的国家标准《企业职工伤亡事故分类》，安全事故一共可分为20种主要类型，见表8.2（刘昕，2014）。

表 8.2　我国规定的工伤事故类型

1	物体打击	11	冒顶片帮
2	车辆伤害	12	透水
3	机械伤害	13	放炮
4	起重伤害	14	火药爆炸
5	触电	15	瓦斯爆炸
6	淹溺	16	锅炉爆炸
7	灼烫	17	容器爆炸
8	火灾	18	其他爆炸
9	高处坠落	19	中毒和窒息
10	坍塌	20	其他伤害

（二）导致安全事故的原因

在工作场所发生安全事故的原因分为客观原因和主观原因。

1.客观原因

导致安全事故的客观原因是存在可能导致安全事故发生的客观物质条件，如设备本身存在缺陷、工作场所照明不当等。

2.主观原因

导致安全事故的主观原因是由于员工对工作安全没有足够的认识，工作时粗心大意，存在侥幸心理。比如，员工没有严格按照设备操作规程操作设备引起的事故等。

3.其他原因

除上述原因外，工作本身、工作进度以及工作场所的心理氛围等，也会成为安全事故产生的原因。通常友好合作、轻松和谐的工作氛围会降低安全事故的发生率。

(三)工作场所事故的预防

预防工作场所安全事故的发生,需要从工作条件本身和员工的主观认识入手。

1.识别并努力消除不安全的工作条件

企业的安全的管理者需要对工作进行合理的设计来消除或减少在工作中存在的各种物理风险。

2.提高员工的主观认识

通过人员甄选、培训或奖励计划等手段来减少不安全行为的发生。

(1)严格甄选,排除潜在的不安全因素。严格按照工作说明书中对任职者的要求筛选出该岗位的候选人,并通过一系列测试剔除具有容易发生工伤事故的相应的人格特质者,尽量做到岗位与人的全面匹配。这样会大大降低安全事故的发生率。

(2)加强培训,杜绝不安全工作行为。安全培训可以规范员工行为,强化员工安全意识,特别是对新进员工的培训特别重要。通过培训可以让员工通晓安全工作规定和程序,帮助他们树立安全意识。

(3)适当激励。对安全行为的认可和奖励也有助于减少不安全的工作行为。比如,有些企业设立了安全生产奖,如果安全生产无事故 100 天,就给员工发放安全生产奖。安全生产无事故的时间越长,员工拿到的安全奖金就越高。

(4)严格检查。企业基层安全责任人(有的企业称为安全员、安全工程师)需要认真督促员工严格按照规定定期维护、检修设备及其他工作需要的器具,督促员工严格按照操作规程操作设备。

二、员工健康管理

员工健康包括心理健康和生理健康。

(一)员工心理健康问题产生的原因及员工心理健康的保护措施

1.员工心理健康问题产生的原因

员工心理健康问题的产生通常与各种压力相关。这些压力包括来自家庭的压力、来自社会的压力、来自工作的压力以及工作、生活无法平衡带来的压力等。对于员工来讲,主要压力来源于工作压力和工作、家庭无法平衡带来的压力。

(1)工作及与工作相关的压力。首先是工作本身的压力,如工作进度、工作量等。其次是工作环境带来的压力,如工作场所的噪声、粉尘等。再次是工作氛围带来的压力,如不健全的监督、同事之间竞争过于激烈等。来自工作及与工作相关的压力过大,容易引起急躁、情绪低落、工作倦怠等负面情绪,这些负面情绪会让员工工作效率低下,工作时注意力不集中,员工在这种状态下工作极易发生安全事故。

(2)工作、家庭无法平衡带来的压力。工作、家庭不平衡的突出表现为工作与家庭的冲突,如员工家里有老人、小孩、病患等需要常年看护,但工作却要求员工从"朝九"到"晚五"都在单位上班,必要时加班,这就使员工的工作和家庭在时间、地点和精力上产生了冲突,这种工作家庭无法平衡的压力必然会影响员工的身心健康。国内外学者的大量研究显示,工作与家庭的冲突会导致员工工作倦怠。

2.员工心理健康的保护

企业对员工心理健康的保护,主要表现在减轻员工压力方面。

①对员工提供积极的组织支持以及公平对待员工。

②通过培训,使各级主管人员能够识别情绪低落或者工作压力过大的员工身上出现的一些警示信号,从而对员工的工作数量、工作内容等进行调整。

③减少员工个人与工作的冲突,鼓励管理层与员工之间的坦诚沟通和对话。有条件的企业还可以给绩效优秀的员工以弹性的工作时间和工作地点,以帮助其平衡工作和家庭。

员工个人方面,也可以积极采取措施来减轻各种压力对自己的影响。

(二)员工生理健康问题与员工生理健康的保护

1.引起员工生理健康问题的因素

安全事故严重危害了员工生理健康,甚至对员工有生命威胁。此外,对员工生理健康危害较大的还有办公特点和办公环境,主要表现在如下几个方面。

(1)电脑的长期使用。现代社会中,电脑几乎成了工作中的必需品。大量使用电脑容易使眼部出现烧灼感、干涩、流泪、疲劳等症状;长时间使用电脑也会引起颈部、腰部的疼痛,甚至直接导致颈椎病、腰椎病的产生。长期使用电脑还会产生其他症状,如"鼠标手"等。

(2)办公环境中的辐射和空气污染。办公场所中的各种电子化设备,如电脑、复印机、打印机等,往往会产生电磁辐射。这些设备的大量使用或长时间使用,对人体有一定的不良影响。另外,办公室中使用的各种装修材料也会带来空气污染。

(3)工作场所吸烟。吸烟危害健康,公共场所吸烟,不但会危害自身健康,也会危害他人健康。

2.保护员工身体健康的主要措施

①为员工创造良好的工作环境,尽量减轻或消除恶劣工作条件给员工带来的不适。

②注意提醒员工在使用电脑工作时需要注意的一些问题,防止长期使用电脑或采用不正确的姿势使用电脑可能给员工带来的伤害。

③帮助员工养成良好的生活习惯,如不在公共场所吸烟等。

④为员工提供健康、营养的工作餐以及健身、锻炼的设施。

第四节 用人单位内部劳动规则

用人单位的内部劳动规则,也就是用人单位内部的劳动管理制度。它是用人单位根据国家劳动法律、法规的规定,结合用人单位的实际情况进行劳动管理而制订的办法、规定等的总称,是企业劳动关系调节的重要形式。

根据《中华人民共和国公司法》的有关规定,制订重要的管理制度是公司的权利,是董事会和经理的职责。制订、实施内部劳动规则是用人单位对国家、对用人单位财产投资者的义务。制订和实施内部劳动规则,并结合劳动合同、集体合同的履行,可以使劳动者的权利和义务明确、具体,又可以使用人单位的管理行为规范化,还可以有效地协调不同劳动者之间行使各自权利、履行各自义务所产生的矛盾,有利于优化用人单位内部秩序。

一、用人单位内部劳动规则的性质与特点

(一)用人单位内部劳动规则的性质

用人单位内部劳动规则的性质可以从两方面来理解。

1.用人单位的内部劳动规则是劳动合同、集体合同的一部分,具有约束力

从合同规范的角度看,用人单位内部劳动规则首先由用人单位单方面制订或变更,经过劳动者或劳动者团体(工会或职工代表)同意后,才能成为劳动者与用人单位之间的劳动合同、集体合同的一部分,具有约束力。对不同意用人单位的劳动规则的劳动者来说,劳动关系通常不能建立。

2.用人单位的内部劳动规则是法律、法规的延伸和具体化

用人单位内部劳动规则的强制力和约束力的基础是法律的授予。从法律范围来看,用人单位的内部劳动规则在工作场所发挥着行为规范的作用。根据最高人民法院《关于审理劳动争议案件适用法律若干问题的解释》第十九条规定,"用人单位根据《劳动法》第四条之规定,通过民主程序制订的劳动规则,不违反国家法律、行政法规和政策的规定,并已向劳动者公示的,可以作为人民法院审理劳动争议案件的依据"。即只要用人单位制订的内部劳动规则具备经过民主程序制订、内容不违反国家法律规定和政策规定、已向劳动者公示这3个要件,则具有法律效力,可以作为用人单位进行内部管理的依据,也可以作为劳动争议仲裁委员会和人民法院审理劳动争议的根据和判断的标准。

(二)用人单位内部劳动规则的特点

①制定主体的特定性。用人单位内部劳动规则的制订主体只能是用人单位。
②用人单位和劳动者共同的行为规范。用人单位内部劳动规则是国家法律法规的延伸

和具体化,对用人单位和劳动者都具有强制力和约束力,是双方共同的行为规范。

③用人单位经营权与职工民主管理权相结合的产物。

二、用人单位内部劳动规则的内容

用人单位内部劳动规则包括劳动合同管理制度、劳动纪律、劳动定员定额规则、劳动岗位规范制定规则、劳动安全卫生制度以及其他制度。

(一)劳动合同管理制度

劳动合同管理制度包括以下内容:劳动合同履行原则;员工招收录用条件、招工简章、劳动合同草案、有关专项协议草案审批权的规定;员工招收录用计划的审批、执行权限的划分;劳动合同续订、变更、解除事项的审批办法;试用期考查办法;员工档案管理办法;集体合同草案的拟定、协商程序;劳动合同管理制度的修改、废止的程序等。

(二)劳动纪律

1.制订劳动纪律的原则

①合法性原则,即劳动内容的纪律必须合法。

②全面约束原则,即内部劳动规则的内容应当全面约束管理行为和劳动行为。

③标准一致原则,即行为模式标准应当一致,纪律的执行应当宽严一致,各类管理行为、劳动行为应当受到同等的约束。

④结构完整原则,即劳动纪律作为一种规范应具有严格的逻辑结构,适用条件、行为模式标准、奖惩程序、措施与责任应有明确的规定。

2.劳动纪律的内容

①时间规则。作息时间、考勤办法、请假程序等。

②组织规则。企业各直线部门、职能部门或各组成部分,即各类层级权责结构之间的指挥、服从、接受监督、保守商业秘密等的规定。

③岗位规则。劳动任务、岗位职责、操作规程、职业道德等。

④协作规则。工种、工序、岗位之间的关系,上下层次之间的连接、配合等的规则。

⑤品行规则。语言、着装、用餐、行走、礼节等。

⑥其他规则等。

(三)劳动定员定额规则

1.劳动定员定额规则的内容

劳动定员定额规则的内容包括编制定员规则和编制定额规则两部分。前者是企业依据自身的实际情况制订企业机构设置和配备各类人员的数量界限。后者是在一定的生产技术和组织条件下,企业制订的劳动者完成单位合格产品或工作所需的劳动消耗量标准,分为工时定额和产量定额两类。

2.制订劳动定员定额规则的注意事项

①制订劳动定员定额必须结合企业现有的生产技术和组织条件,确定定员水平应执行适合本企业的生产技术和组织条件的定员标准,对于强制性定员标准应严格执行,并严格履行定员制订程序。

②制订劳动定员定额必须是企业现有的或是按照劳动合同的规定企业可以提供的条件。劳动定额所规定的劳动消耗量标准应当以法定工作时间为限,并符合劳动安全卫生的要求。制订、修订劳动定员定额的程序必须合法。

(四)劳动岗位规范制定规则

劳动岗位规范是企业根据劳动岗位的职责、任务和生产手段的特点,对上岗员工提出的客观要求的综合规定。在劳动关系协调、组织劳动过程中,劳动岗位规范是安排员工上岗、签订上岗协议和对员工进行岗位评价的依据和尺度,包括岗位名称、岗位职责、生产技术规定、上岗标准等。

(五)劳动安全卫生制度

包括劳动保护检查制度、安全生产检查制度、安全生产责任制度、安全生产教育、考核制度、伤亡事故报告制度等。

(六)其他制度

包括工资制度、福利制度、评价制度、奖惩制度、培训制度等。

三、用人单位内部劳动规则制定

制订用人单位内部劳动规则需要做到3个合法,即主体合法、内容合法和程序合法。

(一)主体合法

主体合法是指内部劳动规则制订主体必须具备制订内部劳动规则的法律资格。有权制订内部劳动规则的应当是用人单位内行政系统中处于决策层次、对用人单位的各个组成部分和全体职工有权实行全面和统一管理的机构。只有依据《中华人民共和国公司法》或用人单位的章程有权制订内部劳动规则的管理机构,才具有内部劳动规则制订的主体资格。

(二)内容合法

内容合法是指用人单位内部劳动规则的内容不得违反法律、法规的规定。内部劳动规则的内容与集体合同有相互重叠的部分应使之协调而不能相互冲突。内部劳动规则侧重于规定在劳动过程的组织、管理中劳动者和用人单位双方的职责,即劳动行为规则和用工规则。内部劳动规则所规定的劳动者利益不得低于集体合同所规定的标准。

（三）程序合法

1.职工参与

①用人单位内部劳动规则的制订虽然是企业生产经营管理权的表现，是单方的法律行为，但只有在吸收和体现劳动者一方的意志，或者得到劳动者认同的情况下，才能确保实施。

②用人单位内部劳动规则是调动员工工作行为和用人单位用工行为的标准，直接涉及劳动者的切身利益。

③《劳动法》第八条规定："劳动者依照法律规定，通过职工大会、职工代表大会或其他形式，参与民主管理或者就保护劳动者合法权益与用人单位进行平等协商。"因此，制订用人单位内部劳动规则，用人单位有义务保证职工参与并积极听取、征求工会和职工意见。

2.正式公布

用人单位内部劳动规则以全体职工和企业行政各个部门或组成部分为约束对象，应当为全体职工和企业各行政部门所了解，应当以合法有效的形式公布。通常以企业法定代表人签署和加盖公章的正式文件形式公布。

【理论单元习题】

一、判断题

1.劳动关系当事人之间因劳动的权利与义务发生分歧而引起的争议，又称劳动纠纷。
（　　）

2.在劳务派遣中，劳动者和用人单位之间是实际上的劳动关系。（　　）

3.劳动合同是指劳动者和用人单位确立劳动关系、明确双方权利和义务的协议。
（　　）

4.已经与用人单位续签了劳动合同，在合同到期时如果用人单位还想与劳动者续签劳动合同，则必须签订无固定期限合同。（　　）

5.新进员工与用人单位签订的劳动合同在薪酬上可以低于用人单位已经和在职员工签订的集体合同中约定的薪酬。（　　）

6.用人单位的内部劳动规则是劳动合同、集体合同的一部分。（　　）

二、填空题

1.解决劳动争议一般分为 4 个步骤：首先是劳动争议协商；其次是劳动争议调解；再次是_____；最后是劳动争议诉讼。

2.劳动合同的条款包括两部分，即约定条款和_____。

三、选择题

1.下列选项中不属于劳动保护内容的是（　　　）。

A.工作时间和休息时间、休假制度的规定　　B.各项保障劳动安全与卫生的措施

C.不完成工作就扣奖金的规定　　　　　　　D.女职工的劳动保护规定

2.根据新《劳动合同法》，员工如果想单方面终止合同，需在（　　　）天前书面通知用人单位。

A.30　　　　　　　　B.15　　　　　　　　C.45　　　　　　　　D.10

四、简答题

1.简述我国《劳动法》规定的劳动者享有的社会保险。

2.简述我国《劳动法》规定的劳动者享有的权利。

3.简述用人单位内部劳动规则的特点。

4.简述保护员工身体健康的主要措施。

五、论述题

1.试论述劳动关系与劳务关系的区别。

2.如何保护劳动者的心理健康。

【能力单元】

第五节　劳动争议处理

劳动争议也称劳动纠纷，是指劳动关系双方当事人之间因劳动权利和劳动义务的认定与实现而发生的纠纷。

一、劳动争议的当事人与劳动争议的适用范围

（一）劳动争议的当事人

劳动争议的当事人就是劳动关系的当事人，即一方为用人单位；另一方为劳动者。

（二）适用范围

劳动争议仅限于当事人双方因劳动权利与劳动义务的认定与实现而发生的纠纷。《中

华人民共和国劳动争议调解仲裁法》(2008 年 5 月起执行,以下简称《劳动争议仲裁法》)明确了劳动争议处理的范围是:

①因确认劳动关系发生的争议。

②因订立、履行、变更、解除和终止劳动合同发生的争议。

③因除名、辞退和辞职、离职发生的争议。

④因工作时间、休息休假、社会保险、福利、培训以及劳动保护发生的争议。

⑤因劳动报酬、工伤医疗费、经济补偿或者赔偿金等发生的争议,法律、法规规定的其他劳动争议。

二、劳动争议的处理原则

劳动争议处理应当根据事实,遵循合法、公正、及时、着重调解的原则,依法保护当事人的合法权益。

三、劳动争议的处理程序

劳动争议的处理程序如图 8.3 所示。

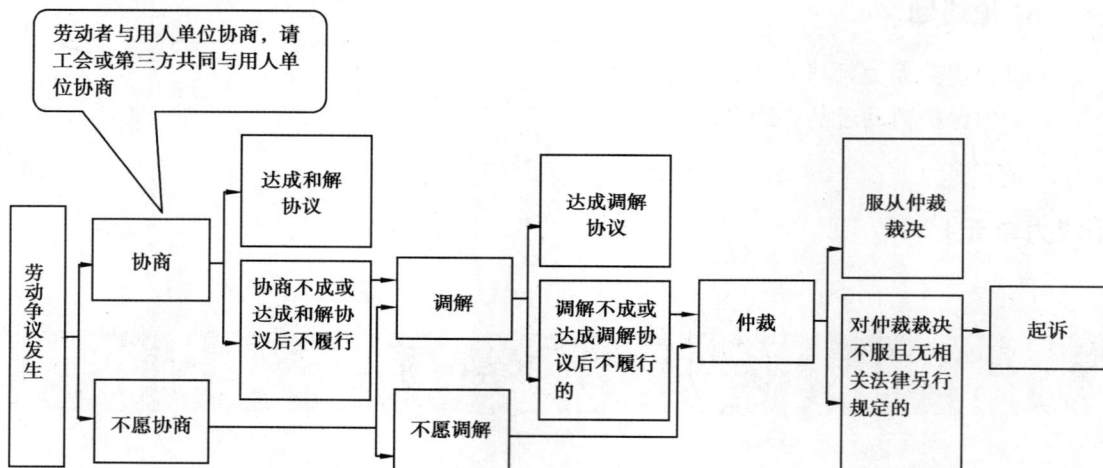

图 8.3 劳动争议处理程序

(一)劳动争议协商

《劳动争议调解仲裁法》规定,发生劳动争议以后,劳动者可以与用人单位进行协商解决,也可以请工会或者第三方共同与用人单位协商。

根据《中华人民共和国企业劳动争议协商调解规定》(2011 年 11 月),劳动争议协商的步骤如下。发生劳动争议后,一方当事人可以通过与另一方当事人约见、面谈等方式协商解决。劳动者可以要求所在企业工会参与或者协助其与企业进行协商。工会也可以主动参与劳动争议的协商处理,维护劳动者合法权益。劳动者可以委托其他组织或者个人作为其代表进行协商。一方当事人提出协商要求后,另一方当事人应当积极作出口头或者书面回应。

五日内不作出回应的,视为不愿协商。协商的期限由当事人书面约定,在约定的期限内没有达成一致的,视为协商不成。当事人可以书面约定延长期限。协商达成一致,应当签订书面和解协议。和解协议对双方当事人具有约束力,当事人双方均应当履行。经仲裁庭审查,和解协议程序和内容合法有效的,仲裁庭可以将其作为证据使用。但是,当事人为达成和解的目的作出妥协所涉及的对争议事实的认可,不得在其后的仲裁中作为对其不利的证据。当事人不愿协商、协商不成或者达成和解协议后,一方当事人在约定的期限内不履行和解协议的,可以依法向调解委员会或者乡镇、街道劳动就业社会保障服务所(中心)等其他依法设立的调解组织申请调解,也可以依法向劳动人事争议仲裁委员会(以下简称仲裁委员会)申请仲裁。

(二)劳动争议调解

发生劳动争议后,当事人可以到企业劳动争议调解委员会,或依法设立的基层人民调解组织,或在乡镇、街道设立的具有劳动争议调解职能的组织申请劳动争议调解。

劳动争议调解程序如下。

当事人以书面或者口头申请的方式申请劳动争议调解。口头申请的,调解组织应当当场记录申请人基本情况、申请调解的争议事项、理由和时间。劳动争议调解员应当充分听取双方当事人对事实和理由的陈述,耐心疏导,帮助其达成协议,并为达成协议的双方制作调解协议书。调解协议书由双方当事人签名或者盖章,经调解员签名并加盖调解组织印章后生效,对双方当事人具有约束力。

因支付拖欠劳动报酬、工伤医疗费、经济补偿或者赔偿金事项达成调解协议,用人单位在协议约定期限内不履行的,劳动者可以持调解协议书依法向人民法院申请支付令。人民法院应当依法发出支付令。

(三)劳动争议仲裁

1.申请仲裁

《劳动争议调解仲裁法》第十四条规定,自劳动争议调解组织收到调解申请之日起十五日内未达成调解协议的,当事人可以依法申请仲裁。《劳动争议调解仲裁法》第十五条规定,达成调解协议后,一方当事人在协议约定期限内不履行调解协议的,另一方当事人可以依法申请仲裁。此外,不愿意接受调解的当事人,也可以依法申请仲裁。

2.申请仲裁的时效

《劳动争议调解仲裁法》第二十七条规定,劳动争议申请仲裁的时效期间为一年。仲裁时效期间从当事人知道或者应当知道其权利被侵害之日起计算。因当事人一方向对方当事人主张权利,或者向有关部门请求权利救济,或者对方当事人同意履行义务而中断的,从中断时起,仲裁时效期间重新计算。因不可抗力或者有其他正当理由,当事人不能在本条第一款规定的仲裁时效期间申请仲裁的,仲裁时效中止。从中止时效的原因消除之日起,仲裁时效期间继续计算。劳动关系存续期间因拖欠劳动报酬发生争议的,劳动者申请仲裁不受本条第一款规定的仲裁时效期间的限制;但是,劳动关系终止的应当自劳动关系终止之日起一年内提出。

3.申请程序

《劳动争议调解仲裁法》第二十八条规定,申请人申请仲裁应当提交书面仲裁申请,并按照被申请人人数提交副本。仲裁申请书应当载明下列事项:劳动者的姓名、性别、年龄、职业、工作单位和住所,用人单位的名称、住所和法定代表人或者主要负责人的姓名、职务;仲裁请求和所根据的事实、理由;证据和证据来源、证人姓名和住所。书写仲裁申请确有困难的,可以口头申请,由劳动争议仲裁委员会记入笔录,并告知对方当事人。

4.受理

《劳动争议调解仲裁法》第二十九条规定,劳动争议仲裁委员会收到仲裁申请之日起五日内,认为符合受理条件的,应当受理,并通知申请人;认为不符合受理条件的,应当书面通知申请人不予受理,并说明理由。对劳动争议仲裁委员会不予受理或者逾期未作出决定的,申请人可以就该劳动争议事项向人民法院提起诉讼。

课后训练

【建议训练方式】

本章的课后训练建议以小组讨论的形式进行。由小组成员记录讨论情况,以作为课堂表现评价依据。小组讨论后形成案例分析的书面报告。每一组选一人进行案例分析综述,其他组成员进行评价并提出意见。每组选择两个案例,一个案例用于本组发布案例分析,另一个为本组需要参与评价的案例。例如,表8.3中第一组作案例1的案例分析,熟读案例2并参与对第二组的案例分析的评价。可参考表8.3的案例组合进行选择。X为分析案例,*为评价案例。成绩评定可参考表8.4。

表8.3 案例选择表

案 例	1组	2组	3组	4组	5组	6组	7组	……
1	X				*	*		
2	*	X					*	
3		*	X				X	
4			*	X	X			
5				*	X			

表 8.4 成绩评定表

成 员	成绩分配比例	小组自评课堂表现（课堂讨论记录表附后）(20%)	其他组评价(40%)			教师评价(40%)	得分

小组成绩评定表 第（ ）组 第（ ）次作业

【推荐训练项目】

项目 8-1

某商业银行一家下属储蓄所设有 4 个服务窗口，负责接待储户，为客户服务。2008 年年底，为了满足日益增多储户的需求，尽可能地减少储户的等待时间，该储蓄所拟从 2009 年 1 月起，在拓展营业大厅面积的同时，再增加 4 个服务窗口，每个窗口配置 2 名员工，每人工作 1 天休息 1 天。每天早晨 8 点钟上班，晚上 8 点钟下班，午间轮流安排吃饭及休息（但不能超过 1 小时）。遇到法定节假日除分行统一安排的停业日（春节 2 天，国庆 1 天）外，员工一律正常上班，并按照占用的节假日具体情况，分别支付加班工资。

（中国劳动就业培训技术指导中心，2014）

问题：请问，该银行的规定是否合法？为什么？

项目 8-2

2001 年 6 月 29 日，某市 X 公司下发《关于陈某同志助勤的通知》（厂干〔2001〕19 号人事任命），内容为"根据中北路会计师事务所有限责任公司便函，经厂研究，同意陈某同志到该公司助勤。助勤期间工资由助勤单位支付；各项保险金的个人部分、企业负担部分均由助勤单位按规定代扣代缴，每半年与我厂社保部结算一次。自 2001 年 7 月 1 日起生效"。2001 年 6 月 1 日，陈某与中北路会计师事务所有限责任公司签订《劳动合同书》，合同主要约定"陈某同意根据中北路会计师事务所有限公司工作需要，在评价部门担任主任工作，并服从中北路会计师事务所有限责任公司因工作需要对其工作岗位的调配。中北路会计师事务所有限责任公司每月 5 日前以货币形式支付陈某固定薪金，每月暂按 2 435 元支付；双方按国家和该市的规定参加社会保险，中北路会计师事务所有限责任公司为陈某办理有关社会保险手续。本合同为 2 年期限的劳动合同，自 2001 年 6 月 1 日起至 2003 年 6 月 1 日止"。2003 年 6 月 1 日和 2005 年 6 月 1 日陈某两次与中北路会计师事务所续订合同，最后一次续订合同约定的期限为自 2005 年 6 月 1 日起至 2008 年 12 月 31 日止。2001 年 12 月 29 日，陈某的档案资料转入××部人才服务中心。2003 年 12 月 1 日，X 公司印发《X 公司劳动合同管理暂行办法》，该办法第十二条规定，"员工有下列情形之一的，公司应予解除劳动合同：……

（四）未经公司批准,擅自离职、不辞而别超过15天的⋯⋯"。2007年5月11日,该公司召开职工代表组长联席会议,讨论通过了《2007年X公司员工分流安置办法》,自2007年5月14日开始执行。该安置办法第二条规定:"外出劳务,自本文件下发之日起公司不再办理外出劳务。对已办理外出劳务的人员到期后即行终止,不再续签。回厂后按待岗人员管理,参加学习培训和竞聘上岗。"2008年1月11日,该公司召开办公会,讨论了相关问题,其中包括陈某结束助勤回厂报到,否则作解除劳动合同处理的问题。2008年1月15日,该公司向中北路会计师事务所有限责任公司发传真:"⋯⋯现函请结束陈某在贵公司的助勤,从2月1日起回我公司工作。"中北路会计师事务所有限责任公司收到传真后,于2008年1月18日至1月20日期间通过电话将传真内容告知陈某,并于同年2月27日向X公司发传真,告知该公司的传真内容"已通知陈某本人"。2008年9月6日,X公司人力资源部作出《关于拟解除陈某劳动合同的报告》,于同月6日、7日报请X公司领导批准并报工会,X公司领导同意按规定解除劳动合同,工会表示同意按公司规定办理、执行。2008年9月8日,X公司作出《关于解除陈某劳动合同的通知》,内容为"根据《X有限公司劳动合同管理暂行办法》第十二条第四项规定,公司与陈某解除劳动合同。自2008年6月30日生效"。X公司于2008年11月11日将该通知传真给陈某,陈某不服,于2008年12月10日向该市的劳动争议仲裁委员会申请仲裁。

（资料来源:110裁判案例——上诉人陈某与上诉人X公司关于劳动合同、社会保险纠纷一案。）

问题:X公司对陈某解除劳动合同的决定是否违法？为什么？

项目8-3

2008年6月4日,周某入职Z智能系统股份有限公司,双方签订了期限为2008年6月4日至2011年9月3日的劳动合同。合同期满后,Z智能系统股份有限公司在未与周某续签劳动合同的情况下,仍继续用工。2012年11月24日Z智能系统股份有限公司与周某达成和解协议,由Z智能系统股份有限公司向周某支付未续签劳动合同的经济补偿43550元,并约定:是否继续留任由周某自行决定。周某选择继续在Z智能系统股份有限公司工作,并于2013年1月8日在《合同续签表》上签字确认同意续签劳动合同。Z智能系统股份有限公司后向周某提供新的劳动合同,周某认为该合同在工作地点、工作岗位及劳动合同的解除条款等方面发生了重大变化而未签字。

Z智能系统股份有限公司于2013年8月9日,以周某未及时与公司签订《劳动合同》的行为已严重违反劳动纪律和法律、法规为由,终止其与周某的劳动关系。

Z智能系统股份有限公司与周某终止劳动关系前12月平均每月应发工资为4750元。

（资料来源:110法律咨询网.肖发林.2015-10-19。）

问题:Z智能系统股份有限公司的决定是否合法？为什么？

项目8-4

某乡镇服装厂聘用的职工中80%为女性,为了保证企业生产的正常进行,2003年4月,经与部分职工协商,并征求了半数职工的意见,制订了该厂的有关劳动规章。该规章规定,本厂职工带薪产假为60天,生双胞胎假期延长10天。同年10月6日,员工周某生下一对双胞胎,从国庆节开始一直休假。由于产后身体恢复较慢,到该厂规定的产假期满也没有上班。为此,该厂从12月10日起停发了周某的工资。周某不服,向当地劳动争议仲裁委员会申请仲裁。

(资料来源:第一文库_劳动法案例题。)

问题:1.该厂规章是否合法?为什么?

2.仲裁委员会应如何裁决?

项目8-5

问题:请分析开篇案例中的劳动关系是否成立。

第九章　职业生涯规划与管理

通过本章的学习,应该能够:1.熟悉并掌握个人和组织进行职业生涯规划与开发的方法、步骤;2.了解并熟悉职业生涯各个阶段的个人特征及管理策略;3.熟悉并掌握组织发展与职业生涯管理的关系和基本趋势。

通过相应的知识点的拓展训练,应该具备:1.根据企业的具体情况对员工进行职业生涯管理的设计能力;2.与离职员工进行离职面谈,能够及时发现问题并有针对性地开展改善工作的能力;3.有较强的沟通、谈判能力;4.熟悉相关劳动法律。

【开篇案例】

3M 公司的职业生涯管理体系设计过程是这样的。

1.职位信息系统

根据员工民意调查的结果,3M 公司于 2014 年年底开始试行了职位信息系统。员工们的反应非常积极,人力资源部、一线部门与员工组成了专题工作小组,进行了为期数月的规划工作。

2.绩效评价与发展过程

该过程涉及各个级别(月薪和日薪员工)。每一位员工都会收到一份供明年使用的员工意见表。员工填入自己对工作内容的看法,指出主要进取方向和期望值。然后,与自己的主管一起对这份工作表进行分析,就工作内容、主要进取领域和期望值,与明年的发展过程达成一致。在第二年中,这份工作表可以根据需要进行修改。到年底时,主管根据以前确定和讨论的业绩内容及进取方向完成业绩表彰工作。绩效评价与发展过程促进了 3M 公司主管与员工之间的交流。

3.个人职业生涯管理手册

公司向每一位员工发放一本个人职业生涯管理手册,它概述了员工、领导和公司在员工职业发展方面的责任,还明确提出公司现有的员工职业生涯发展资源。同时,提供一份员工职业生涯关注问题的表格。

4.主管公开研讨班

为期一天的公开研讨班有助于主管们了解自己所处的复杂的员工职业生涯管理环境，同时提高他们的领导技巧及对自己所担任之各类角色的理解。

5.员工公开研讨班

员工公开研讨班提供了员工个人职业生涯指导，强调自我评价、目标和行动计划，以及评级调动的好处和职位晋升的经验。如何有效利用职位信息系统也被纳入公开研讨班的内容之中。公开研讨班之后，员工根据要求回答跟踪问卷调查，而且他们的行动计划也得到跟踪。为一视同仁地协助员工和主管，人力资源部准备了一个资料库，其中有与个人职业生涯相关的录像带。

6.一致性分析过程及人员接替计划

集团副总裁会见各个部门的副总经理，讨论其手下管理人员的业绩情况和潜能。此过程影响到评定结果和人力资源部门的评审过程，因此对员工的转岗、发展和晋升都具有影响。然后，管理层层层召开类似会议，并同时开展人员接替规划项目。

7.职业生涯咨询

公司鼓励员工主动去找自己的主管商谈个人职业生涯问题，也为员工提供专业的个人职业生涯咨询。

8.职业生涯项目

作为内部顾问，员工职业生涯管理人员根据员工兴趣印发出一些项目，并将它们在全公司推出。

9.学费补偿

这个项目已实施多年，它报销学费和与员工当前岗位相关的费用，以及某一工作或个人职业生涯相关之学位项目的全部费用。

10.调职

职位撤销人员自动进入个人职业生涯过渡公开研讨班，同时还接受具体的过渡咨询。根据管理层的要求，还为解除聘用的员工提供外部薪职介绍。

在3M公司试图更加准确、更加现实地统一员工需求和公司需求地努力中，它已经成功地提高了工作效率，更大限度地激励员工为实现公司目标而进行努力。主管在员工职业生涯指导方面更具信心，在改进与员工的交流方面更具可信。3M公司的各项职业生涯管理活动针对的是真正需求，因此，它为公司和个人都带来了利益。

（张岩松，周瑜弘，李健，2006）

职业生涯又称职业发展。职业生涯的成败关系到个人的自我认知评价、尊严和满意度。优秀的现代企业总是对员工的各种需要，尤其对他们的高层需要十分敏感，它们鼓励、支持并帮助员工实现其职业上的抱负。要管理好员工的职业发展，企业必须制订人力资源开发的综合规划，把它纳入企业总的战略发展规划中并与其他方面的计划协调一致。

【理论单元】

第一节　职业生涯管理的概念

一、职业、职业生涯与职业生涯规划

(一)职业

职业是指人们在社会生活中从事的有一定经济收入的并能满足一定精神需求的,在社会分工中具有专门技能的工作。

在现代社会中,有的人不仅仅从事一份工作,还有第二份工作,乃至于第三份工作。比如,某人除正常地在高校任课外,还在某翻译公司做兼职翻译,同时他还在寒暑假期间为某期刊写稿,是这家杂志的自由撰稿人。那么,在这个人的 3 种职业中,占用其最多时间和精力的就是其第一职业,依次为第二职业和第三职业。

人们在社会中从事某项工作,不只是为了获得经济报酬,还有满足其群体归属感的需求,以及满足个人爱好、实现自身价值的需求。职业已经不只是一种谋生手段,也是人们获得一定精神满足的手段。

(二)职业生涯

职业生涯是指一个人一生的工作经历,特别是职业、职位的变迁以及工作理想的实现过程。

它开始于任职前的培训和教育,终止于退休。这里的退休指的是不再从事任何有偿的社会活动。职业生涯不仅表示职业工作时间的长短,也包含职业的发展、变更的经历和过程,包括从事的职业的变化和职业的发展阶段。

(三)职业生涯规划

职业生涯规划是个人提出职业发展目标以及制订达到这些目标的计划的过程。

职业生涯规划设计在个人职业决策中的作用非常重要。它不但有助于员工进行更好的职业选择,还有助于员工发现自己的人生目标,更好地平衡工作与家庭的需求。

二、职业生涯管理

(一)职业生涯管理的含义

所谓职业生涯管理是指组织帮助员工实现其职业发展目标的行为过程。

①职业生涯管理应该是组织开展和提供的,是组织人力资源管理的重要内容之一。

②职业生涯管理的目的是帮助员工实现其职业发展目标。通过员工和组织的共同努力,把组织目标和员工个人目标相结合,使员工在达成自己的工作目标的同时也实现组织目标。

(二)职业生涯管理的内容

职业生涯管理的内容包括两部分,一是员工的个人职业生涯规划;二是组织的职业生涯管理。组织的职业生涯管理包括如下 5 个方面的内容。

①了解并为员工提供职业生涯信息。

②设计各岗位的职业发展路径。

③建立员工档案。

④向员工提供职业咨询。

⑤订立工作家庭平衡计划。主要包括设计家庭友好政策,帮助员工在工作和家庭之间取得平衡。

(三)职业生涯管理的特点

1.职业生涯管理是员工、组织和管理者三方的事

组织的责任在于畅通职业生涯路径,向员工通告职业选择信息。员工的责任在于制订个人职业生涯规划并告知组织。管理者的责任在于对员工制订个人职业生涯规划进行鼓励和指导,并鼓励和引导员工向既定目标努力。

2.职业生涯信息在职业生涯管理中具有重要意义

职业生涯管理包括个人职业生涯规划和组织职业生涯管理两部分。为了确保员工职业生涯规划的切实可行,员工需要了解有哪些机遇可选择,也就是了解岗位的发展途径;组织也需要让员工了解到有哪些职位空缺可供其选择,获得这个岗位需要什么条件。在这个过程中,如果有一方封闭自己的信息,职业生涯管理就无从谈起。

3.职业生涯管理是一个动态的过程

员工的职业生涯规划是不同的,不同的职业发展阶段以及不同的组织发展阶段,其发展特征、发展任务以及注意的问题也都不同。由于决定职业生涯的主观条件变化,组织成员的职业生涯规划和发展也会发生相应的变化,职业生涯管理的侧重点也应有所不同,从而能够适应情况的变化。

(四)影响职业生涯管理的因素

影响职业生涯管理的因素很多。可分为两类,一类是对员工个人设计职业生涯规划的影响,如教育、家庭因素、朋友的影响、个人期望等;另一类是对组织职业生涯管理的影响,如组织对员工个人能力的评价、对机遇的预期、管理者的判断以及组织发展变化与组织需求的预期等。

第二节　职业生涯管理理论

一、霍兰德的人业互择理论

员工和个人进行职业生涯管理的前提是深刻了解有关个人特质、需求、能力和潜能等影响职业生涯管理的因素。美国著名的心理学家和职业指导专家约翰·霍兰德认为，人格或个性（包括价值观、动机和需要等）是决定一个人选择何种职业的一个重要因素。每个人的人格或个性不同，适合他们的职业就千差万别，组织应该将人们的个性与相宜的工作之间进行匹配，以提高其人力资源的使用效率和组织效益。

霍兰德基于自己对职业倾向测试的研究，提出了人业互择理论。他将劳动者划分为6种基本类型，相应的职业也划分为6种类型：常规型（Conventional）、艺术型（Artistic）、现实型（Realistic）、社会型（Social）、企业型（Enterprising）、研究型（Investigative）。见表9.1（田在兰，2011）。

表9.1　霍兰德职业类型表

类　型	个性特点	职业范例
常规型——偏好规范、有序、清楚明确的活动	顺从、高傲、实际、缺乏想象力、缺乏灵活性	会计、业务经理、银行出纳员、档案管理员
艺术型——偏好需要创造性表达的，模糊且无规则可循的活动	富于想象力、无序、杂乱、理想、情绪化、不实际	画家、音乐家、作家、室内装饰家
现实型——偏好需要技能、力量、协调性的体力活动	害羞、真诚、持久、稳定、顺从、实际	机械师、装配线工人
社会型——偏好能够帮助和提高别人的活动	社会、友好、合作、理解	社会工作者、教师、临床心理学家
企业型——偏好那些能够影响他人和获得权力的活动	自信、进取、精力充沛、盛气凌人	法官、房地产经纪人、公共关系专家、小企业主
研究型——偏好需要思考、组织和理解的活动	分析、创造、好奇、独立	生物学家、经济学家、数学家、新闻记者

霍兰德认为，同一类型的劳动者与职业互相结合，便是达到适应状态，其结果是劳动者找到适宜的职业岗位，劳动者的才能与积极性得以很好地发挥。

二、施恩的职业锚理论

(一)职业锚的组成与特点

美国著名人力资源管理专家、职业指导专家埃德加·H.施恩在其《职业动力论》一书中提出了职业锚理论。施恩认为,一个人的职业锚由3部分组成:自己认识到的自己的才干和能力(以各种作业环境中的实际成功为基础);自己认识到的自我动机和需要(以实际情景中的自我测试和自我诊断以及他人的反馈为基础);自己认识到自己的态度和价值观(以自我与组织和工作环境的价值观之间的实际情况为基础)。职业锚的特点:自我通过个人的职业经验,逐步稳定、内化下来。当个人面临多种职业选择时,职业锚是其最不能放弃的自我职业意向。

(二)职业锚类型

施恩根据自己研究,提出了5种职业锚类型(刘燕萍,2002)。见表9.2。

表9.2　五种职业锚类型

职业锚类型	特　点
技术或功能型职业锚	倾向于选择那些能够保证自己既定技术或功能领域不断发展的职业,职业发展目标是技术和技能的不断提高,成功更多地取决于领域内专家的肯定和认可,以及承担该能力区域内日益增多的富有挑战性工作
管理能力型职业锚	愿意承担较高责任,具有从事管理工作的强烈动机,相信自己具有提升到一般管理性职位上所需要的各种能力的价值倾向,追求担任较高管理职位,一般自认具有以下3种能力:分析问题的能力、人际沟通能力、情感能力以及上述3种能力的特别合成能力。对组织具有依赖性
创造型职业锚	建立或创设某种完全属于自己的东西的需要;以创造为自我扩充的核心,要求拥有自主权,具有强烈的创造需求和欲望,意志坚定,敢于冒险
自主或独立型职业锚	希望能够决定自己的命运,自主地安排个人的生活与工作方式,最大限度地摆脱来自组织的限制与约束,追求能够施展个人职业能力的工作环境。有较强的个人认同感,认为工作成果与自己付出的努力是密切相关的;在工作中能够体验快乐,享有自身的自由
安全或稳定型职业锚	长期的职业稳定和工作的保障性是他们的追求、驱动力和职业价值观,偏好有保障的工作、体面的收入以及可靠的未来生活;在行为表现上,倾向于按照组织对他们的要求行事,对组织具有依赖性;个人的职业发展规划依附于组织对他们能力和需要的识别和安排

职业锚能够帮助组织识别个人的职业期望模式和职业成功标准,使组织在深刻了解个体与职业相关的知识与能力、动机与需要、态度与价值观的基础上,有针对性地开发个人职业技能,规划其职业发展路径,有效管理其职业生涯。从而稳固员工个体与组织的归属关系,提高员工对组织的忠诚度。

三、萨伯的职业发展理论

美国职业管理学家萨伯以美国白人为研究对象,提出了职业发展五阶段理论。这 5 个阶段是成长阶段、探索阶段、确立阶段、维持阶段和衰退阶段。

(一)成长阶段

成长阶段一般指 14 岁以前的这段时间,其特点是:个人通过家庭成员、朋友以及教师的认同及与他们的相互作用,逐步建立起自我概念,开始对各种可选择的职业进行某些现实性的思考。

(二)探索阶段

探索阶段一般指 14~24 岁的这段时间,其特点是:人们尝试寻找自己的职业选择与职业了解,以及将通过学校教育、休闲活动和业余工作获得的个人兴趣与能力匹配起来,并收集关于职务、职业生涯及专业的信息。这些是带有实验性质的较为广泛的职业选择,一旦他们找到了自己感兴趣的工作或职业类型,就开始接受必需的教育和培训。随着个人对所选择专业以及对自我的进一步了解,这种最初的选择往往要被重新界定。

(三)确立阶段

确立阶段一般指 25~44 岁的这段时间,其特点是:个人在这个阶段会找到自己的位置,并为之全力以赴。这个阶段分为 3 个子阶段。尝试子阶段(25~30 岁),特点是进行不同的职业尝试,以确定工作是否适合自己;发展子阶段(31~40 岁),已经定下较为坚定的职业目标,并制订了较为明确的职业计划来确定自己晋升的潜力、工作调换的必要性以及实现这些目标需要开展的教育活动;职业中期危机子阶段(41~44 岁),开始对自己以前的职业选择产生怀疑,犹豫是否开始新的选择。

(四)维持阶段

维持阶段一般指 45~64 岁的这段时间,其特点是:关注技能更新,有多年的工作经验,有丰富的工作知识,往往能够充当新员工的培训导师。

(五)衰退阶段

维持阶段一般指 65 岁及以上的这段时间,其特点是:接受权利和责任减少的事实,学会成为年轻人的良师益友,不可避免地面临退休。

图 9.1 显示了在不同的职业发展阶段,个人绩效的差异。

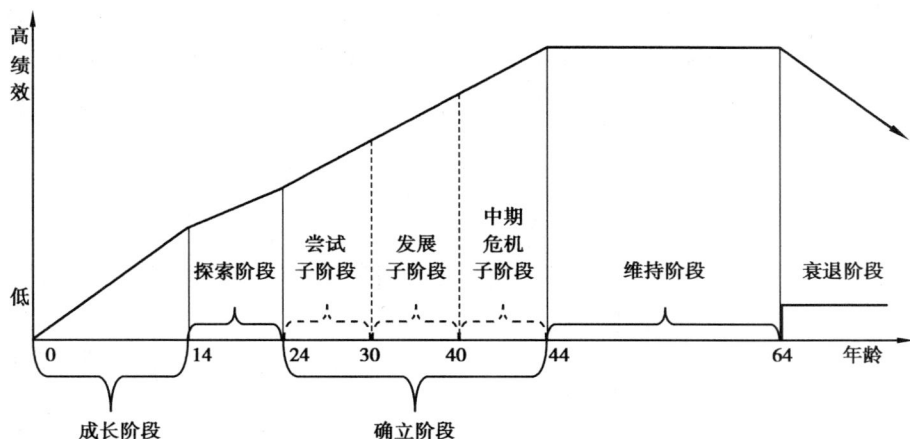

图 9.1 萨伯的职业发展五阶段

四、彼得原理

（一）彼得原理的内容

美国著名管理学家、现代层级组织学奠基人劳伦斯·彼得在其代表作《彼得原理》(*The Peter Principle*)中提出了彼得原理。其主要思想："在一个等级制度中,每个职工趋向于上升到他所不能胜任的地位。"彼得指出,每一个职工由于在原有职位上工作表现好(胜任工作),就将被提升到更高一层职位。由此,彼得指出,组织中"每一个职位最终都将被一个不能胜任其工作的职工所占据。层级组织的工作任务多半是由尚未达到不胜任阶层的员工完成的。"每一个职工最终都将达到"彼得高地",在该处他的提升商数(PQ)为零。

（二）彼得原理的意义

彼得原理实际上指出了人的能力是有限的这一事实。彼得原理对组织职业生涯管理以及员工进行个人职业生涯规划有很大的影响。对一个组织而言,一旦组织中较多的人员被推到了其不称职的级别,就会造成组织的效率低下、发展停滞。而对员工而言,与其在一个无法胜任的岗位勉强支撑、无所适从,还不如找一个能游刃有余的岗位好好发挥自己的专长。无论从组织角度,还是员工角度,员工不可能一直晋升,因此晋升(提拔)不是组织职业生涯管理以及个人职业生涯规划中唯一选择。

【理论单元习题】

一、判断题

1.职业是指有劳动能力的劳动者在社会生活中从事的有经济收入并能满足自己精神需

求的工作或劳动。   (   )

2.在进行职业生涯管理时,必须找出不同阶段的管理重点。比如,在早期职业生涯管理中,新员工的上岗引导和岗位配置、安排富有挑战性的最初工作和对员工严格要求,开展早期的职业生涯规划活动就是工作重点。   (   )

3.职业生涯管理是企业、管理者和员工三方的事情。   (   )

4.职业生涯信息在职业生涯管理中非常重要。   (   )

5.畅通职业生涯路径是企业职业生涯管理早期阶段的事情。   (   )

6.人业互择理论是萨伯提出的。   (   )

7.彼得原理告诉我们:层级组织的工作任务多半是由胜任该岗位工作的员工完成的。
                                                                                (   )

二、填空题

1.职业生涯又称为职业发展,指一个人一生的工作经历,特别是_____、职位的变迁及_____的实现过程。

2.个人职业生涯规划设计的黄金准则是:择己所好、择己所长和_____。

3.在进行职业生涯管理时,高层领导支持是关键,_____是核心,员工和各级管理者是具体实施者,_____是主管。

4.根据萨伯的理论,现在的在校大学生正处于_____阶段。

三、名词解释

1.职业生涯管理

2.职业生涯规划

四、简答题

1.简述职业生涯管理对组织的意义。

2.简述影响职业生涯规划的因素。

3.简述职业生涯管理的内容。

五、论述题

试论述一个人应该如何制订自己的职业生涯规划。

【能力单元】

第三节　员工个人职业生涯规划设计与组织职业生涯管理

一、员工个人职业生涯规划设计

员工个人职业生涯规划设计需要组织、管理者和员工个人3方面合作。

(一)组织方面：设计职业发展路径

一个清晰的职业发展路径，有助于员工明确个人的职业选择和努力方向，是员工设计切实可行的职业生涯规划的关键。其基本做法是首先设计职业发展通道，如图9.2所示(赵淑芳,2013)。然后划分各岗位的等级。最后制订岗位转换或晋升的标准。

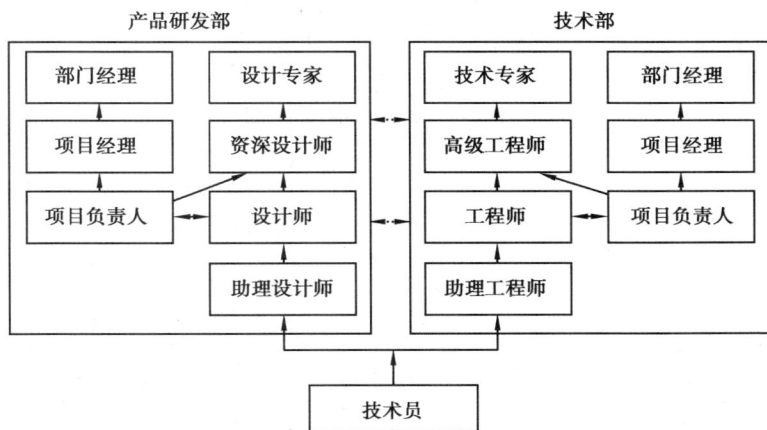

图9.2　员工职业发展路径设计示例

(二)员工方面：自我评价和设计自身的职业生涯规划

1.自我评价的过程

员工的自我评价需要综合自己的兴趣爱好、专长(能力)、性格倾向、职业倾向、自身所处的社会环境能够给自己提供的支持等。通常的做法是首先确定自己的人生目标或职业目标，然后通过职业倾向以及性格倾向等的心理测试，确定自己的职业选择倾向。接下来，结合自己的专长、爱好和社会支持，选择自己的职业。最后，结合组织提供的职业发展路径，制订实现自己职业目标的时间表。

2.设计个人职业生涯规划需要注意的事项

在制订个人职业生涯规划时，需要注意以下几点。

①个人职业生涯规划的制订不一定要依据现在所有的能力和技术水平,因为可以通过参加培训和学习来提升自己。

②个人职业目标或人生目标的制订应该脚踏实地,既不能好高骛远,也不能使目标唾手可得。应该是努力后能达到的。

③心理测试是必要的。要对自己进行职业价值倾向等心理测试,通过这些测试,了解自己所处的职业发展阶段、了解自己所不明了的内在的职业倾向和性格倾向等方面。了解自己的职业发展阶段,可以确定自己需要职业探索还是应该职业发展;了解自己的性格倾向和职业倾向,可以发现自己比较适合哪类职业,寻找与自身性格特质相契合的职业类型;通过职业锚系的心理测试发现自己的职业锚系,以使自己和自己的职业达到最大限度的契合。

④个人职业生涯规划是一个一步步实现自己职业目标的时间表。每一个时间段所要达到的目标要可衡量,时间要有弹性,目标要始终如一。

(三)管理者方面:职业咨询与评价

员工职业生涯目标的实现不是一个人的事情,不但需要组织提供职业生涯信息和职业生涯路径,还需要员工的管理者对员工的职业生涯规划的咨询和指导。管理者对员工绩效的评价与反馈有助于员工提高绩效,早日实现自己的职业目标。图9.3(劳埃德.拜厄斯,莱

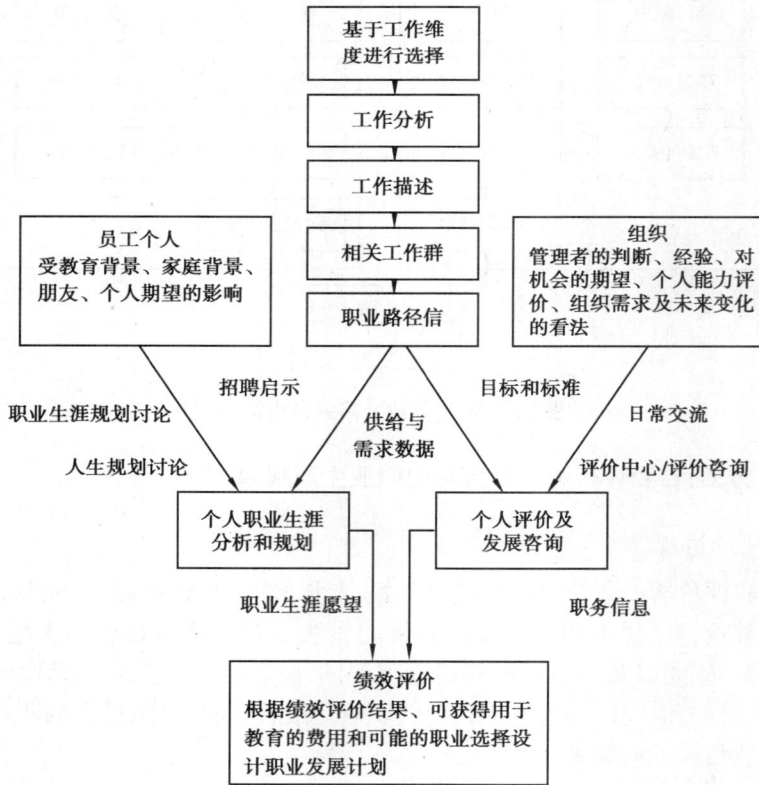

图 9.3　职业生涯路径设计步骤

斯利·鲁,李业昆,译,2005)是一个职业生涯规划设计步骤图。员工结合自身评价和组织职位需求情况,经过职业生涯分析和人生规划分析,确定职业生涯规划;组织通过日常交流、职业咨询与评价为员工提供职业生涯规划咨询。员工在个人职业生涯规划与组织职业生涯咨询的基础上,结合组织内职业发展渠道,制订自己在组织内的职业发展规划。

二、组织职业生涯管理设计

组织对员工职业生涯管理的设计,根据员工的生理特点和职业发展特点可分为初入组织的早期阶段、成为资深员工的中期阶段以及面临退休的晚期阶段。

(一)初入组织的早期阶段的员工职业生涯管理设计

员工职业生涯的早期阶段,主要指员工刚进入组织的第一年。在这一年中,员工正处于对组织和对职业的探索阶段。因此,在这一阶段,组织应当帮助员工设计职业生涯规划,使其尽快适应新工作,适应组织的文化氛围。在这个阶段,组织的主要任务包括如下几点。

1.开展岗前引导

岗前引导主要针对新员工进行岗前培训,使其尽快掌握岗位所需要的知识和技能。对新进员工进行关于组织文化的培训,包括组织的各项规章制度、组织的经营理念和价值观、岗位的业务流程以及其他方面办事流程的介绍,使员工尽快适应、融入新组织。

2.安排丰富的具有挑战性的工作

有研究显示,员工的最初工作越丰富,越具有挑战性,员工的成就就会越高。这可能是因为新入职的员工,对企业、对工作有很强的好奇心,对工作充满激情,压力越大,越容易发挥他们的潜能。此外,新入职的员工一般还没有家庭负担,比较容易投入到工作中去。因此,安排丰富的具有挑战性的工作对新进员工非常重要。

3.对新进员工严格要求,全程辅导

虽然给新进员工安排了丰富的具有挑战性的工作,但是对其要求也不能放宽,相反,应该严格要求。同时,需要安排有丰富工作经验的老员工或主管对其进行工作上的辅导,使其尽快地成长起来。

4.帮助员工设计职业生涯规划

在这个阶段,还有一项重要的工作就是帮助员工设计职业生涯规划。组织可以通过一些培训或讲座,使新进员工了解关于职业生涯规划的基本信息,为员工提供职业咨询,介绍组织内职业生涯路径,和员工一起确定其职业发展目标并协助其制订职业生涯规划。

(二)员工职业生涯中期阶段的管理设计

从员工进入组织的第二年起到员工退休前五到十年的这段时间,是员工职业生涯的中期阶段。在这个阶段,员工已经熟悉了本职工作,工作经验丰富,成了组织的中坚力量。在这个阶段,有的员工可能获得职业生涯上的成功,也有的员工可能进入职业生涯危机的阶

段,即进入职业倦怠期。因此,职业生涯管理在这个阶段就显得尤为重要。通常在这个阶段,组织需要从如下几个方面进行管理。

1.畅通职业生涯路径,提供职业发展机会

根据组织的职业生涯路径设计以及员工的个人职业生涯规划,提供给员工职业发展机会,助其实现个人的职业目标。通常这个阶段得到晋升的是那些具有培养前途、绩效高、有潜力的员工。

2.合理安排岗位轮换

对处于职业生涯危机阶段的员工,尝试岗位轮换,在所承担的任务强度、职位和薪酬待遇基本不变的前提下,使其尝试新工作,学习新知识,为以后的职业发展奠定基础。此外,对已经达到晋升要求却无职位空缺的员工也可安排岗位轮换,使其熟悉不同工作岗位的不同要求,拓宽视野,为今后的晋升作准备。

3.提供其他适宜的职业发展机会

员工职业生涯发展中期阶段跨度比较长,有些员工年纪较大,参与度有所降低。对这些员工,组织应当安排其担任适当角色并提供相应的发展机会,以获得组织的最佳效益,如充当组织中某项专业技能的培训师等。

(三)职业生涯晚期阶段的管理设计

在员工退休前的五到十年,是其职业生涯发展的晚期阶段。在这个阶段,员工的思辨能力和接受能力慢慢减弱,工作效率逐渐降低。组织面临的是如何让这些员工继续发挥余热、顺利退休以及顺利进行工作交接的问题。这个阶段组织需要完成3件事。

1.工作接替计划

由于员工对新的工作从陌生到熟悉需要一个过程,因此,组织要着手安排更年轻的员工逐步接替要退休员工的工作。一方面,给更年轻员工一个熟悉新岗位的过程;另一方面,也可以使即将退休的员工给予其指导。同时,逐步减轻即将退休员工的工作,让即将退休的员工在心理上和生理上都作好退休的准备。

2.退休咨询和试退休计划

对员工退休后的安排进行咨询和指导并提供必要的帮助。对即将达到退休年龄的员工,可以开展试退休计划。

3.作好退休后的生活安排

从有规律的工作到退休在家,对退休人员来讲,无论在心理上还是生理上都需要很长时间去适应。因此,应帮助员工计划退休后的生活,使其顺利度过这个阶段。可以建议其上老年大学,参加社会公益活动以及其他老年群体活动等,使其重拾组织归属感。

(四)做好职业生涯管理工作的要点

员工职业生涯管理对组织非常重要。做好职业生涯管理工作,首先,必须取得高层领导

的支持,如果没有高层领导的支持,整个工作将无法开展。其次,还必须获得各级管理者的支持。各级主管对员工的客观评价和引导正确与否,是员工能否达到自己职业发展目标的关键,如果各级管理者不配合,职业生涯管理就形同虚设。人力资源管理部门需要根据组织具体情况,设计各岗位员工职业生涯路径,并把信息告知员工。同时,在条件允许的情况下,对员工进行职业测评和职业咨询,为员工提供必要的培训。作为整个职业生涯管理工作的联络员、协调员和办事员,职业生涯管理工作专职人员不但需要掌握职业指导知识和专业辅导技能,还应具备很强的沟通、协调能力。

课后训练

【建议训练方式】

项目 9-1 以个人方式进行。项目 9-2、项目 9-3、项目 9-4 以小组形式进行案例分析。小组成绩评价方式见表 9.3。

表 9.3　小组成绩评价表

成　员	成绩分配比例	小组自评课堂表现(课堂讨论记录表附后)(20%)	其他组评价(40%)		教师评价(40%)	得分

小组成绩评定表　第(　　)小组　第(　　)次作业

【推荐训练项目】

项目 9-1

结合自身的实际情况,制订自己未来 10 年的职业生涯规划,并设计出目前到毕业时的规划实施步骤。

要求:1.目标合理,规划可行。

　　　2.各阶段目标明确,有评价标准。

　　　3.自我分析详细。

项目 9-2

多重职业通道设计

海尔公司在多重职业通道设计方面的探索非常值得借鉴。海尔对每一位新进厂的员工都进行了一次个人职业生涯培训。不同类型的员工其自我成功的途径不尽相同。为此,海尔为员工设计了不同的晋升途径,使员工一进厂就知道应该在哪方面努力,才能获得成功。表9.4 为海尔公司员工的晋升途径。

(刘善仕,王雁飞,2016。)

表 9.4 海尔公司员工类别与晋升途径表

员工类别	区分性特征	晋升途径
科研人员	专业型	设计员→设计师→副主任设计师→主任设计师→总设计师
营销人员	业务型	业务员→营销中心经理→营销分部部长→营销公司经理 业务员→营销中心经理→职能处处长→职能部部长
一般管理人员	管理型	科员→科长(车间主任)→处长(分厂厂长)→职能部部长 普通科员→专业科员→主任科员→事业部分部部长→本部部长
工人	操作型	操作工→质量明星一星→质量明星二星→质量明星三星→质量明星四星 操作工→助理技师→技师→高级技师

问题:1.海尔公司在员工职业生涯管理上有什么特点?
　　　2.海尔公司的多重职业通道设计对你有何启示?

项目 9-3

睿仕管理给 A 公司(某国际级日用消费品公司)位于北美、英国和瑞士的分公司中的500 多名员工,做了一个有关职业生涯管理的项目。该项目被睿仕管理形象地起名为"Signature"(签字),指参与项目的员工要对自己的职业生涯负责,相当于跟自己职业签约的意思。

该项目分为 3 个简单的步骤:首先,睿仕管理给这 500 多名员工作了一个在线的职业测评,内容包括员工的职业兴趣、工作能力、工作价值观等。然后,根据测评结果,睿仕管理把员工分成 15 人一小组,由睿仕管理的顾问与他们进行职业生涯管理方面的互动,让员工明白自己的兴趣、能力和优势各自是什么。睿仕管理把这种互动称为"工作坊"。在工作坊开始之前,睿仕管理采访了这些员工的相关领导,详细了解了这家公司的组织文化,以便在工作坊中让员工进一步熟知这些情况。这样做的目的是,一方面,让员工知道他要做什么;另一方面,让他们知道他们在这家公司有什么样的机会。

睿仕管理做的第三件事情是,对这些员工作了后续的一对一的访谈。安排这个环节是考虑到有些事情,员工不方便在那么多人一起的时候去说;而这个访谈其实也是睿仕管理顾问对员工一对一的职业辅导。

项目完成后,A 公司在 2008 年 3 月份做了一个统计,由公司美容、健康、护理事业部的全球负责人出具了一份调研报告。结果显示,参加过该项目的 500 多名员工的离职率只有整个公司平均离职率的一半。这个结果在很大程度上证明了该项目给降低企业离职率带来的作用。

(资料来源:MBA 智库文档——案例探讨:降低离职率要从招聘做起。)

问题:1.睿仕管理给 A 公司做的职业生涯管理项目有什么特点?

2.本案例对你有什么启示?

项目 9-4

正大综艺的 4 年造就了杨澜,盛名之下的她放下"金话筒"出国留学震惊了很多人,最后一期节目中"难忘那朵兰花"的话语说出了不知多少人的心声。对于这次离去,杨澜说:"主持人这个行当有某种吃'青春饭'的特征,我不想走这样的一条道路。我相信,如果一个人不充实自己的话,前程将是短暂的。"两年后拿了学位的杨澜选择了回国,"传媒离不开特定的社会环境,在自己的国家可以做的事更多"。从加盟凤凰卫视到创立阳光文化公司,大众视野里的杨澜不断地改变自己的角色设置。但是,千变万化的杨澜从没有偏离做媒体这个大方向,她清楚地知道,这是自己的优势,她的目标就是不断向这个方向上的更高层次迈进。

杨澜职业生涯感言:一次幸运并不可能带给一个人一辈子的好运,人生还需要你自己来规划。她大学毕业进入中央电视台主持《正大综艺》节目;后赴美留学,获哥伦比亚大学国际传媒专业硕士学位;回国后,加入凤凰中文卫视做名人访谈节目《杨澜工作室》;2000 年 3 月,成立香港上市公司阳光文化网络电视控股有限公司并出任主席;同年 10 月,阳光卫视入选"福布斯"全球 300 个最佳小型企业之一,她个人也跃居"福布斯"2001 年度中国富豪榜第56 位。很多人都说她太幸运了。从著名节目主持人到制片人,从传媒界到商界,她一次次成功实现了她人生的转型。杨澜是幸运的,但这种幸运并非是人人都有,也不是人人都能驾驭的。它需要睿智的眼光、独到的操控能力,是职业经历累积到一定程度厚积薄发而来的。就像杨澜自己说的那样:"一次幸运并不可能带给一个人一辈子好运,人生还需要你自己来规划。"

第一次转型:央视节目主持人

毕业于北京外国语学院英语系,1990 年 2 月进入中央电视台主持《正大综艺》节目,杨澜以其自然清新的风格、镇定大方的台风及出众的才气逐渐脱颖而出。

进入央视后,杨澜终于感觉到,这次的选择是非常正确的,做传媒就是她喜欢的事情。靠着自身的实力与魅力,杨澜获得了"十佳"电视节目主持人、"金话筒"奖等。这也彻底改变了她未来的人生道路。4 年央视主持人的职业生涯,不仅开阔了杨澜的眼界,更确立了她未来的发展方向:做一名真正的传媒人。

但渐渐地,杨澜对这种重复性工作开始有点儿厌烦了。最重要的是,她开始觉得有点虚:"一开始央视让我一下子进入一个殿堂,但是我往下一看,空空如也,下边的基础都不是我自己建起来的,是一个庞大的机构赋予你支持,我觉得特别不踏实。所以我得自己从下边垒砖头慢慢起来,这样才会踏实。"

第二次转型:美国留学生

1994年,在事业最明亮的时候选择急流勇退,辞去央视的工作,去美国留学。

26岁的时候,杨澜远赴美国哥伦比亚大学,就读国际传媒专业。在异国他乡的生活,比想象中的还要艰苦。有一次,杨澜写论文写到半夜两点钟,好不容易敲完了,没有来得及存盘,电脑就死机了。杨澜当时就哭了,觉得第二天肯定交不了了。宿舍周围很安静,除了自己的哭声,只有宿舍管道里的老鼠在爬来爬去。但最后,她还是擦干眼泪,把论文完成了。谈起这段生活,杨澜说:"有些人遇到的苦难可能比别人多一点儿,但我遇到的困难并不比别人少,因为没有一件事是轻而易举的,需要经历的磨难委屈,一样儿也少不了。"

虽然如此,但这段生活给杨澜带来的收获要远远比磨难多。她的视野开阔了许多,更亲身接触到了许多成功的传媒人和先进的传媒理念。

业余时间,她与上海东方电视台联合制作了《杨澜视线》——一个关于美国政治、经济、社会和文化的专题节目,这是杨澜第一次以独立的眼光看世界。她同时担当策划、制片、撰稿和主持的角色,实现了自己从最底层"垒砖头"的想法。40集的《杨澜视线》发行到国内52个省市电视台,杨澜借此实现了从一个娱乐节目主持人向复合型传媒人才的过渡。

更重要的是,在这期间,她认识了先生吴征。作为事业和生活上的伙伴,在为她拓展人际关系网络和事业空间方面,吴征可以说是居功至伟。他总是鼓励杨澜尝试新的东西:宁可在尝试中失败,也不能在保守中成功!正是吴征的帮助,使得杨澜未来的道路越走越宽。

第三次转型:凤凰卫视主持人

1997年回国后,凤凰卫视中文台刚刚成立,杨澜便加盟其中。1998年1月,《杨澜工作室》正式开播。

凤凰卫视的两年,在杨澜的职业发展上起了至关重要的作用。她不仅积累了各方面的经验和资本,同时也预留了未来的发展空间。

在凤凰卫视,杨澜不只是主持人,还是《杨澜工作室》的当家人,自己做选题,自己负责预算,组里所有的柴米油盐,她都必须精打细算。这种经济上的拮据,对杨澜来说是一个非常好的锻炼,使她知道如何在最低的经费条件下,把节目尽量完成到什么样的程度。

在随后的两年时间里,杨澜一共采访了120多位名人。这些重量级的人物也构成了杨澜未来职业发展的一部分,不少人在节目之后仍和她保持密切的联系。这种联系除了会给杨澜带来一些具体的帮助之外,精神上的获益也不可忽视。同时,与来自不同行业、不同背景的嘉宾交流,也让她的信息量获得了极大的丰富。

两年后,杨澜已经有了质的变化。她拥有了世界级的知名度、多年的传媒工作经验以及重量级的名人关系资源,对于她而言,进军商界显然所欠缺的只是资本而已。而吴征,正是深谙资本运作的高手。

第四次转型:阳光卫视的当家人

1999年10月,杨澜辞去了凤凰卫视的工作。2000年3月,她突然收购了良记集团,更名为阳光文化网络电视控股有限公司,成功地借壳上市,准备打造一个阳光文化的传媒帝国。

（1）杨澜给自己的栏目、自己的阳光卫视树立了文化内涵丰富、充满人文关怀的个性化品牌。"文化是一种理想，首先要盈利，我们必须既考虑文化的追求又考虑商业的价值，否则一切都是空谈。"中国文人自古耻于谈利，文化与金钱的关联度被我们降到最低。但杨澜敢于以文化为卖点，并真正靠文化赚取利润，在这一点上，我们不能不赞叹她创新的理念和创业者的胆识。

（2）与大多数商人的低调不同，杨澜选择了始终站在阳光卫视的前面。在报纸、杂志、网站上，经常可以看到关于杨澜的报道。她从一个做传媒出来的人变成了一个传媒名人。这种对传媒资源运用的驾轻就熟，使得她的阳光卫视一出生就有了许多优势。

2001年夏，杨澜作为北京申奥的"形象大使"参加了在莫斯科成功申奥的活动。同年，她的阳光文化接手了中国最大的门户网站之一———新浪网，开创了网络和电视相结合的时代，又与四通合作成立"阳光四通"，开始进军网络业和IT业。

这一切都给公司所有员工带来了信心。终于，阳光文化在截止2004年3月31日的2003财政年度中取得了盈利，摆脱了近两年的亏损。之后，阳光文化正式更名为阳光体育，杨澜同时宣布辞去董事局主席的职务，全身心地投入文化电视节目的制作。

万变不离其宗

由央视的名主持到远涉重洋的学子，再到凤凰卫视的名牌主持，最后到阳光卫视的当家人，杨澜的角色在不断地变化。而以一位文化经营商的身份出现在公众的视野里，则是杨澜人生最重要的一次角色转换。

但正所谓"万变不离其宗"，无论如何转、如何变，杨澜始终把自己定位为"传媒人"。聪慧的她很清楚自己就是这块料，所以从没有偏离做媒体这个大方向。而她的变化就在于她制订的目标层次一直在提高。

（资料来源：360doc个人图书馆———经典案例：杨澜的事业生涯规划。）

问题：杨澜的成功自然不仅仅是幸运，她在规划自己的职业生涯方面，有哪些值得我们借鉴的地方？我们应该如何从现在开始规划自己的职业生涯发展？

附　录

附录1：人力资源管理各模块与对应的工作岗位及其能力要求

附表1　课程模块与对应的工作岗位及岗位的能力要求

模　块	对应的岗位	能力要求
绪论 工作分析 人力资源规划	与其他模块结合可做人力资源管理助理及专员等工作	1.分析、判断企业人力资源管理问题的能力 2.熟悉岗位配置，工作说明书的编写、人力资源规划的编写以及人力资源招聘、薪酬、绩效管理、培训等规定和流程，熟悉国家各项劳动人事法律、法规和政策 3.良好的数据分析处理能力、学习能力、创新能力；娴熟的 Excel 数据处理技能
员工招聘	员工招聘专员	1.能够编制相应的招聘计划；建立和完善公司的招聘流程和招聘体系；利用各种招聘渠道发布招聘信息，寻求招聘机构；执行招聘、甄选、面试、选择、安置工作；进行聘前测试和简历甄别工作 2.Windows 系统下的操作及良好的沟通能力、组织协调能力
员工培训与开发	员工培训专员	1.熟悉企业培训体系构建和培训工作的相关流程。能够进行课程设计，具有独立开发课件能力和现场授课能力 2.良好的人际关系处理能力、书面及语言表达能力和沟通能力 3.熟练操作办公软件
绩效管理	绩效管理专员	1.优秀的数据统计、处理与分析能力，精通 Excel 等 office 办公软件 2.精通绩效管理，全面掌握人力资源绩效评价工具，熟练运用BSC、KPI、360 度等各种绩效评价方法；对绩效评价制度的制定实施，绩效面谈，KPI 的分解，数据收集、核算、换算，评价汇总、分析等全过程较为熟悉；同时，熟悉其他人力资源管理模块，并能应用信息化手段开展绩效评价管理工作
薪酬与福利管理	薪酬与福利管理专员/劳资管理专员	1.熟悉相关法律法规；熟悉关于考勤管理、薪资核算、福利管理等事务的办理，熟悉社保办理的相关要求 2.具备良好的协调沟通、数据分析能力

续表

模　块	对应的岗位	能力要求
职业生涯管理与劳动关系管理	劳动关系管理专员/人力资源管理专员/劳资管理专员	1.员工离职管理,进行离职面谈,及时发现问题并有针对性地开展改善工作;处理各项突发意外,违纪事件,劳资纠纷、仲裁、投诉及其他涉及员工纪律、劳资关系的事宜 2.有较强的沟通、谈判能力,熟悉《劳动法》

注:表格结合各大人才招聘网站对人才的需求及能力要求结合课程设计。

附录2:教学方式参考

　　整个教学环节可采用项目驱动式教学方法,共分为3个阶段,第一阶段为前期准备阶段,第二阶段为理论教学阶段,第三个阶段为项目实施与项目总结阶段。其中,第一阶段为学生课前预习与选择项目立项阶段,第二阶段为理论教学阶段,最后一个阶段是学生在课后进行的项目实施与总结阶段。其过程如附图1所示。

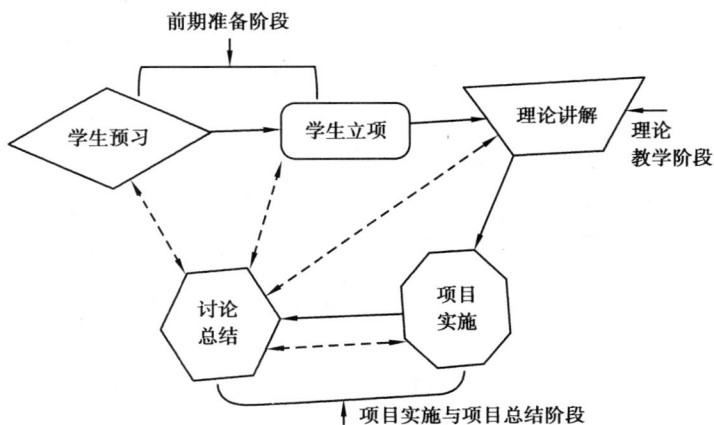

附图1　教学流程

一、前期准备阶段

1.预习阶段

　　在新课程之前,要求学生依据性格互补、能力互补、地域互补、性格互补的原则,组成项目小组,每组4人,最多5人。以项目组为单位,进行下一模块的预习并撰写文献综述。最后提交书面文献综述,文献综述包括摘要、关键词、正文、参考文献。

2.立项

在给定的项目库中,选择一个座位本组拟订立项项目。讨论并确定项目实施计划。

要求:小组讨论后内部分工;根据分工分别查找资料、撰写文献综述;找到文献综述中和本组在立项时的不解和困惑的地方,准备课堂讨论。

二、理论教学阶段

理论讲解,包括理论框架、基础知识、前沿研究以及在企业中的实际应用。根据模块的理论与实践侧重点不同,由任课教师把握课程的讲授的重难点。一般讲解 70 分钟,剩余 20 分钟留给学生自由提问或作相应的小组讨论。

三、项目实施与总结阶段

1.项目实施

根据教师的课堂讲解以及同学之间的课堂讨论,按照立项时的计划及项目要求实施项目。

①根据项目要求及小组收集的资料,将其汇总成一个报告。

②通过小组讨论及班级讨论,补充完善自己的报告。

③提交小组报告。

④根据报告模拟实施(部分模块)。

2.项目总结阶段

项目完成后,组织学生讨论本次项目及实施过程中出现的问题及解决方式。教师就项目实施过程中的共性问题及核心问题进行讲解,并总结。

结合项目完成情况,分析预习是否充分及需要改进的地方,立项过程是否有问题,如何改进;课堂上的知识是否理解,课堂讨论是否充分;项目实施过程是否有问题,该如何改进。

四、指导教师的任务

在学生项目立项及项目实施、总结过程中,需要教师进行跟踪指导。

①确保小组分工明确,对于不明确的给予指导。

②对于资料查找方式与范围给予指导。

③分别与每个小组讨论写作的提纲。

④讲解写作的方法与要求。

⑤组织学生讨论,给出指导。

⑥对学生最后上交的报告给予书面点评,指出优点及存在的不足,给出改进意见并反馈给学生。

⑦对共性问题及核心问题给予讲解。

附录3:学生课业评价模式参考

一、成绩构成及要求

平时成绩和期末评价成绩单独计算。分别达到对应成绩的60%及以上为合格。平时成绩为各个模块成绩的平均值,不合格的重修;期末采取命题或半命题作文形式,不合格的补考。

二、成绩评定方式

根据团队绩效的评价要求,教师只针对项目组给出总的成绩,项目组内各成员的成绩由团队成员自己协商评定,并在成员意见一致的前提下把成绩评定的最后结果上报任课教师,作为平时成绩。

三、学生课业评价形式及评价标准

附表2　平时课业评价形式及标准

分　类	内　容	标准及要求(仅供参考)	评价标准
小论文	分析某一理论或用理论解释某一现象	有参考文献,有摘要,有关键词,有理论依据,论证充分、论述合理,符合一般学术文章的要求,要求1 500~2 000字	格式10分;参考文献准确(2~5个)10分;摘要和关键词10分;正文论述20分
案例分析	有针对性的案例	针对所给案例或数据,分组分角色从不同视角进行分析,最终汇总成案例分析报告;报告有理论依据,有事实依据,论证充分合理,要求1 000~1 500字	格式10分;参考文献(2~5个)10分;正文论述30分
调研报告	对某一领域进行调研	根据教学目标分小组自行选题进行社会调研,并进行数据分析及提交调研报告。要求:报告数据翔实,论证充分,结论合理,要求1 500~2 000字	社会调查并写出调查报告:调研计划10分;展示10分;PPT 10分;调查报告15分;留原始依据5分

附表3　学生课业评价形式及标准

类　别		评价内容
期末课业评价	必修课	A.命题或半命题作文1篇,格式15分(题目、摘要、关键词、正文、参考文献);参考文献准确(5~8个)5分;正文30分
		B.答辩模块综述15分;回答问题25分;着装及礼仪10分
	选修课	A.论文或案例分析,评价内容同必修课中的A类
		B.调研报告,评价内容同平时课业评价中的调研与调研报告部分

参考文献

暴丽艳,徐光华.2010.力资源管理实务[M].北京:清华大学出版社.

程延园.2011.劳动关系[M].北京:人民大学出版社.

陈维政,余凯成,程文文.2004.人力资源管理与开发高级教程[M].北京:高等教育出版社.

董克用,李超平.2011.人力资源管理概论[M].北京:人民大学出版社.

杜映梅.2011.绩效管理[M].北京:中国发展出版社.

方振邦,孙一平.2009.绩效管理[M].北京:科学出版社.

付亚和.2014.绩效管理[M].上海:复旦大学出版社.

胡八一.2010.人力资源规划实务[M].北京:北京大学出版社.

杰弗里.梅洛.2004.战略人力资源管理[M].北京:中国财政经济出版社.

劳埃德.拜厄斯,莱斯利·鲁.2005.人力资源管理[M].李业坤,等,译.北京:人民邮电出版社.

李德伟.2006.人力资源绩效考核与薪酬激励[M].北京:科学技术文献出版社.

刘洪,钱焱.2011.薪酬管理[M].北京:北京师范大学出版社.

刘善仕,王雁飞.2016.人力资源管理[M].北京:机械工业出版社.

刘昕.2002.薪酬管理[M].北京:中国人民大学出版社.

刘昕.2012.人力资源管理[M].北京:人民大学出版社.

李燕萍.2011.人力资源管理[M].武汉:武汉大学出版社.

聂鸣政.2014.工作分析的方法与技术[M].北京:人民大学出版社.

冉军,万玺.2012.职业生涯管理[M].北京:科学出版社.

石金涛.2001.人力资源管理与开发[M].上海:上海交通大学出版社.

唐镡.2011.企业劳动关系管理[M].北京:首都经贸大学出版社.

田再兰.2011.人力资源管理[M].广州:暨南大学出版社.

颜世富.2010.培训与开发[M].北京:北京师范大学出版社.

袁蔚,杨加陆,方青云,等.2011.人力资源管理教程[M].上海:复旦大学出版社.

夏兆敢.2010.人力资源管理[M].上海:上海财经大学出版社.

姚裕群.2007.人力资源管理[M].北京:中国人民大学出版社.

约翰.M.伊万诺维奇,赵曙明,等.2016.人力资源管理(原书第12版)[M].北京:机械工业出版社.

张岩松,周瑜弘,李健,等.2006.人力资源管理案例精选精析[M].北京:中国社会科学出版社.

张一驰.2010.人力资源管理教程[M].2版.北京:北京大学出版社.

赵淑芬.2013.员工招聘与甄选实务手册[M].北京:清华大学出版社.

赵曙明.2008.人力资源管理与开发[M].北京:北京师范大学出版社.

赵应文,汪成,胡乐炜.2012.人力资源管理[M].北京:北京大学出版社.

中国就业技术培训指导中心.2014.企业人力资源管理师(二级)[M].北京:中国劳动社会保障出版社.

中国就业技术培训指导中心.2014.企业人力资源管理师(三级)[M].北京:中国劳动社会保障出版社.

朱舟.2009.人力资源管理教程[M].上海:上海财经大学出版社.

C. J. Fombrun, N. M. Tichy, M. A. Devanna. 1984. *Strategic human resource management. HBR.* Newyork.Edition 1984.

George Colander.1998.*Managing Human Resources*,13th ed.大连:东北财经大学出版社,1980.

K.M.Rowland & G.R.Ferris.1982.*Personnel management*.Boston:Allyn and Bacon.

LLoyd L.Byars,Leslie W.Rue.2010.*Human Resource Management*,7th Edition;Beijing:McGraw-Hill Education(Asia)Co.andPost & Telecom Press.

Wayne.F.Casio.1995.*Managing Human Resources*.McGraw-Hill.

W. L. French. 1998. Organization development:Behavioral science interventions for organization improvement.6th edi.Pearson.

Raymond.A.Noe,John R.Hollenbeck,Barry Gerhart,Patrick M.Wright.2011.人力资源管理(双语版).刘昕改编.北京:中国人民大学出版社.